楊維真 著

唐繼堯與西南政局

臺灣學生書局印行

自序

在民國政治史上，雲南是一個很值得研究的地區，這是因爲滇省僻處西南，中央勢力很難深入，故而相較於其他省份，雲南得以維持較獨立自主的狀態；這從雲南先後幾位主政者如唐繼堯、龍雲、盧漢等人的作爲中即可看出。另一方面，由於滇軍武力乃南中之強，尤其在民國十六年以前，亦即唐繼堯統治時期，滇軍曾數度出兵鄰省，爭衡天下，成爲影響西南政局舉足輕重的力量，因此雲南的態度與立場往往能左右西南政局之發展。而在近代雲南歷史上，唐繼堯無疑地佔據了極爲重要之地位。唐氏曾主滇十四載（民國二年～十六年），雲南人士最引以爲傲的護國軍起義基本上是在唐領導下起事的(筆者當然不否認還有其他助因，詳內文），此刻唐繼堯與雲南之聲望一時如日中天。但在護國之役後，由於滇軍不斷向外擴張，時人對唐氏即已毀多於譽，甚且詆其抱持「大雲南主義」，欲做「西南王」。其後又因唐氏與孫中山的幾度分分合合，國民黨人士乃責其未能與孫眞誠合作，只是一懷抱地盤私念的軍閥而已。對於這一極具爭議性之人物，實有詳加探討之必要。筆者之所以選擇唐繼堯做爲研究的專題，除了其極富爭議的作爲外，更希望透過對唐氏的探索，以究明民初西南政局發展之脈絡，而爲日後整個西南史事之研究能有更堅實的基礎。

本書自撰寫至出版期間，承蒙恩師林能士敎授悉心指導，舉凡架構之安排及史料的取捨，乃至於文字的潤色與謬誤之糾正，都使筆者獲益匪淺。尤其在審閱原稿時，林師更是花費許多時間和心力，逐字逐句批閱，乃使本書得以順利完成。這些年來，不論在學業上或生活上，林師不斷地給予我鼓勵與關懷，謹在此致上最誠摯的謝忱。蔣永敬教授、李守孔教授、胡春惠教授的指點與啓發，亦使筆者深受其益。在撰寫本書的過程中，所遭遇最大的困擾莫過於史料的不足。臺灣地區所擁有唐繼堯的資料相當少，這方面幸得雲南社會科學院歷史研究所謝本書教授慨允相助，惠寄大批相關資料，乃使筆者對唐繼堯的研究終能順利告成，謹致以萬分謝意。此外，對於許多朋友的協助，只有致上衷心的謝忱。本書獲中國歷史學會評選爲「中國史學研究論文叢刊」之一，並承學生書局惠允出版，謹一併誌謝。

本書未能對唐氏治下的雲南內政多所著墨，誠爲筆者最大缺憾，蓋如此則無以見唐繼堯治理雲南之全貌。當撰寫本書之初，筆者原擬於第五章第二節「響應聯省自治」中詳述唐氏治滇成績，唯因相關資料太少，只有暫且擱下，以俟來日。故而此節的份量較其他章節短少甚多。筆者才疏學淺，力有未逮，錯漏之處自是難免，尚祈各方先進不吝賜正。

最後，謹將本書敬獻給我的父母親，感謝多年以來父母親對我的養育、教導之恩。

楊維真　序於臺北外雙溪

民國八十二年三月

唐繼堯與西南政局　目錄

緒論

民國成立以後，在袁世凱當政時期曾有過短暫的統一，但這局面不久就隨著袁氏的去世而告結束。隨後大小軍閥開始登上政治舞臺，他們擁有自己的武力，佔據若干地盤，並且在他們勢力所及的地區實行個人專制的直接軍事統治❶。一般而言，這些軍閥大致具有以下幾個基本特性：一、養兵的目的是爲了追求個人以及本軍的利益；二、以武力做爲解決爭端的正常途徑；三、軍事權不受行政權的約束；四、忽視國內甚至國際的秩序和法律❷。他們形

❶ 通常一般史家以隱含貶損之意的「軍閥」一詞來稱謂這些軍人，但這個稱謂有時卻失之籠統、武斷，因爲這些軍人在許多方面都呈現出不同的發展；但無論如何，「軍閥」一詞仍是各類著作中引用最廣的。因此爲方便解釋，本文仍襲用「軍閥」一詞（間或用「軍系」）來稱謂這些軍人。李新「北洋軍閥的興亡」，李新、李宗一主編，中華民國史第二編「北洋政府統治時期」第一卷，北京中華書局，一九八七年九月第一版代序，頁一；又見李新「軍閥論」，史學月刊，一九八五年第一期，頁九一。這三個軍閥的特徵簡言之，即「私軍」、「地盤」、「武治」，一般史家對前二者多表同意，但對第三點則有意見，認爲軍閥中亦有人行「文治」者，見來新夏「略論民國軍閥史的研究」，上海學術月刊，一九八五年第一期，頁四一。

❷ 張玉法，中國現代史，臺北東華書局，民國六十九年十月三版，頁一七三。

成了若干的派系，派系之間常因利益一致而結盟，但也可能隨時因利益衝突而分裂。他們大抵保持一種均勢，若有一派勢力過大，其他各派則聯合起來對抗❸，這也是軍閥時期戰爭不斷發生的一個重要因素。從民國五年護國之役後，一直到十七年國民革命軍統一全國止，這段時期史家稱之為「軍閥統治時期」，全國無論南北，均籠罩在軍閥的統治下，形成中國現代史上一種很特殊的現象。

有關軍閥的研究，長久以來一直未曾受到學術界應有的重視。其造成的因素雖多，最重要的是軍閥及其身處的時代，在歷史上的意義未完全被人了解的緣故，所以軍閥史的研究一直未能開展，也因此成為學術界尚待耕耘的範疇之一。這種現象一直到一九六六年薛立敦（James E. Sheridan）出版其書《馮玉祥傳》（*Chinese Warlord: The Career of Feng Yü-hsiang*）後❹，情勢才有了改觀。此後二十年，西方學術界有關中國軍閥的論著不斷問世，軍閥時期的歷史也愈來愈受到史家的注意。近年來關於中國軍閥的研究，逐漸有由大軍閥轉向中小軍閥，由單一軍閥轉向軍閥群（軍系），甚至由人物轉向區域研究的趨勢。其中關於西南軍閥史的研究，更是方興未艾，美國史學界在這方面已有若干成績出現❺。而大陸史學界近十年來也興起西南軍閥史研究的風氣。這是由於中共為了修撰中華民國史，因而各種官私檔案、史料文獻陸續整理公佈，加上西南各省地方史研究的興盛，遂使大陸史學界在這方面亦有相當豐碩的研究成果❻。臺灣史學界研究軍閥史，由於起步較晚，尚多偏重於北洋人物的探討，對於西南軍閥史研究，僅有零星幾篇論文，嚴謹而有系統的論著並不多見❼。尤其對於西南軍閥重要代表人物之一的滇系領袖唐繼堯，迄今尚無人對其作有系統的研究。

做爲滇軍軍系之領袖，唐繼堯的一生實有許多足堪評述者。唐繼堯出身詩書世家，曾獲舊

---

❸ Andrew J. Nathan, *Peking Politics, 1918-1923: Factionalism and the Failure of Constitutionalism.* Berkeley and Los Angeles: California University Press, 1976, P. 37.

❹ James E. Sheridan, *Chinese Warlord: The Career of Feng Yü-hsiang*, Stanford: Stanford University Press, 1966.

❺ 如凱普(Robert A. Kapp)對四川軍人的研究（*Szechwan and the Chinese Republic: Provincial Militarism and Central Power, 1911-1938*. New Haven: Yale University Press, 1973)；拉莉（Diana Lary）對桂系的探討（*Region and Nation: The Kwangsi Clique in Chinese Politics: 1925-1937*, Cambridge: Cambridge University Press, 1974）；以及蘇堂棟（Donald S. Sutton）對滇軍的探討（*Provincial Militarism and the Chinese Republic: The Yunnan Army, 1905-25*, Ann Arbor: The University of Michigan Press, 1980）等。

❻ 大陸史學界近年來頗致力於西南軍閥史研究，除相關各省組成研究小組，撰寫各省軍閥史外，更於每年召開一次西南軍閥史學術討論會，會後並集結論文出版研究叢刊，以做爲編著《西南軍閥史》的準備工作。截至一九八九年爲止，討論會已召開六次，研究叢刊出版四輯（其中第四輯、第六輯尚未出版），《貴州軍閥史》及《西南軍閥史》第一卷亦已付梓，代表大陸史學界對西南軍閥史研究的初步成果。

❼ 除了早期文化學院史學研究所有兩篇關於湘系人物的碩士論文：蘇璒基的「趙恆惕與湖南自治」（民國六十一年）及劉鵬佛的「譚延闓與民初政局」（民國六十八年）外，僅有政治大學歷史研究所碩士論文：陳曼玲的「陳炯明與粵軍」（民國七十二年），以及黃益謙的「陸榮廷與廣西」（民國七十五年）。

功名；後來留學日本士官學校，接受新式軍事教育，並加入同盟會，參與革命工作；返國後復領導發動雲南辛亥革命，與清軍作殊死戰，這些背景和經歷使唐氏與其他北方軍閥有著顯著的不同。唐繼堯在三十歲時出任雲南都督，此後掌理滇政長達十四年，並且在護國、護法諸役中扮演重要角色，使唐氏由一地方實力派一躍而爲全國性的人物。在民初西南政局中，唐繼堯曾一度居於主導的地位。護國之役後，唐氏不斷擴充實力，除控制滇省外，並屢次出兵川黔，意圖囊括西南半壁江山，隱然成爲西南的盟主；但終因連年用兵，實力耗損，而伏下敗亡之機。唐繼堯一生環扣著整個西南局勢的發展，而其功名事業又恰與軍閥時期相始終，故其於民初軍閥政治中具有相當的代表性，很值得做爲個案研究。

在研究唐繼堯的過程中，有若干問題值得思量：唐繼堯早年的背景（包括家世、就學、留日、參與革命）對其日後行事有何影響？袁世凱執政時期，唐的政治立場如何？護國時期唐繼堯的態度與作爲又是如何？何謂「大雲南主義」？唐氏向外擴張的原因及用意爲何？他在護國之役後，由地方實力派一躍而爲全國性人物，這種身份轉變對其心態有何影響？在西南政局中唐扮演何種角色？唐繼堯與孫中山的幾次分分合合，其原因安在？唐氏何以敗亡？在民初的軍閥政治中，唐繼堯應歸屬於那一類型的政治人物？這些都是本文所欲處理的重點。

中外學者對於軍閥史的研究，無論是探討個別的軍閥人物或是研究整體的軍政運作，已有不少的專書論述，但對於唐繼堯的研究尚不多見。大陸學者謝本書著有《唐繼堯評傳》一書，全文分十二章，論述唐氏一生事蹟❽。謝氏乃大陸史學界中研究西南軍閥史的著名學者，發表專書論文甚多，《唐繼堯評傳》是其個人若干年來的研究成果，也是對於唐繼堯較爲完整的記載。對本文而言，此書引用資料具有相當的參考價值，但是其結構並不嚴謹，而且多少受制於意識型態，立論難免偏頗。另外，美國學者蘇堂棟（Donald S. Sutton）著有《地方軍事主義與民國——一九〇五年至二五年的滇軍》（*Provincial Militarism and the Chinese Republic, The Yunnan Army, 1905-25*）一書，全書共分十二章，主要是透過對滇軍的探討，分析滇軍的興起、成長、茁壯、分裂，最後則以駐粵滇軍加入國民革命軍做爲結束。此書雖然偏重於滇軍的發展，但由於唐繼堯乃滇軍領袖，二者仍然有相當密切的關係。尤其此書最後三章分別敘述滇軍在四川的發展，駐粵滇軍分裂與入川滇軍倒戈回滇，以及楊希閔部滇軍與國民黨的交往，都和唐繼堯有或深或淺的關係，對於本文仍有相當的助益。此書優點在於理論系統的建構，透過運用「地方軍事主義」（Provincial Militarism）此一觀念來分析滇軍領袖的形成與變質，這是此書相當精彩的部份；但因作者以滇軍爲主軸，且後來則偏重於駐粵滇軍的發展，加以成書較早，引用資料不夠週全，所以在論述滇系領袖時，常受制於早期學者的一些錯誤記載⑨。因此在本文撰寫過程中，除了極力蒐集各種相關資料，

---

⑧ 謝本書，唐繼堯評傳，鄭州河南教育出版社，一九八五年二月第一版。

⑨ 蘇堂棟在論述護國之役時，由於多是引用梁啓超及其門生的相關記載，以致於遇事揚蔡（鍔）抑唐（繼堯），甚且謂護國之役乃蔡等人發動，唐根本無心反袁，已經扭曲了史實眞相。當日唐氏反袁的態度，可參見本文第三章第二節。

加以爬梳查證外，並且儘量以客觀的立場從各個角度去探索問題，落筆務求審愼。尤其對於上述二書未注重的部份，特別是唐氏與西南政局彼此間的互動關係，作一番探討，以期對民初西南政局的變遷，能有更清楚的認識與了解。

本文的架構以人爲經，以事爲緯。換言之，即以唐繼堯作一主軸，環扣各個時期的西南史事，透過對唐氏生平的探討，以尋求民初西南政局發展之脈絡，並說明唐繼堯與西南政局的互動關係。全文除緒論、結論外，共分五章，第一章「出身與崛起」，敍述唐氏的早年經歷，留日生涯，以及參與革命、發動昆明重九起義的經過。第二章「北伐與督黔」，說明黔省內鬨始末，唐氏督黔原因，以及督黔的若干作爲。第三章「護國討袁」，探討唐繼堯繼任滇督的因由，雲南發動護國之役的底蘊，並對唐氏反袁作一客觀之平議。第四章「靖國護法」，分析雲南對外擴張的背景，西南各省衝突的因素，唐繼堯對護法的態度，以及唐氏出亡之經緯。第五章「回滇與覆亡」，說明唐繼堯二次回滇的經過，探討「建國」時期唐的政治主張，最後則分析倒唐政變的前因後果。

本文主要徵引資料爲唐繼堯遺留的若干文電，包括《會澤督黔文牘》、《會澤首義文牘》、《會澤靖國文牘》，另佐以各類專著、論文，並且大量運用雲南、貴州、四川等省的文史資料選輯，以及全國文史資料選輯、近代史資料中的相關記載。此外，雲南省檔案館出版有《雲南檔案史料》期刊，係以檔案館中各類密檔整理刊錄，由於多爲原檔，史料價值極爲珍貴，本文在論述第四、五兩章時，即曾大量引用[10]。歷史研究中，史實的論述係依據史料而定，然而在蒐羅資料的過程中，曾發生下列困難：一、唐繼堯雖通曉文墨，但流傳者多爲詩詞（如「東大陸主人言志錄」）、文電，甚少自撰之材料可供參證；二、論述唐氏的文字多半感情用事，早期唐氏當權時的論著，語多溢美；而貴州、四川等省人士則對其大肆醜詆；近年大陸史學界更把唐氏定位爲地方軍閥，因此事實眞相不易表露，取證困難；三、唐繼堯雖留有日記，但迄今仍未公開，遂使論述唐氏者多爲知其然而不知其所以然，僅知事態之表徵而不知幕後的眞相，因此在推究唐繼堯的政治行爲及其心態時，材料實感不足。是以本文在材料的取捨與史證的推敲上，務期求其客觀公正，俾使研究的結論能近於史實，以助於對唐繼堯及其身處時代的認識。

⑩《雲南檔案史料》創刊於一九八三年五月，這份刊物乃內部發行，外界很少看到，故彌足珍貴。雲南檔案館收藏民國以來，雲南督署、省府，以及各廳處的檔案，是研究雲南地方史的寶庫。唐繼堯督滇長達十四年，其與各方往來密電經雲南檔案館整理後，分期刊登於《雲南檔案史料》中，這些密電間或有唐氏批語，可從其中探索唐氏眞意，是研究唐繼堯很好的史料。

第一章 出身與崛起

第一節 從昆明到東京

唐繼堯（一八八三〜一九二七），字蓂賡，別號東大陸主人，雲南省東川府會澤縣人❶，清光緒九年七月十二日（西元一八八三年八月十四日）生。其家世代均以科名顯於鄉里❷，曾祖父元綬及祖父嘉猷，皆因勤學早逝；父親學曾，字省三，郡庠生，爲邑中名宿，曾任滇省諮議局議員；叔學閔，爲丁酉科（光緒二十三年，一八九七年）舉人。唐繼堯係家中長子，幼秉庭訓，故其詩文頗具根柢。當三、四歲時，某日其叔見有賣秧雞者，乃以「水鳥」二字令屬對，繼堯對以「雲龍」，其叔大奇之，問其故，繼堯曰：「叔謂水中有鳥，故出水

❶ 唐繼堯先世原爲湖北荆州人，明初有遠祖隨沐英從征入滇，官千戶職，留屯曲靖，後徙居會澤。見「會澤唐公蓂賡墓表」一文，中國人民政治協商會議雲南省委員會文史資料研究委員會編，雲南文史資料選輯，第十七輯，雲南人民出版社，一九八二年七月，頁三二三。

❷ 根據會澤唐氏哀榮錄記載，唐家「自到東以來，歲貢、副榜、武舉及廩增附監，指不勝數」，見佚名編，會澤唐氏哀榮錄，臺北文海出版社，無出版年月，頁四九。

鳥，我以爲雲中有龍，故對雲龍。」❸六歲入私塾，所讀過目成誦，若有宿慧。在校學作詩文，下筆必自己出，不屑拾他人牙慧；考試月課時，閱卷長官多器重之。每當休閒嬉戲時，有倣效軍人交鋒對壘，繼堯必充當主將；或遇事涉困難之際，唐氏則充任代表，以排難解紛。十五歲應童子試，會澤縣令陳月溪見其試卷，大爲讚賞，擬列榜首，但爲忌者所毀而不果；及院試，學使田某見其文奔放峭拔，乃加列榜前，補博士弟子員，並奬勵有加❹。

光緒三十年（一九〇四年），清廷爲變法圖強，下令各省選送學生出洋留學。唐父學曾以「大局艱難，家計亦漸窘迫，非有特別學識，不足以生存世界而謀一家生計」❺，因有意命繼堯赴昆明預選，遊學東洋。適逢滇省大吏選送留日學生，飭令各屬申送；但此時滇省風氣未開，青年學子視跋涉重洋爲畏途，所以多遲疑不應。唐繼堯則慨然謂人曰：「乘長風破萬里浪，男兒壯志也，何懼爲？況負笈異邦，學成救國，正吾輩今日之責」❻，乃慷慨請往。東川知府周彩臣及會澤縣令王愼餘，平時即對繼堯十分賞識，於是備文申送，赴省考試。榜發獲中，唐氏遂於光緒三十年（一九〇四）秋起程赴日，時年二十一歲。是年，雲南選送留日學生，包括學習陸軍的有三十人，學習師範、法政、實業等有百餘人，盛況空前❼。

唐繼堯在出國前，原本打算學工科；但抵達日本後，深知中國處境艱危，而「工業緩不濟急，不如學陸軍，異日庶可爲國家效用」❽，於是改學軍事，進入東京振武學校，同學二百餘人中，以唐氏年紀最小。先是，由於清廷派赴日本學習軍事的學生，大多未具備軍事學基礎，而且又不諳日語，於是日本陸軍省乃委託成城學校代訓這批中國學生；結業後再升入日本各軍事學校就讀。後來因爲中國赴日學習軍事者日多，日本陸軍省乃於光緒二十九年（一九〇三）七月，成立振武學校，專門接納學習軍事的中國留學生，以做爲進入日本士官學校或其他軍事院校的預備學校。振武學校修業期限最初定爲十五個月以上，光緒三十一年（一九〇五）改爲十八個月以上，次年再改爲兩年，旋又改爲三年❾。課程有日文、日語、歷史、地理、算術、代數、幾何、三角、物理、化學、地文學、生理學及各種典範令等❿。唐繼堯在振武學校的表現極爲優異⓫，光緒三十二年（一九〇六）五月三十日，唐以第一名的優異成績自振武學校畢業。畢業後，入金澤第九師團砲兵第九聯隊見習，充士官候補生。

在日本軍事教育的系統中，培育一名初級的陸軍軍官必須經過四個階段教育：第一階段是入伍教育，使學生習慣軍事生活及學習一些基本軍事知識；第二階段是入聯隊實習，使學

---

❸ 庾恩暘，再造共和唐會澤大事記，昆明雲南圖書館，民國六年，頁五。庾原名恩賜，乃唐士官同學。

❹ 謝本書，唐繼堯評傳，頁五—六。

❺ 同❷。

❻ 不著撰人，唐繼堯，臺北文海出版社，無出版年月，頁十二。

❼ 李根源，雪生年錄，臺北商務印書館，民國七十年十月初版，頁十八。

❽ 同❸，頁八。

❾ 楊同慧「孫傳芳與五省聯防」，政大歷史研究所碩士論文，民國七十四年六月，頁十五。

❿ 同❼，頁一九。

⓫ 根據庾恩暘的記載，唐氏入學後「未三月，而日語日文，無不諳習。所授各科科學，均能貫徹始終，每試驗則冠其曹，管教日人，莫不以遠大期之」，見庾恩暘，再造共和唐會澤大事記，頁八。

生眞實的在部隊中體驗軍事生活，並了解一般士兵的生活情形，以上兩階段叫做士官候補生；第三階段才是正式的士官教育，學生進入日本陸軍士官學校，學習正式的軍事學識、戰鬥技能、兵器使用及各類指揮技巧；第四階段則是在學校畢業後回到部隊見習，充見習士官，以體驗學校所學⑫。經過這種軍事體系訓練出來的軍官，通常在軍隊中的表現都是十分優秀的。而日本振武學校與陸軍士官學校的教育是連貫的，從預備教育到正規士官教育，條理嚴明，唐繼堯接受這一連貫嚴格的軍事教育，奠定深厚的軍事學基礎，對其日後的軍事及政治事業助益頗大。

依當時日本軍制，振武學校學生畢業後，分往步、騎、砲、工、輜重各兵科聯隊入伍。而各兵科中「砲兵最重，關係尤極重要，非擇年富力強，而又於代數、幾何、三角及物理、化學均極精深者，不能得其要領」⑬，唐繼堯遂以成績優異膺選砲兵，入日本金澤第九師團。金澤位於日本西北，天氣嚴寒，而唐氏以一滇人卻處之泰然。往昔振武學校畢業生入伍，即可充上等兵或下士階級，但這次分派卻規定從嚴，凡入伍生僅充二等兵階級。入伍期間艱苦備嘗，但唐繼堯對於日本治軍之眞精神，亦多能心領神會，獲益頗多。入伍教育半年後，升一等兵，入聯隊實習，學習隊（連）教練；三個月後，升上等兵，學習大隊（營）教練；再二個月後，升伍長，參與機動演習，最後升爲軍曹（班長）。一年實習期滿後，唐繼堯於光緒三十三年（一九〇七）六月，入日本陸軍士官學校第六期砲兵科，所學科目有戰術學、築城學、地形學、測繪學、兵器學、軍制學、馬學、衞生學、各種典範令、圖上戰術、兵棋、實地講話、實地測驗及戰術實施等⑭。光緒三十四年（一九〇八）十二月一日，唐繼堯自士官學校畢業，日皇明治親臨發給證書。日本陸軍士官學校第六期畢業中國學生共一百九十八人，超過前五期總和的三分之二⓯。日後許多中國軍界名人都是出於這一期，如閻錫山、李烈鈞、孫傳芳、程潛、尹昌衡、劉存厚、李根源、趙恆惕⓰、張鳳翽等，後來都曾出任省長、督軍，位居方面要職；而滇軍中更不乏士官六期的同學，如羅佩金、李根源、庾恩暘、劉祖武、趙復祥（即趙又新）、李鴻祥、葉荃、葉成林、張開儒、黃毓成、顧品珍、謝汝翼等，不但在滇軍中形成了士官系，更對唐繼堯日後的事業造成很大的影響。士官學校畢業後，唐繼堯並未按規定回部隊充見習士官半年，反而於翌年（宣統元年，一九〇九）初即起程返國，這與他在日本參與革命活動有關。

留日時期的唐繼堯，眼見當時中國的積弱不振，受到民族危機的刺激和愛國思想的感染，

⓬ 楊同慧「孫傳芳與五省聯防」，頁一一五—一一六。

⓭ 同⓫，頁一一〇。

⓮ 李根源，雪生年錄，頁二六。士官六期入校日期，李根源記載爲光緒三十三年（一九〇七）十二月。

⓯ 此處人數的統計資料係採自李根源，雪生年錄，頁二七—二八。根據另一項記載，士官六期的中國畢業生有二〇五人，約佔前五期總人數（三一一人）的三分之二，數目相當可觀，見日本陸軍士官學校印，郭榮生校補，日本陸軍士官學校中華民國留學生名簿，臺北文海出版社，民國六十六年一月，頁一—四二，一五三—一五九。

⓰ 一說趙恆惕畢業於士官八期，見日本陸軍士官學校中華民國留學生名簿，頁一五九。但據趙氏自述，應爲士官六期。

很快就加入了革命運動。當時革命之說瀰漫僑界，各省志士聚集東京，孫中山乃於光緒三十一年（一九〇五）成立同盟會，結合反滿力量，推動革命的進行。肄業於振武學校的唐繼堯，受到此一革命潮流的影響，乃與學校同學相繼入會，雲南留日學生加入同盟會的有四十餘人⑰。唐氏又在振武學校中，暗結各省同志，組織秘密團體，力謀革命進行。此外因鑒於滇省毗連緬、越，外人謀我日甚，情勢至爲急迫，思以文字喚醒滇人，同起救亡，乃與滇省同志創辦雲南雜誌，以爲開導社會之先聲⑱。滇省革命思潮之輸入，蓋自有雲南雜誌始。進入士官學校後，唐繼堯除了究心於各種軍事學術之鑽研外，並與各省同志秘密組織陸軍團，以革除滿清，推倒專制爲唯一目的。

當時孫中山曾指示同盟會中學軍事的同志，不可參加外部活動，以保身分之機密，但應在內部建立一純軍事同志的組織，以負起實踐革命之責⑳。於是黃興乃從同盟會員中，選擇學習軍事而又忠貞可靠者，組織鐵血丈夫團，取孟子「富貴不能淫，貧賤不能移，威武不能屈」之義，做爲團員應具之修養。鐵血丈夫團的成員，計有唐繼堯、葉荃、程潛、黃郛、李烈鈞、羅佩金、李根源、尹昌衡、張鳳翽、閻錫山、趙恒惕等四十一人，都是後來辛亥革命時領導各省起義的中堅人物㉑。此外，爲謀西南各省革命之進行，唐繼堯又與士官學校中西南省籍同學劉存厚、尹昌衡、楊藎誠（士官七期）等數十人，「以革命目的組織會黨，標其名曰研學會，實則研究革命之進行法也。學成歸國，抱定宗旨，分赴川、滇、黔、桂各省實行其志。」㉒對於日後西南各省的光復，這批士官生的確起了很大的作用。另外爲了提倡尚武精神及研究軍事學術，唐繼堯還結合了一批同志，創設武學社，刊行武學雜誌，各以其研究所得刊於雜誌中，輸入內地，以發揮文字鼓吹之功㉓。平日暇時，則常與同屋居住之李烈鈞、閻錫山，以及李根源、朱綬光等人分析時事，研究政情㉔。

就在唐繼堯自士官學校畢業之時，日本政府突有大肆搜索中國留學生之事。原來日人對於高深的軍事學問，多不想讓中國學生知道，所以士官學校的中國學生未與日本學生同住，

---

⑰ 謝本書，唐繼堯評傳，頁六。入盟會員姓名，李根源有詳細記載，見雪生年錄，頁二一。當時唐繼堯與同學葉荃入會時間要比其他同學早，見馬伯周「葉荃生平述聞」，中國人民政治協商會議昆明市委員會文史資料研究委員會編，昆明文史資料選輯第一輯，一九八一年十一月，頁七〇。

⑱ 唐繼堯，頁一三。

⑲ 同上，頁一二。

⑳ 閻錫山，閻錫山早年回憶錄，臺北傳記文學出版社，民國五十七年十一月一日初版，頁八。

㉑ 鐵血丈夫團的成員，閻錫山說有二十八人，見閻錫山早年回憶錄，頁八；此說乃閻氏晚年回憶，可能有誤。四十一人的說法是根據閻錫山年譜的記載，詳見閻伯川先生紀念會編，民國閻伯川先生錫山年譜長編初稿㈠，臺北商務印書館，民國七十七年，頁二三—二四；此四十一人中，經筆者查對資料，有三十五人確定爲士官學生。另參考馬伯周「葉荃生平述聞」，頁七〇；葉荃與唐繼堯極要好，唐氏在校中較年輕，每爲同學所狎侮，葉荃善於拳術，常爲唐打抱不平，因此人皆稱葉是唐繼堯的「保鑣人」。

㉒ 劉存厚「雲南光復陣中日志」，謝本書等編，雲南辛亥革命資料，昆明，雲南人民出版社，一九八一年八月第一版，頁一二。

㉓ 庾恩暘，再造共和唐會澤大事記，頁一一。

㉔ 同⑳。

而且上課時也不在一起。因此唐繼堯乃與諸同志相約，不惜任何代價，暗中搜購日本的秘密軍事書籍。此時適有士官同學湘人胡學伸，盜取日本動員計畫書，該書爲日本準備對中國用兵，預定在一星期內占領東三省、京津、山東之具體方案，結果事洩被逮，定罪監禁一年㉕。於是日人乃乘機搜索中國留學生，唐繼堯因事前已有防範，故未獲罪，但同人中因此而遭牽連者不少，所得書籍亦多所散失。大部分留日學生因此憤然思歸，唐氏遂未再下日本部隊充見習士官，乃於此時與滇省同學數人束裝返國。

唐氏在日時，除潛心於軍事學術的鑽研及革命事業之進行外，因見日本名將之戰略，往往得力於陽明學，日本軍人也多具有陽明學的修養，於是復以餘暇研究陽明學說，常與日本陽明學社名士學者交游，窮究身心性命之學，知行合一之說。這對唐氏一生影響頗大，「其後日動業，得陽明知行合一之學不鮮」㉖，這也是唐繼堯不好空談，重實力，不尚虛名的思想來源。從以下兩個例子可以說明唐繼堯所抱持的態度：

一、光緒三十一年（一九〇五）十一月，日本政府文部省爲管理日益增多的中國留學生，乃頒布「取締清韓留日學生規則」。取締二字，往往對於下等營業才用之，以此對待留學生，侮我實甚，且「竟把中國和朝鮮並列，這完全暴露了它侵略中國的狼子野心」㉗。於是留學界大起風潮，紛紛罷課抵制，且有輟學歸國者。當時各校代表集會磋商對策，「激烈者主退學歸國，持重者則否，風潮激盪，轉至內鬨。日（本）報竟以放縱卑劣四字相醜詆」㉘，陳天華因此憤而投海，想以此激勵留日學生。唐繼堯乃與各省留學界籌商挽救之法，一方面申具理由書，請求日政府取消此項規則；另一方面則通告各省學生，萬勿相率回國，以致半途廢學。此外並與各界留學生相約，勵行自治，使日政府無所藉口，終於達成取消取締規則之目的，而各省留學生得以返校復課㉙。

二、光緒三十四年（一九〇八）四月，同盟會發動雲南河口起義，佔領河口，並向北進軍。消息傳到日本，留日學生乃於東京錦輝館召開雲南獨立大會，聲援河口起義，到會者近萬人。會中激進派主張捐款支持革命，派人前往實力支援，並通電各省密謀響應，以期早日脫離專制；而唐繼堯則「以時機未熟，且向持穩健主義，恐欲速不達，致惹起清廷注意，反於進行有礙，故頗示不贊成之意」㉚。所以後來河口事敗，一些積極支持起義的學生被革除官費，還懷疑是唐繼堯稟揭告密所致。及至歷時既久，見唐氏熱忱救國之心不減，所為不似告密之人，始釋前疑。

從上述這兩件事情可以看出，唐繼堯在日時雖已加入了革命組織，也積極參與各種革命活動，但他卻對過激的革命手段不表贊同，認為在沒有充分準備之前就貿然舉事，只會貽誤大局。正因為這種態度，所以唐氏在日後的行事，極為注重實力的培養，「重實力，不慕虛

㉕ 李根源，雪生年錄，頁二九；庾恩暘，再造共和唐會澤大事記，頁一一—一二。
㉖ 唐繼堯，頁一三。
㉗ 吳玉章「從甲午戰爭前後到辛亥革命前後的回憶」，轉引自謝本書唐繼堯評傳，頁八。
㉘ 李根源，雪生年錄，頁二二。
㉙ 同㉓，頁九。
㉚ 庾恩暘，再造共和唐會澤大事記，頁一一。

名」遂成爲唐氏一生處世之則。

唐繼堯出身書香門第，舊學早有根柢，留日時期雖潛心於軍事學術，奔走於革命救亡，但對舊學並無荒廢。每念祖國危亡，慷慨激昂之情，往往寄與於詩歌。試引二首：

乙巳夏日偶成㉛

莫對青天喚奈何，掃開憂憤且狂歌。壯心百鍊鋤群醜，寶劍雙飛碎衆魔。鑄造蒼生新模範，安排黃種舊山河。澄清事業尋常舉，歐亞風雲亦太和。

戊申元旦㉜

世態炎涼恨未均，蒼生多少竟憂貧。雄心起舞劉琨劍，誓代天公削不平。

其詩其情，溢於言表。留日時並常與李烈鈞、羅佩金等友人有詩詞之唱酬，著有「東大陸主人言志錄」，其志向抱負躍然紙上。

總之，唐繼堯在留日五年中，不僅學習了高深的軍事技能，砥礪了革命志向，並增益其人格之修養，這對於唐氏日後功名事業之發展，有很大的影響。

第二節　辛亥革命前後

宣統三年八月十九日（一九一一、十、十），武昌起義；二十天後，雲南光復，成爲第六個宣告獨立的省份，也是西南各省中率先獨立者。雲南光復絕非一朝一夕之功，而是經過長時期的醞釀，其間有不少仁人志士投注大量心血，遂使革命條件逐漸成熟，終底於成。光復雲南的主要力量是新軍，在起義的過程中，新軍曾與效忠清廷的軍隊進行激烈的戰鬥。雲南也是獨立各省中進行革命較為徹底的省份，光復後雲南的行政權大體上是由革命派掌握，並在日後維持相當穩定的局面。唐繼堯在雲南光復一役中扮演重要的角色，不論是事先的籌畫，起義過程中的戰鬥，或是起義成功後雲南新政權的成立，他都積極參與組織和領導的工作，對雲南光復有其一定的貢獻。而唐繼堯也在辛亥革命後，逐漸嶄露其頭角。

一、革命前夕的雲南

雲南革命的情勢，自光緒三十一年（一九〇五）同盟會成立以後，有了很大的進展。根據統計資料，在同盟會成立前，雲南僅有兩個革命團體；但自同盟會成立後，革命團體激增至十二個，並有三所宣傳革命的學校㉝。這些情勢的發展，與滇省留日學生有密切的關係。

㉛ 唐繼堯「東大陸主人言志錄」，附錄於唐繼堯一書之末，臺北文海出版社，無出版年月，頁一三七。乙巳年即光緒三十一年（一九〇五）。

㉜ 同前，頁一四一。戊申年即光緒三十四年（一九〇八）。

㉝ 張玉法，清季的革命團體，臺灣中央研究院近代史研究所，民國七十一年八月再版，頁六六〇—六六二，六七二—六七九，六八一—六八四。此處革命團體的統計，包括雲南留日學生在東京成立的團體。

雲南早在光緒五年（己卯年，一八七九），就曾派留學生赴日習師範[34]。其後隨著留日熱潮的興盛，留日學生逐年增多，僅光緒三十年（一九〇四，即唐繼堯赴日之年）就有百餘名，到辛亥革命前爲止，總計滇省留日學生人數多達數百人[35]。他們受到當時革命思潮的影響，紛紛參與革命活動。光緒三十一年六月二十八日（一九〇五、七、三十），孫中山假東京赤坂檜町黑龍會（內田良平宅）內召開同盟會籌備會，到會者七十餘人，其中滇籍人士有唐繼堯、李根源、呂志伊……等諸人[36]。會中一致通過會名爲「中國同盟會」，並議決以「驅除韃虜，恢復中華，創立民國，平均地權」爲誓詞。出席的七十多人各自書誓詞，全部加入了中國同盟會[37]。三個星期後（一九〇五、八、二十），孫中山復假東京赤坂區坂本金彌宅開成立大會，同盟會遂正式成立。雲南留日學生先後入會者有四十餘人，並在東京成立同盟會雲南支部，由呂志伊任支部長，積極展開宣傳革命與發展組織的工作。

辛亥前夕的雲南情勢，正如同孫中山所分析的，有兩個導致革命的因素：一件是官吏貪汚，如丁振鐸、興祿之貪汚行爲，已引起全省人民之憤慨；另一件是外侮日亟，英占緬甸、法占安南，皆以雲南爲其侵略之目標。滇省人民在官吏壓榨與外侮侵凌之下，易於鼓動奮起[38]。在這種情況下，同盟會雲南支部乃一方面創辦雲南雜誌，做爲宣傳革命的機關；另一方面則派員回滇，組織革命團體，開展革命活動。

雲南雜誌於光緒三十二年（一九〇六）在日本東京成立，由李根源、趙伸任幹事，張耀曾任總編輯。雲南雜誌從創刊到辛亥革命後結束，共發行二十三期，以宣傳西方政治學說，揭露清政府的黑暗統治及反對英法帝國主義侵略爲宗旨，對於雲南的革命情勢起了很大的作用。雲南雜誌的出版發行日漸擴大，發行量由最初的三千册增加到一萬册，並在北京、貴陽、昆明、雲南的九個縣城以及緬甸的瓦城設有分社，另外在全國三十九個城市，雲南各府州縣以及海外的新加坡、越南設有代辦所，各地都派有行銷員負責行銷㊴，成爲當時滇省暢銷的書刊之一，雲南民衆譽之爲「救死藥」，「醒夢鐘」㊵。由於雜誌中激烈的反清言論不容於滇省當局，雲南提學使葉爾愷乃下令逮捕雲南雜誌在滇的行銷員，並禁止學生閱讀㊶。然而私下傳閱者仍然很多，影響力有增無減。

㉞ 續雲南通志長編「人物、李文治」（未刊稿），記載李文治於光緒五年（己卯，一八七九）入日本師範，轉引自郭惠青、李慧琴「中國留日學生與辛亥革命時期的雲南」，昆明師院學報，一九八一年第二期，頁三，十❶。

㉟ 孫代興「辛亥革命在雲南」，昆明師院學報，一九八一年第四期，頁三〇。

㊱ 此次出席人員參見實藤惠秀著，譚汝謙、林啓彥譯，中國人留學日本史，香港中文大學出版社，一九八二年初版，頁二四七—二四八。又見張玉法，清季的革命團體，頁三〇八—三一四。

㊲ 羅家倫編，國父年譜（增訂本），上册，臺北中國國民黨黨史會，民國七十四年十一月十二日第三次增訂，頁二二四—二二五。又見宋教仁，我之歷史，中國現代史料叢書第一輯，臺北文星書店，民國五十一年六月初版，頁七〇。

㊳ 雲南雜誌選輯序，轉引自郭惠青、李慧琴「中國留日學生與辛亥革命時期的雲南」，頁五—六。

㊴ 郭惠青、李慧琴「中國留日學生與辛亥革命時期的雲南」，頁六；孫代興「辛亥革命在雲南」，頁三〇。

㊵ 孫代興「辛亥革命在雲南」，頁三〇。

㊶ 郭惠青、李慧琴「中國留日學生與辛亥革命時期的雲南」，頁六。

至於同盟會在雲南的組織工作和活動，要從同盟會員楊振鴻歸國後開始。光緒三十二年（一九〇六），楊振鴻自振武學校畢業回國，在昆明設立同盟會雲南支部，「聯絡三迤志士，發起死絕會，組織公學會，及各府同鄉會，皆爲革命之秘密機關。又創辦體操專修科，召集學生數百人，朝夕訓練，暗播革命種子。」㊷昆明地區在他的影響下，相繼成立了誓死會、興漢會、滇學會、敢死會、公學會、死絕會、決死會、天足會、保礦會等革命組織，進行革命活動㊸。隨後楊振鴻奉委西防騰永巡防隊第四營管帶（營長），抵達騰越後，「改良營規，教練新式兵法，設立初等小學校，組織演說會，於軍事及改革問題，均實力鼓導之。」㊹並積極進行革命工作，以隨帶之革命黨員充任騰越各學校體操教員，創辦體操學堂（楊自兼校長），從教育入手，培育革命黨人。此外楊振鴻還吸收了張文光、劉輔國等人入同盟會，使騰越成爲同盟會在雲南的第二個活動中心㊺。其後楊振鴻以從事革命爲清廷通緝，乃離滇入緬，轉赴日本，但滇省的革命事業仍持續發展，革命聲勢日漸擴大。

光緒三十四年（一九〇八），同盟會發動雲南河口起義，一舉攻克河口、蠻耗、南溪一帶，革命聲威震驚國內外，起義軍堅持奮戰長達一月之久，最後雖然失敗了，但卻動搖了清政府在雲南的統治，給予滇省志士極大的鼓勵。同年底，楊振鴻率部份革命黨員回滇，發動保山起義，雖因準備不周而失敗，楊振鴻亦病死於蒲縹，但革命的影響卻在雲南不斷擴大。適逢此時法國掠奪雲南七府礦權，英國也伺機侵略滇邊片馬等地，激起雲南群衆的強烈憤怒，紛紛集會請願，如陸小學生楊越、趙愼修即斷指割臂以抗議法國侵略，要求收回七府礦權㊻。在內外交逼下，滇省革命條件日漸成熟。隨著革命形勢的發展，同盟會總結以往失敗的教訓，開始注意在新軍中開展工作。光緒三十四年底（一九〇九年初），士官六期畢業生唐繼堯等返國，運動新軍的任務就落在他們身上。

二、軍事生涯的展開

宣統元年（一九〇九）初，唐繼堯返國。歸國途中，欲順道考察日人經營朝鮮、東北之情形，乃取道仁川、漢城，經東三省，沿途關於軍事、外交及政治等，無不留心調查。在遊韓時，見當時朝鮮情勢，曾作有「遊韓感賦」一詩：

> 悲水怨山幾斷腸。天公何獨罪東方？蒼生苦惱人相食，猶自笙歌祝虎狼。衣冠猶是漢威儀，對此如何不淚垂。大陸龍騰三萬里，快分霖雨潤藩籬。㊼

唐氏有感於朝鮮亡國之痛，因此日後對於韓國復國志士，乃多方支助，以完成其「快分霖雨

㊷「雲南光復諸人事略、楊振鴻傳」，雲南文史資料選輯，第十七輯，頁二八三。

㊸同㊶。

㊹同㊷。

㊺張天放、于乃仁「回憶辛亥革命時期雲南的楊振鴻」，雲南文史資料選輯，第十五輯，頁二八—三〇。另見周開助「騰越起義的一點回憶」，雲南文史資料選輯，第十五輯，頁七〇—七一。

㊻繆嘉琦「記雲南陸軍學堂在辛亥革命期間的反帝鬥爭」，雲南文史資料選輯，第十五輯，頁一二五。

㊼唐繼堯「東大陸主人言志錄」，頁一四六—一四七。

潤藩籬」之夙願㊽。抵達天津後，唐繼堯乃將在日所得重要軍事書及沿途考察結果，譯刊二十餘種，分送各軍事樞要，以供參考㊾。隨即由天津赴北京，至北京時循例晉見軍機大臣，由徐世昌接見。徐見唐繼堯的名字，認爲「繼堯」兩字犯諱，有意爲唐改之，但爲唐氏所拒。後來有人對唐言：「軍機大臣爲你更名，是多榮幸的事，你竟加以拒絕，可眞是不受抬舉。」由此可見唐氏自有其風骨㊿。這時雲南正編練新軍，急需新式軍事人才，滇省大吏乃電調滇籍士官畢業生回滇服務，於是唐繼堯乃離京返滇。是時滇越鐵路已通車，唐氏乃取道越南返滇，途中特別注意滇越鐵路線上的形勢要地，以窺法人之目的是否僅爲商業上的競爭，抑或實爲軍事上之計畫。在返滇途中，這個充滿抱負的年輕軍人寫下了「偶成」一詩：

雄才幾輩傲磊落襟懷唱大同，昆池水淺且潛龍。願銷天下蒼生苦，都入堯雲舜雨中。崙華，千古功名未足誇。蔓草他年收拾淨，江山栽遍自由花。51

「願銷天下蒼生苦」，「江山栽遍自由花」，道出了唐氏的胸懷志向。抵滇之後，唐繼堯奉委出任督練公所參謀處提調，兼雲南陸軍講武堂教官，遂正式加入滇軍的行列，也開啓了唐氏日後功名事業的起點。

先是清廷於辛丑和約簽定後，爲重建國防武力，乃於光緒二十九年（一九〇三）設立練兵處，以奕劻任練兵處總理，袁世凱爲會辦，鐵良爲襄辦，並命各省設督練公所，編練各省新軍52。滇省奉命後開始編練新軍，但進展緩慢，收效甚微。光緒三十三年（一九〇七）川督錫良改任雲貴總督，隨調胡景伊、陳宧、張毅積極編練雲南新軍。同年秋，奕劻等奏定分省限年編練全國陸軍計劃，全國編練新軍三十六鎭，其中規定雲南編練新軍兩鎭，限五年完成；而此時雲南僅編成步隊一協，砲隊兩營53。於是錫良乃以胡景伊總辦參謀處，掌軍事計劃；以陳宧總辦兵備處及教練處，掌軍事籌備及教育計劃；以張毅充統領，實行練兵。此外所有軍事機關、學堂和部隊中官弁員佐，以及餉項器械等，概由川省補充，軍事初基尚形穩固54。光緒三十四年底（一九〇九年初），陸軍部派一等檢查官崔祥奎隨帶大批北洋陸軍官弁赴滇，抵滇後立即著手將雲南新軍一混成協擴編為鎮，並以北洋軍官充任各級幹部。二個月後（宣統元年二月），雲南暫編陸軍第十九鎮編成，由崔祥奎出任統制（師長），但因

---

40 後來雲南講武堂第十四、十五兩期曾培植不少韓國學生，當時凡持有韓國臨時政府證明文件之韓國學生，唐繼堯悉收納於所辦之講武堂，前後畢業者達五十餘名，見閔石麟「中國護法政府承認韓國臨時政府始末記實」，春秋月刊第一卷第五期，民國五十三年十一月一日，頁九－一一。另參見后希鎧「唐繼堯與蔡鍔」，傳記文學，第四十七卷第六期，頁六〇。

49 唐繼堯，頁一三－一四。

50 唐筱蓂「記憶中關於父親的二三事」，春秋月刊第一卷第六期，民國五十三年十二月一日，頁一八。唐筱蓂為唐繼堯之子。

51 唐繼堯，東大陸主人言志錄，頁一六〇。

52 郭廷以，近代中國史事日誌（清季），第二冊，臺北商務印書館，民國五十二年三月初版，光緒二十九年十月十六日（一九〇三年十二月四日）條，頁一一九一。

53 茅海建「雲南陸軍講武堂與辛亥雲南起義」，華東師範大學學報（哲學社會科學版），一九八二年第三期，頁七三。

54 劉存厚「雲南光復陣中日志」，頁一一。

「南北將士積不相能，戎行頗欠輯睦」[55]。按清廷的練兵計畫，雲南因毗連緬、越，正好位於英、法侵略的要衝，國防位置重要，所以規定雲南編練新軍兩鎮；但是由於經費不足及其他條件的限制，終清之世，滇省一直僅有第十九鎮一鎮。第十九鎮下轄三十七、三十八兩協（旅），每協轄兩標（團，分別為七十三、七十四、七十五、七十六標），每標有三營，每營分前左右後四個隊（連），隊之下是排、棚（班），每隊定制步兵一百二十六名。除了步兵之外，第十九鎮還轄有馬隊、砲隊各一標，工程隊、輜重隊、機關槍隊各一營。三十七協駐省城；三十八協七十五標駐臨安，七十六標駐大理；馬隊等標營則分駐省城一帶。與此同時，雲南全省巡防隊也改定營制，共編成六十三營。宣統元年（一九〇九），廣西巡撫李經義改任雲貴總督，調靳雲鵬充總參議，王振畿統領三十七協，鍾麟同統領三十八協。靳、鍾、王皆山東人，隨帶江北學生數十名，裁去滇軍中川籍官佐而以之補充。此外李經義復參用滇籍留日士官生。據劉存厚的分析，當時十九鎮軍官略分三派：一、北派以山東人最佔優勢；二、南派則為川湘及江北在滇軍界人員，團體渙散，勢甚薄弱；三、滇派係本省留學生組織而成，其勢力在南北兩派之間。三派水火，積不相容，識者憂之[56]。唐繼堯就在這種情況下加入滇省新軍，充任督練公所參謀處提調，負責新軍編練教育事宜。

隨著新軍的編練，於是有陸軍學堂教育的出現。由於先前各省軍事教育雜亂無章，練兵處乃於光緒三十年（一九〇四）奏定陸軍學堂辦法二十條，陸軍學堂教育乃由此分為三類：正規教育、速成教育、補習教育[57]。所謂補習教育，就是興辦講武堂，輪流調訓在職陸軍軍官，提高各種軍事學的素養，性質頗類似將弁學堂。講武堂學生與其他軍事學堂學生最大的不同是，他們在入堂前已有軍事經歷，有的甚至已擔任中級軍官，而畢業後又繼續擔任軍職。因此講武堂學生的政治思想若有變動，將會直接影響新軍的政治態度，也會嚴重威脅清廷的統治地位，這是清廷當初創辦講武堂所始料不及的[58]。

在清季各省興辦的講武堂中，雲南陸軍講武堂是最爲重要的一所，它不僅在滇省是赫赫有名，就是在國內軍界也享有極高的聲譽。雲南陸軍講武堂的興辦，與滇省新軍編練有密切的關聯。雲南陸軍講武堂初辦於清光緒三十三年（一九〇七），總辦由雲南陸軍小學堂總辦胡景伊兼任，教官亦多由陸小教官兼，但只辦了七個多月就停辦了；而講武堂初辦期間（一九〇七～一九〇八），滇省新軍的編練也幾乎是原地踏步，並無進展。其後雲南陸軍第十九鎮於宣統元年（一九〇九）編立，而巡防隊適於此時改定營制，在在皆急需新式幹部人才。這種現象表現在兩個方面：

1. 軍官數量少，不敷使用。據宣統二年（一九一〇）七月呈報的「陸軍第十九鎮報告表」統計，十九鎮全鎮官佐缺編六十名，約佔軍官總數的百分之八；其中與軍事指揮直接有關的軍官缺編二十四名，約占百分之五。

---

[55] 同[53]。准隨帶官佐一七九員，弁兵二十七名。
[56] 同[54]，頁一一二。
[57] 同[53]。
[58] 同前。又見謝本書，蔡鍔傳，天津人民出版社，一九八三年三月第一版，頁二六－二七。

2. 軍官素質低，不能勝任。雲貴總督李經羲曾經奏稱：「滇軍成鎮過速，現任官佐新舊參雜，黨派分爭，瑕瑜互見，將領多不得人，中下級軍官學庸品卑，臨、榆兩標尤甚。」[59] 新軍幹部素質低落，至於防營官長那就更差了。

雲南本來設有陸軍小學堂一所，但根據清政府正規軍事教育的規定，造就一名初級軍官，由陸軍小學堂至陸軍中學堂，再由陸中經陸軍入伍生而至保定軍官學堂，保定畢業後充見習官，到正式補排長、隊官之職，共需時七年四個月，糜時耗月，根本無以濟燃眉之急。而陸軍部也不可能再派出大量軍官來滇，且各省都在編練新軍，都需要新式幹部人才。在此情形下，唯一的辦法就是開辦新的軍事學堂。於是滇省遂在宣統元年（一九〇九）開辦了兩所軍事學堂：一所是陸軍第十九鎮隨營學堂，招考新軍中學、術科優秀的軍士及普通學堂學生入堂學習；另一所即復辦的雲南陸軍講武堂。

講武堂校址設於昆明承華圃，總辦（即校長）初爲胡景伊，隨即由兵備處總辦高爾登兼任，監督（相當於教育長）則檄調留日士官生李根源出任[60]。同時又以李根源之請，將羅佩金由桂調回滇，出任第十九鎮隨營學堂監督，兼講武堂教官[61]。講武堂內分步、砲、騎、工程四種兵科[62]，學生則分甲、乙、丙三班。甲班係調選陸軍第十九鎮管帶、督隊官、隊官、排長共一百二十名；乙班是調選巡防營管帶、幫帶、哨官、哨長共一百名；丙班則爲招考貢生、廩生、普通中學堂學生二百名[63]。宣統二年（一九一〇），第十九鎮隨營學堂併入講武堂，羅佩金改任陸軍小學堂總辦，而隨營學堂學生二百多名則歸併講武堂丙班；並從丙班學生中（包括隨營學堂併入之學生），挑選成績優異者一百名，特授學術，爲特班生（較丙班生提早半年畢業，以應各部隊之需）。此外，又從優級師範畢業生中挑選有志於軍事者三十人，是爲附班生64。如此一來，雲南陸軍講武堂的規模變大，班次增多，學生數量也加多，已經超過「練兵處新訂陸軍學堂辦法」的規定，它不再是單純的軍事補習教育學堂，而是一所融合正規、速成、補習三種軍事教育於一爐的新式陸軍學堂。甲、乙班的學制各爲一年，丙班及特別班學制則爲兩年半到三年。由於總辦高爾登僅爲兼任，講武堂大權多在李根源手中，於是李根源乃大量援引士官同學，如唐繼堯、羅佩金、李烈鈞、方聲濤（士官四期）、沈汪度（士官五期）、張開儒、庾恩暘、李鴻祥、顧品珍、劉存厚、謝汝翼等人，皆於此時進入講武堂分任教官等職。而這批士官生幾乎都是同盟會員，在這種情形下，雲南陸軍講武堂乃成爲滇省革命的策源地65。

由於雲南陸軍講武堂的教官、隊職官大多是日本陸軍士官學校的畢業生，因此滇省講武

59 陸軍部檔「雲貴總督電陸軍部」，轉引自茅海建「雲南陸軍講武堂與辛亥雲南起義」，頁七四。

60 李根源，雪生年錄，頁三三。

61 祝鴻基「陸軍第十九鎮及雲南講武堂對雲南辛亥革命的關係」，雲南文史資料選輯第一輯，一九六二年三月，頁一一三。時羅佩金在廣西提督龍濟光處任隨營學堂總辦，頗不得意。

62 周開勛「雲南講武堂的回憶」，雲南文史資料選輯，第十五輯，一九八一年八月，頁一六五。

63 同60。

64 同前。

65 謝本書，唐繼堯評傳，頁一一二。

堂的制度和作風乃仿效日本陸軍士官學校，紀律非常嚴格66。在課程方面，甲、乙班入學後即習軍事學科，如地形學、築城學、兵器學、軍制學、衞生學等，並習本兵科課程，如本兵科的典、範、令等。丙、特班入學後則分兩階段：第一階段先習普通學科及軍事學基本課程，丙班爲兩年，特班爲一年，計學科有國文、英文、法文、倫理、器械畫、算術、史地、步兵操典、射擊敎範、陣中勤務令、工作敎範等，術科有制式敎練和野外演習等；第二階段開始分兵科，專習軍事學科和本兵科課程67。學生每天上六小時課，下兩小時操，早晨有體操和跑步，晚上還有自習，每天除了吃飯睡覺外，沒有一刻的休息，並且晚上睡覺後，還常有緊急集合的練習68。由於課程完善，敎學嚴格，使得雲南陸軍講武堂學生的素質較當時其他省屬的軍事學堂要高出一籌，並在日後雲南光復及護國討袁二役中有傑出的表現。

唐繼堯任職督練公所參謀處提調及講武堂敎官之時，因本身職務的關係，乃從敎育著手，對於學生，除了在講堂、操場上敎授學術外，若有機會，即力闡民族主義，宣揚革命思想。有一次唐繼堯還在講武堂上，對學生講岳飛精忠報國的故事69。此外，唐氏還經常到陸軍小學堂去精神講話，與陸小學生聯絡感情，有時並講述其留學日本的情形70。其後不久，唐繼堯調任第十九鎮正參謀官，在職期間，對於雲南軍事敎育多所籌畫，「遇事不辭勞瘁，凡所獻替，多爲大府嘉納」71，滇省新軍遂因此有了很大的改進。唐氏又以籌備秋操之故，親赴宜良一帶，察看當地地形，策畫演習事項，實開滇省未有之先導；而唐繼堯亦因籌備秋操之功，被委爲七十四標第一營管帶，仍兼講武堂敎官72。先是在宣統二年（一九一〇），李經義與崔祥奎不協，乃以鍾麟同代崔，充十九鎮統制，曲同豐則調充三十八協統領（旅長），並以李根源爲講武堂總辦，沈汪度接任監督[73]。其後李經義復以總參議靳雲鵬專權任私，頗疑之，遂召李根源、羅佩金二人入見，要他們薦舉軍事人才，羅佩金乃乘機推薦蔡鍔，爲李經義採納[74]。宣統三年（一九一一）四月，蔡鍔由桂來滇，出任第三十七協統領（原統領王振鑾調充兵備處總辦），羅佩金則出任七十四標統帶（團長）。蔡、羅並援引革命同人唐繼堯、劉存厚、雷飆充七十四標各營管帶（營長），李鴻祥爲七十三標管帶，謝汝翼、庾恩暘任炮標管帶，韓鳳樓爲工程營管帶，李鳳樓充機關槍營管帶，革命勢力乃充斥於新軍第十九鎮中[75]。唐繼堯出任七十四標第一營管帶爲時甚短，約僅月餘，但在職期間仍不時爲兵士闡發民族主義，並委派黃毓英（同盟會會員）爲該營見習排長，鄧泰中（唐氏表弟，同盟會會

---

66 周開勛「雲南講武堂的回憶」，頁一六八—一六九。

67 茅海建「雲南陸軍講武堂與辛亥雲南起義」，頁七四。

68 祝鴻基「陸軍第十九鎮及雲南講武堂對雲南辛亥革命的關係」，頁一一五。

69 同前。

70 曾萬鐘口述，楊維騫記錄「我對雲南辛亥革命的回顧」，雲南文史資料選輯，第十五輯，頁一一〇。

71 庾恩暘，再造共和唐會澤大事記，頁一四。

72 同前，頁一四—一五。又見唐繼堯，頁一四。

73 同68，頁一一三。

74 李根源「羅佩金事狀」，轉刊於雲南文史資料選輯，第十七輯，頁三一七。

75 祝鴻基「陸軍第十九鎮及雲南講武堂對雲南辛亥革命的關係」，頁一一三。

員）爲司務長，使其深入各營隊裏面去做宣傳革命的工作[76]。唐氏旋因宣揚民族主義，爲忌者中傷，遂解兵權，調任講武堂監督。於是唐繼堯仍從教育入手，除教授學術外，更以革命宗旨灌輸學生[77]。

雲南陸軍講武堂在前後幾任總辦、監督及各級教官的努力下，不僅奠定其可大可久的規模，更培育出一批批具有革命思想的新軍軍官，當他們畢業後充任十九鎮各級幹部，便把革命的種子散播於十九鎮全軍中。一位講武堂學生日後回憶：「講武堂在這兩年當中，造成了八百多名的帶兵官，也就是造成了第十九鎮中的革命力量。並且第十九鎮駐在省城附近，各部隊的長官又多係革命黨人，所以革命力量優於反革命靳、鍾、王、曲（指靳雲鵬、鍾麟同、王振畿、曲同豐，皆北洋派人）等者多矣」[78]。是時滇軍中級幹部多由留日士官生充任，而講武堂畢業之學生，則分發滇軍爲下級幹部，他們在士兵中宣傳革命思想，運動部下，遂使滇省新軍上下皆充滿革命精神，爲不久後的雲南辛亥起義創造了良好的形勢。而唐繼堯在這段期間的表現，對滇省革命事業有其一定的貢獻。

三、重九起義

宣統三年八月十九日（一九一一、十、十），武昌起義爆發，風聲所播，全國震動，雲南軍界亦亟謀響應。從八月二十五日（十、十六）到九月初七（十、二十八）這十三天中，滇省新軍中的革命黨人召開了五次秘密會議，籌備滇省起義有關事項。唐繼堯在這幾次會議中，都居於重要的地位。其籌商之經過如下：

宣統三年八月二十五日（一九一一、十、十六）晚上七時至十一時，雲南同盟會員唐繼堯、劉存厚、殷承瓛、沈汪度、張子貞、黃毓成等六人在昆明蕭家巷劉存厚家中，召開起義前的第一次秘密會議。會中討論事項有五：

1. 劉存厚報告四川爭路之近情可爲革命之機會。
2. 研究革命之進行法。
3. 聯絡革命必要之人材。
4. 同舉穩慎周詳可與謀革命之人員如左：

　甲、本夜列席者勿論；

　乙、蔡鍔、韓鳳樓、羅佩金、雷飆、李鳳樓、劉雲峰、謝汝翼。

5. 同議可共事革命之人員如左：

---

76 詹秉忠「辛亥革命前後的回憶」，雲南文史資料選輯，第一輯，頁一一一，作者誤以爲唐氏任七十三標第三營管帶。黃毓英自日本歸滇後，往來大理、蒙化間，從事革命活動，邊吏捕之急，乃遁入省城，曾往唐繼堯處密談國事，唐氏因毓英困乏，時常予以接濟；後以唐繼堯及李鴻祥力保，得入七十四標充見習排長，旋調充七十三標第三營（管帶李鴻祥）右隊排長，在滇省光復一役中有傑出的表現，詳見蔡鍔「黃武毅公墓志銘」，雲南文史資料選輯第十五輯，頁八九及「黃武毅公事略」，雲南文史資料選輯第十七輯，頁二六八—二六九。

77 唐繼堯，頁一四。

78 同75，頁一一五。

李根源、庾恩暘、李鴻祥、黃毓英、鄧泰中等⑲。

會後與會諸人乃分頭連絡同志，擴大起義的基礎，因此在第二次會議中，蔡鍔、羅佩金等人也都出席了。

八月二十八日（十、十九）上午八時至十一時，蔡鍔、唐繼堯、劉存厚、羅佩金、雷飆等五人又在劉存厚家中，召開第二次秘密會議。會中議決：

1. 聯絡官兵，期與可靠之官長逐層組織小團體，且與歃血為盟，以堅其信用，而為有把握之舉動。
2. 預備子彈以備急需。
3. 嚴守秘密，有泄者共殛之⑳。

當時新軍中，革命黨人原本即在暗中進行活動，各級都有人負責，至是則更為加緊進行。「其中主要做這一工作的有黃子和（即黃毓英）、黃永社、鄧泰中、楊蓁等人。對軍隊學校中可靠的人員進行運動聯繫，尤其是黃子和進行得最積極，隨時都將情況對各標營的負責人互相交換。」㉑在彈藥方面，講武堂於學生每次野外實彈射擊時，限令每人所發的十五發子彈中僅能射擊五發，其餘十發則歸繳校本部秘密儲藏，以備革命之用㉒。另外新軍各標營則以訓練打靶需用實彈，遂由標本部領取少量彈藥發營儲存備用，雲南光復之夜，即持此項儲備彈藥應用㉓。

九月一月（十、二十二）晚上八時至第二天凌晨一時，蔡鍔、唐繼堯、劉存厚、沈汪度、謝汝翼、韓鳳樓等六人在昆明北門街沈汪度寓所中，舉行第三次秘密會議。此次會議內容是：

1. 由列會各員報告所部官兵目下對於革命程度如何。

甲、劉存厚報告：第就本營而論，以存厚在營日久，與官兵相習，感情甚篤，可有把握。

乙、謝汝翼報告：所部炮營亦有把握。

丙、韓鳳樓報告：所部官長程度太差，卻無把握。

2. 本日到會人員不齊，他營情形不得而知。現步、工程度既以不一，宜反急進主義，銳意經營[84]。

九月四日（十、二十五）晚上七時至十時，蔡鍔、唐繼堯、劉存厚、沈汪度、殷承瓛、張子貞、雷飆等七人在劉存厚家中，舉行第四次秘密會議。是夜天雨，與會人員均不帶隨從，冒雨單人步行赴會。會議內容是：

1 歃血為盟。屆時劉存厚摒去妻子、婢役，由殷承瓛於白紙上書「協力同心，恢復漢

---

[79] 劉存厚「雲南光復陣中日志」，附錄七，「雲南光復前秘密會議記事表」，頁三〇。

[80] 同前。

[81] 祿國藩「辛亥革命前後有關雲南史實三則」，雲南文史資料選輯第一輯，頁一一三。

[82] 祝鴻基「陸軍第十九鎮及雲南講武堂對雲南辛亥革命的關係」，頁一一五。

[83] 同[81]，頁一一一。

[84] 同[79]，頁二〇—三一。

室。有渝此盟，天人共殛」十六字。書畢，火化調於酒中，分飲之以結同心。

2. 提議實施革命，同人贊成。惟殷承瓛主張緩辦，以對外不足，兵心不一爲可慮㉟。

九月七日（十、二十八）晚上七時至第二天凌晨三時，蔡鍔、唐繼堯、劉存厚、沈汪度、張子貞、李鴻祥、黃毓英、黃永社等八人在昆明洪化橋唐繼堯家中，舉行第五次秘密會議，這也是昆明辛亥起義前的最後一次秘密會議。在這次會議裏，決定發難日期是九月初九夜三時（即九月十日凌晨三時）㊱。此次會議具體研究了起義的兵力安排，會中議決事項有：

1. 兵力之決定：陸軍第三十七協所屬之步兵第七十三、七十四兩標，炮兵第十九標。

2. 攻擊之計劃：

甲、省城大東門至小西門以北地區，歸七十三標占領。要點：軍械局及五華山。

乙、省城大東門至小西門以南地區，歸七十四標占領。要點：南城外巡防第二營和第四營、南門城樓、督署、藩庫、鹽庫。

丙、炮兵陣地在大、小東門及小西門至南門城牆一帶放列，向督署、五華山、軍械局射擊。

丁、省城北門、小東門、小西門、南門之開啓，歸講武堂學生專任。

3. 臨時率兵官之決定：

甲、推蔡鍔爲臨時革命總司令。

乙、步兵七十四標第一營臨時管帶以唐繼堯任之。

丙、步兵七十三標第一營臨時管帶以李根源任之㊲。

丁、步兵七十三標第二營臨時管帶以劉祖武任之。

戊、炮兵第十九標，每營出炮六門，按第一、二、三之次序附於步兵第七十四標之一、二、三營。

注意：臨時管帶係臨時去現任之管帶以該員臨時承充之謂也。

4. 革命實施時日之決定：宣統三年九月初十日（一九一一、十、三十一）午前三時。

5. 革命軍口令標示之規定：

甲、口令爲「軍」（軍械局）、「總」（總督署）。

乙、我軍帽上附白袋（按：原文如此，疑爲「帶」）88。

---

85 劉存厚「雲南光復陣中日志」，頁三一。

86 謝幼臣（即謝汝翼）「光復滇省事略」，雲南辛亥革命資料，頁二。

87 李根源因革命之嫌於宣統三年閏六月二十八日解講武堂總辦之職，調任督練處副參議官。根據李根源自己的說法，他們在起義前密議於李儀亭、唐蓂賡（即唐繼堯）宅，分配任務時原先是以李根源率講武堂學生爲內應，李以事易不足爲，願爲其難，適七十三標統帶丁錦不附，李根源乃偕李鴻祥、劉祖武往奪其兵，見李根源，雪生年錄，頁四〇—四一。

88 同85，頁三一—三二。關於滇省舉義前的幾次秘密會議，謝汝翼的說法與劉存厚略有不同，根據謝的記載，起義前共召開四次秘密會議，其中有兩次是在唐繼堯家中舉行，見謝幼臣，「光復滇省事略」，頁一—二。謝汝翼與劉存厚的說法雖略有出入，但大體相同，且劉的記載要更爲詳盡，劉存厚「雲南光復陣中日志」寫成於民國二年，去事不遠，大致可信，因此本文多徵引之。

從五次的秘密會議可以說明，雲南辛亥起義是經過相當縝密的策劃，其事先的準備工作也是相當充分的。而根據劉存厚的記錄，先後參加會議的共十三人，其中只有唐繼堯，劉存厚二人五次會議都到會，「這從一個側面說明唐繼堯、劉存厚是辛亥昆明起義的主要策劃人。」[89]唐繼堯不但是雲南辛亥起義的主要發動者，而且他在策劃起義的過程中，態度也是頗爲積極的。最初起義諸人原擬於九月一日（十、二十二）舉義，但與會同志中有人認爲滇鄰緬越，恐義師輕舉，外人藉口保護僑商而進兵干涉，不如俟響應省分稍多再起義，則成功較易。一時附和者頗多。唐繼堯則「獨不以爲然，謂滿清末運將終，吾儕亟宜毅然決然，誓師響應，光復祖國。成敗利鈍，非所宜計。若徘徊瞻顧，趨利避危，非志士所應爲。」[90]「且謂滇師速起，反可促西南諸省獨立，然後聯合北伐，則直搗燕雲，飲馬蘆溝，直意中事。」[91]於是衆議僉同，遂歃血爲盟，議定九月九日舉義。

九月八日、九日（十、二十九，三十）兩天，革命黨人分頭聯絡，準備起義。時「風聲日緊，消息外傳。清總督李經義秘商靳雲鵬、鍾麟同、王振畿、唐爾錕等，欲出羅佩金、李根源於外，並擬懲辦李鴻祥、謝汝翼，又命唐爾錕、劉顯治，由黔募兵。」[92]情勢非常急迫。李經義等人爲防制革命黨人起事，乃發子彈給七十三標、機關槍第十九營、憲兵第十九營（以上皆清吏較能掌握之部隊），令暗中警備，以防七十四標、炮標起事，並在城內戒嚴[93]。另外一面飛調蒙自巡防軍四營到昆明，一面在軍械局建築碉樓，以防襲擊。此時七十三標駐紮城北的北較場，七十四標和炮標則駐在城南的巫家壩。入夜後，清吏更派偵探到巫家壩附近搜索，以探明七十四標及炮標之動靜。九月九日（十、三十）清晨七點，第十九鎮統制鍾麟同突至巫家壩，集合官兵講話，言當晚有人作亂，將謀革命，凡發覺妄言革命者來報，賞金昇官云云[94]。黨人劉存厚、雷飆以當晚清吏定有準備，不如延至明晚起義，乃商之蔡鍔，蔡鍔亦同意。於是劉存厚遂派鄧泰中至講武堂見唐繼堯，言舉義延至初十夜之事，後來劉氏更進城親晤唐繼堯。唐氏對延期事不表同意，認為此事已通報各方同志，若改期則機密將會洩露[95]。於是延期事作罷，一切遂照原計畫進行。九日下午三時，蔡鍔、唐繼堯、李根源、沈汪度、張子貞、雷飆等人再次聚會，決定照原議本夜（次晨）舉義[96]。晚上七時，蔡鍔、唐繼堯、李鳳樓先後至巫家壩，乃於七十四標本部召集劉存厚、雷飆、庾恩暘、劉雲峰、謝汝翼等人會議，分配戰時任務，命唐繼堯率七十四標第一營（附炮兵第一營之炮六門）由南門進攻督署[97]。

---

89 謝本書，唐繼堯評傳，頁一六－一七。

90 唐繼堯，頁一五－一六。

91 庾恩暘，雲南首義主幹英傑會澤唐公史略（義聲日報擁護共和週年紀念贈品），昆明雲南開智公司，民國五年，頁一四。

92 孫種因（仲瑛）「重九戰記」，中國史學會編，辛亥革命(六)，上海人民出版社，一九五七年七月，頁一二三九。

93 劉存厚「雲南光復陣中日志」，頁一三。

94 謝幼臣「光復滇省事略」，頁二。

95 同93，頁一五－一六。

96 同94，頁三。

97 劉存厚「雲南光復陣中日志」，頁一六。

九月九日（十、三十）晚上八時許，北較場七十三標第三營李鴻祥部排長黃毓英等派士兵抬子彈準備起義，爲値日隊官唐元良（北洋派）發現，加以攔阻，黃毓英等乃開槍擊斃之，另外又打死了幾個北洋派軍官，於是李鴻祥立即集合部隊，宣布起義，昆明起義遂正式爆發[98]。因恰逢農曆九月初九，又名重九，故此次起義史稱「重九起義」。起義爆發後，七十三標標統丁錦（北洋派）逃走，適李根源聞訊趕到，乃率七十三標起義官兵攻破北門，進攻軍械局和五華山。而正在巫家壩部署起義的蔡鍔、唐繼堯等人，聞訊立即召集所部，宣布革命宗旨和作戰方針，並公推蔡鍔爲臨時革命軍總司令官，衆皆三呼「萬歲」以示贊同[99]。然後整隊出發，配合七十三標，向總督署等地發動攻擊。

唐繼堯在此役中表現十分英勇，曾率該部猛撲總督署，督署內有衞隊五、六百名，機關槍八挺，負隅頑抗；唐部力戰二時許，死傷三十餘人，仍不能前進[100]。唐氏乃督率炮兵，向督署猛擊，擊毀署內房屋數十處，督署衞隊死傷數十名[101]。唐繼堯並與劉存厚協商分道合擊之策，「唐營經三牌坊由二轟街破壁向督署攻擊，存厚率第二營經陸軍小學堂、福照街由二轟街破壁向督署攻擊。」[102]是時攻克軍械局之捷報傳來，起義官兵士氣大振，即往取大量彈藥補充，隨向督署發動總攻，督署衞隊不支潰走，起義軍遂順利佔領總督署。經一晝夜的苦戰，至第二天（十、三十一）中午，起義軍攻克昆明城內的制高點五華山，也佔領了總督署，總督李經羲藏匿民間，統制鍾麟同當場被殺，總參議靳雲鵬化裝逃走，「重九起義」宣告成功。在昆明重九起義的過程中，曾經歷激烈的戰鬥，起義官兵戰死一百五十餘人，負傷三百餘人；敵方死者二百餘人，傷者百餘人[103]。因此後世的史家認爲：「雲南省城起義，是除首義湖北以外，獨立各省革命黨人組織的省城起義中，戰鬥最激烈，代價也最鉅大的一次。」[104]

重九起義成功後，雲南各府、州、縣傳檄而定，滇省迅速光復[105]。九月十日（十、三十一）晚，蔡鍔、唐繼堯、劉存厚、殷承瓛、雷飆等人在道署商議善後事宜，議決：

1. 臨時政府之組織並參謀部之職守；
2. 都督府決定以五華山師範學堂改作；
3. 照會英、法兩國領事宣布獨立；
4. 慰勞戰勝軍；
5. 訪查李經義所在。[106]

---

98 李鴻祥「昆明辛亥革命回憶錄」，雲南貴州辛亥革命資料，頁三九，轉引自謝本書，唐繼堯評傳，頁一八—一九。又見孫種因「重九戰記」，頁二四〇。

99 同97，頁一八。

100 孫種因「重九戰記」，頁二四一。

101 庾恩暘，再造共和唐會澤大事記，頁一六。

102 劉存厚「雲南光復陣中日志」，頁二二一。

103 同100，頁二四七。

104 章開沅、林增平主編，辛亥革命史，下冊，頁一四五，轉引自謝本書，唐繼堯評傳，頁一九。

105 在重九起義前三天（十、二十七），騰越同盟會員張文光領導騰越起義，成立滇西軍都督府，是雲南各州縣首先光復者。

106 同102，頁二二五。

次日（十一、一），舉義諸人於五華山上成立「大漢雲南軍政府」（即大中華國雲南軍都督府），公推蔡鍔爲雲南軍都督，下設一院（參議院）三部（參謀部、軍務部、軍政部），唐繼堯被任命爲軍政、參謀兩部次長，兼講武堂總辦。唐氏除處理軍民政務外，爲籌備軍事敎育，乃召集陸軍小學、體育學校及講武堂之學生，開辦陸軍幹部學校，以造就下級軍官人才，並由唐氏自兼校長[107]。

雲南軍政府成立之後，採取一連串的改革措施，取得相當的成效，奠定軍政府穩固的基礎。在當時起義各省中，要以雲南內部最爲穩定，這是因爲「滇省此次反正，純由陸軍主動，故勢力雄厚，不旬日而全滇底定。其主要人員，多有政治知識與經驗，故一切善後布置，俱能井井有條，秩序上之整嚴，實爲南北各省之冠。」[108]最重要的是，領導雲南起義的新軍軍官中，大多爲革命黨人（蔡鍔雖非黨人，但立場接近），他們曾與效忠清廷的軍隊進行艱苦的作戰，事後在雲南新政權裏他們居於重要的地位，新政權大體上是由他們掌握，遂使雲南成爲起義諸省中，革命進行較爲徹底的一省，並在日後維持了長期的安定。其間唐氏以身兼參謀部次長，負治安維持之責，曾破獲匪徒圖謀不軌案，斃匪首數人，亂遂平，保障了省城昆明的治安。後來因蒙自兵變，擾及滇越鐵路，法人欲藉口保路而進兵，唐繼堯「憤之，令所辦幹部學校學生，駐紮沿鐵路，任保護之責。」[109]遂絕法人進兵之念。

綜觀唐繼堯在雲南起義的過程中，從事前的醞釀、準備到發動起事、獲取成功，以及事後雲南軍政府的組織與維持，唐氏都積極參與，貢獻一己心力，他在此役中的表現是值得肯定的。正惟如此，所以在不久之後，唐繼堯即擔負另一項艱鉅任務——率師北伐。

⑩⑦ 唐繼堯，頁一七—一八。

⑩⑧ 蔡鍔「滇省光復始末記」，辛亥革命㈥，頁二二七。

⑩⑨ 庾恩暘，再造共和唐會澤大事記，頁一七。

第二章　北伐與督黔

民國元年一月，唐繼堯率領雲南北伐軍出發入黔；三月初，滇軍協同貴州劉顯世部及胡錦棠保安營攻滅了大漢貴州軍政府，唐氏被擁立爲貴州都督。滇軍入黔一事不但開創了民國成立以來，以武力奪取鄰省政權的先例，也是唐繼堯攀登權力高峰的重要轉捩點，不論是對民初西南政局或是對唐氏個人，皆造成了很大的影響。

第一節　辛亥前後的貴州政局

辛亥革命前後，影響貴州政局最大的因素是自治學社（或謂「自治黨」）與憲政預備會（或謂「憲政黨」）兩派的鬥爭。關於兩派的性質，一般記載多謂自治學社屬革命黨，憲政預備會屬立憲派❶。但是根據近年來的一些研究發現，其實自治學社和憲政預備會二者的性質，在最初是頗爲接近的❷。

要敍述自治學社與憲政預備會之間的鬥爭，必須先從貴州新式教育的發展說起。自從清廷於光緒三十一年（一九〇五）停止科舉，與辦學校後，貴州一般知識份子乃競相創辦新式學堂，貴州的教育風貌因之大爲改觀❸。光緒三十一年，貴州開辦公立師範傳習所，以士紳唐爾鏞爲監督（堂長），於是唐氏乃得以利用培訓小學師資的機會，控制了全省小學堂❹。次年（一九〇六），唐爾鏞、華之鴻、任可澄（皆上層士紳）復呈准開辦通省公立中學堂，由唐、任二人充總監❺。該校由於得到清政府和上層社會士紳的大力資助，財政充裕，「所有學田、義穀、賓興款項、科場經費、三書院膏火，會垣數百年之積累，一切撥充該堂基金。」❻遂使該校成爲當時貴州最有影響力的學校。光緒三十三年（一九〇七），學部命貴州新辦一所優級師範，貴州巡撫龐鴻書爲省事計，又委由唐爾鏞等人兼辦。由於這三所學校都是官立學堂，經費頗爲優厚，而其他私立學校則很苦，多是在貼錢辦事，遂引起私校不滿，認爲「難道他們（指唐、任等人）有個官底子的人就應該支配一切，優上加優；同是爲地方培養子弟，我們就應該貼錢辦事嗎？」❼於是一般私立學校與唐、任等人之間，精神上逐漸形成了對立。加以唐、任等人遇事把持，不能容人，更引起教育界的不滿。如蔡嶽原爲通省公立中學堂的監學，被唐、任排擠，後轉任官立法政學堂教員，法政學生張百麟、張秉衡等時來蔡處，談及唐、任在教育界自高自大的情形，大爲不平，提議組織團體，與唐、任對抗，贊成此議者大多爲青年學生及對唐、任不滿之人❽。根據周培藝的記載：「時貴陽私立學堂卓有成績者以十數，大率枵腹從公，甚或破產助用，然不遊唐氏之門，爾鏞皆熟視無睹。而學界負節概者……不期群集於平民派（指自治派）旗幟之下，與貴族派（指憲政派）對抗。壁

❶ 如周培藝（素園）的「貴州民黨痛史」，中國人民政治協商會議貴州省委員會文史資料研究委員會編，貴州文史資料選輯，第四輯，貴陽，貴州人民出版社，一九八〇年，頁九—七七；胡剛、吳雪儔，「貴州辛

亥革命史略」，近代史資料，一九五六年第四期，頁七七—一〇〇；馮自由，「辛亥革命貴州光復紀實」，革命逸史，第四冊，臺北，商務印書館，民國五十八年二月臺一版，頁二二八—二三四。至於目前大陸對此問題的探討，多認爲自治學社是革命派，憲政預備會爲反動派，這種說法可以周春元、何長風、張祥光編，貴州近代史，貴陽，貴州人民出版社，一九八七年九月第一版，頁二一〇—二三五及貴州軍閥史研究會、貴州省社會科學院歷史研究所著，貴州軍閥史，貴陽，貴州人民出版社，一九八七年十月第一版，頁一四—一九爲代表。

❷ 張朋園，立憲派與辛亥革命，中國學術著作獎助委員會，民國五十八年十月初版，頁一八一—一八四；威廉詹森（William R. Johnson），「辛亥革命前後貴州立憲與革命兩派的對抗（一九〇七～一九一二）」，中國現代史專題研究報告㈡，中華民國史料研究中心，民國七十一年六月再版，頁三一七—三一九；湯本國穗著，張眞譯，「從社會史角度剖析貴州辛亥革命」，貴州文史叢刊，一九八七年第一期，頁二八—三二。

❸ 嚴池華「辛亥革命前后『自治』『憲政』兩黨鬥爭見聞」，中國人民政治協商會議（下稱政協）貴陽市委員會文史資料研究會編，貴陽文史資料選輯，第二輯，一九八一年，頁三五。

❹ 周春元等編，貴州近代史，頁一〇九。

❺ 同上。一說通省公立中學堂由唐爾鏞、華之鴻任監督，任可澄等任教員，見張彭年，「辛亥以來四十年間貴州政局的演變」，貴州文史資料選輯，第一輯，頁六七。

❻ 周素園「貴州民黨痛史」，頁六。膏火是書院月考時所發的補助費；賓興是各州縣讀書人考取廩生、增生、附生後，到省參加鄉試的補助費；另有狀元田一項，是專爲獎勵中狀元者的田產收入，亦充公立中學堂之經費，見張彭年，「辛亥以來四十年間貴州政局的演變」，頁六七，❶。

❼ 張彭年「辛亥以來四十年間貴州政局的演變」，頁六八。

❽ 同前。

壘形成，戰爭由此開始矣。」[9]這是自治學社成立前的貴州形勢。

光緒三十二年（一九〇六），清政府宣布預備立憲，次年（一九〇七）張百麟遂組自治學社，而唐爾鏞等人則於宣統元年（一九〇九）成立憲政預備會，雙方藉推進憲政之名，分別組織團體，爭取政治上之權益[10]。日本學者湯本國穗認爲張百麟「抱有強烈的價值被剝奪感」[11]，這是相當正確的。張預感不久後的立憲政體就是代議制的時代，他久想組織一個政黨式的團體，期望靠組織化提高自己的社會地位。張百麟曾對周培藝說：「人微言輕，誠吾儕之大不幸。然須知與吾儕感同樣之痛苦者，正不乏人。今貴族派壁壘甫立，士大夫抱負磊落、臭味差池者，方徬徨歧路不知所歸。吾揭櫫主義以爲號召，必可得多數之同志。」[12]「人微言輕」的主要原因是由於張氏屬於下層士紳，其身分地位絕不能與上層士紳如唐爾鏞者流相提並論，這也在一定程度內決定了自治學社與憲政預備會的社會性質。正因爲張百麟「在社會上又沒有聲望，必須找一個聲望隆重，引得起社會信仰的人物來負責，工作才能推動」[13]，所以他當初首先找的就是唐爾鏞，請他出任領袖，但爲唐氏回絕。其後張百麟在得到周培藝、張鴻藻（百麟法政學堂之業師）等人的同意與支持下，才成立自治學社，以張鴻藻爲社長，百麟負實際責任。

自治學社成立後，一開始是以「預備立憲、催促立憲爲宗旨」[14]，其革命色彩並不濃厚，否則清政府也不可能准其立案。自治學社後來轉向革命是與憲政派的激烈鬥爭有關，「自治學社成立，張百麟諸人雖日以君主立憲相號召，而爲官僚劣紳所嫉視，再激再盪，遂亦不期而日與和平革命派由接近而融洽，最後且以貴州……之君憲系……與自治社張百麟等互鬨，適迫自治黨人使不得不自棄其君憲主張，轉而贊成革命。」⑮自治學社和憲政派的衝突，與其成員的社會性質有密切關係。根據一般記載，自治派與憲政派的核心份子均為地方士紳，所不同的是，憲政派多為上層士紳，世家大族較多，與當時貴州的執政當局關係較好；而自治派則多為下層士紳，且領袖人物如張百麟、黃澤霖等又為外省人士，無法打入上層社會，不過自治派與基層社會則較為接近⑯。由於二者所代表的階層不同，且「自治主急進，憲政主漸近，而尤有異者，憲政多貴紳，自治多寒士，以此之故，意見日深，時有衝突。」⑰這些

---

⑨ 周素園「貴州民黨痛史」，頁七。

⑩ 張朋園，立憲派與辛亥革命，頁一八二。作者言憲政預備會成立於光緒三十四年，實誤，當為宣統元年九月，見周素園，「貴州民黨痛史」，頁五九。

⑪ 湯本國穗者，張眞譯「從社會史角度剖析貴州辛亥革命」，頁三〇。

⑫ 同⑨，頁一〇。

⑬ 胡剛、吳雪儔「貴州辛亥革命史略」，頁八三。

⑭ 「自治社章摘要」，自治學社雜誌第二期，轉引自貴州軍閥史，頁一五。

⑮ 凌霄「貴州革命史」，中華民國開國五十年文獻，第二編第四冊，各省光復（中），臺北，正中書局，民國六十四年二月臺三版，頁一七八。

⑯ 殷亮軒「貴州辛亥革命見聞」，貴陽文史資料選輯，第二輯，頁五三；嚴池華，「辛亥革命前後『自治』『憲政』兩黨鬥爭見聞」，頁三七。

⑰ 「趙德全復黎元洪電」，張國淦，辛亥革命史料，頁二二五，轉引自杜文鐸，「辛亥革命時期貴州憲政會耆老會的奪權和滇軍侵黔」，貴州社會科學，一九八〇年第二期，頁五四。

衝突牽涉的範圍很廣，有些甚且失之瑣碎，但它主要是圍繞著爭奪地方事業的領導權，以及擴大自己的政治影響力這個中心展開的。換言之，根本就是權力之爭[18]。

自治學社和憲政派彼此成員之間，雖然存在著一些矛盾，但最初私人之間，表面上還是互相週旋。一直到二者爭奪學堂基金，才公開決裂[19]。當時貴州民衆團體中，有所謂教育總會的組織，力量相當大，「它的行動言論，可以轉移政府和人民的視聽。而且掌握全省的學款學產，足以培養自己或接近自己派系的勢力。」[20]此時教育總會會長是唐爾鏞，一切大權都操在憲政派手中。張百麟爲打破憲政派壟斷局面，乃代表自治學社稟請唐爾鏞召開教育會議，提出劃分教育基金的議案，唐加以拒絕，僅答應撥銀一千二百兩給自治派[21]。自治派人士大爲不滿，乃利用唐家發生的醜聞[22]，在自治派所辦的「西南日報」上大肆攻擊唐爾鏞，這事鬧到貴州巡警道，連北京清政府也派人來調查。唐爾鏞在貴州無法立身，遂出走北京，自治與憲政兩派的鬥爭乃從此開始。此後自治學社推樂嘉藻（傾向自治派）繼任教育總會會長，而商務總會和農務總會的實權都在自治派手裏，於是貴州「教、商、農三總會，自治學社皆得提挈而運用之」[23]，自治派勢力逐漸壯大。而憲政派自唐爾鏞出走後，舉任可澄代爲領袖，利用憲政派所辦的「黔報」和「貴州公報」對抗自治派的「西南日報」，彼此互相攻詰，糾纏不休。自治派和憲政派對於學堂基金等的爭執，固然是個人意氣之爭的表露，但也牽涉到二派對未來本身地位的考驗。由於科舉制度被廢除，新式學堂及各種新式組織（諸如諮議局、商會等）取代了考試制度，成爲新的晉身之階。因此一方面舊士紳（憲政派）希望控制這些新資源以保持原有地位，另一方面新精英（自治派）則企求藉控有新資源，以便對舊士紳的傳統地位進行挑戰㉔。這種現象在諮議局議員的選舉中，有最好的說明。

宣統元年（一九〇九）貴州諮議局議員的選舉，自治學社很成功地擊敗憲政派。據一位自治學社社員後來的回憶，在三十九名當選議員中，自治學社社員佔三十三名，議長爲同情自治派的樂嘉藻，兩位副議長中，有一位是學社社員譚西庚；而且常駐議員中，自治派亦佔多數，甚至幹事員大多數亦由自治派充任，於是整個諮議局已在自治派完全控制之下㉕。這

---

⑱ 張朋園，立憲派與辛亥革命，頁一八四。又見杜文鐸，「辛亥革命時期貴州憲政會耆老會的奪權和滇軍侵黔」，頁五四。

⑲ 丁尙固、劉友陶「憲政派活動片斷」，貴陽文史資料選輯，第二輯，頁七三—七四。

⑳ 胡剛、吳雪儔「貴州辛亥革命史略」，頁九三。

㉑ 周春元等編，貴州近代史，頁一一二。

㉒ 唐爾鏞的族弟唐飛，與其祖唐烱之妾私通，事爲唐飛之父唐我圻所知，乃於家祠中槍殺唐飛。此事因涉及權貴，在當時曾轟動一時，見張彭年「辛亥以來四十年間貴州政局的演變」，頁六九。

㉓ 同㉑，頁一一二。

㉔ 威廉詹森「辛亥革命前後貴州立憲與革命兩派的對抗（一九〇七～一九一二）」，頁三二七。

㉕ 胡剛、吳雪儔「貴州辛亥革命史略」，頁九三。這個資料可能略嫌誇大，據周培藝的記載，諮議局議員中，遵義選出之六人自成一團體，中立者約十人，若再扣去憲政派，自治派至多二十名，絕不可能有三十三名之多，見周素園「貴州民黨痛史」，頁三五。筆者根據不完整的自治學社社員名冊核對，確認議員中至少有十六名是自治派（議長樂嘉藻亦包括在內）；八名常駐議員中，自治派至少佔四名，這些數目仍然相當可觀。

表明了憲政派所擁有的影響力已大受打擊。在這種情況下，憲政派有加強其組織，以應付自治派之必要。「會諮議局開幕，非自治黨員，頗感多數壓迫之苦，張光煒、牟琳等與貴族派協謀合作，正式組黨，定名憲政預備會。」㉖憲政預備會係以優級師範選科和通省公立中學的教職員和畢業生爲骨幹，原擬以唐爾鏞爲黨魁，但因唐出走，遂改奉任可澄爲領袖。任曾對其黨徒言：「貴州者吾輩之貴州，頃年自治黨人鼠竊鴟張，攪亂大局。」㉗可以很清楚地看出憲政黨人之心態。所以此後憲政派乃用種種方法來打擊自治派，除了報紙上的冷嘲熱諷外，還包括誣陷自治派爲革命黨，以及利用御史彈劾自治學社的支持者——巡警道賀國昌㉘。然而憲政派所做的這些努力，卻因辛亥革命的到來而終告無效。

自治派能夠得到這些勝利也絕非偶然的，這些年來，自治學社廣招社員入會，勢力不斷擴大。到辛亥革命前夕止，當時貴州全省的府、廳、州、縣共有六十四單位，而自治學社在其中四十七處設有分社，派有專人負責，全社社員據說有一萬四千餘人㉙，一說多達十萬人㉚。這種組織的擴大，一方面是由於制度改革後名利的誘因；另一方面則是因爲社員的宣傳活動起了重大作用㉛。更重要的是，自治學社大力吸收哥老會徒入社。自治派領袖張百麟和黃澤霖在早年便與哥老會徒有所聯繫，自治學社成立後，張百麟透過早期與哥老會的關係邀哥老會首胡剛至貴陽，吸收他入社，並且經由胡剛與全省哥老會取得聯絡。胡剛後來回憶說：「以我所知，分赴各縣聯絡、組織分社的人，大部份是由有關的哥老會成員的社員去進行的，並且多以當地的哥老會成員爲主要對象……否則在當時像自治學社這樣一個社會團體，很難擁有一萬四千餘人的成員。」㉜事實上貴州辛亥革命爆發時，自治學社的軍事力量是靠哥老會組成的，這也是後來自治學社最爲人所詬病的地方。自治學社之所以拉攏哥老會，可能是因爲哥老會具有革命的傾向，且對下層民衆影響力大；而哥老會願意與自治學社合作，除了前述哥老會具有革命傾向外，想藉自治學社提高其社會地位也是重要因素，因此二者互相爲用的成份是十分濃厚的㉝。

宣統三年九月十四日（一九一一、十一、四），就在武昌起義後二十五天，雲南獨立後五天，貴州響應革命，宣布獨立。貴州辛亥革命是由自治學社主導，結合新軍、陸軍小學堂學生、哥老會徒，以及部份憲政派人士，所發動的一次不流血革命。自治學社是如何從立憲

㉖ 周素園「貴州民黨痛史」，頁五八。

㉗ 同前，頁六一。

㉘ 同前，頁五九－六二。

㉙ 胡剛、吳雪儔「貴州辛亥革命史略」，頁九〇。

㉚ 寺廣映雄，中國革命の史的展開，東京，汲古書院，一九七九年二月五日，頁一二四。

㉛ 宣統元年（一九〇九）清廷下令籌備地方自治，自治機構定爲廳州縣和城鎮鄉兩級，分七年完成。各地知識份子紛紛加入自治學社，尋求新出路，社中力量乃大增。此外社員並藉報紙、學校，以及各種民衆團體影響社會觀聽，培植自己勢力，見胡剛、吳雪儔「貴州辛亥革命史略」，頁九二－九五。

㉜ 胡壽山「自治學社與哥老會」，辛亥革命回憶錄㈢，頁四七二，轉引自湯本國穗著，張眞譯，「從社會史角度剖析貴州社會革命」，頁三一一。

㉝ 同㉔，頁三二四。

轉爲革命，這種性質的改變就現有的資料來看，並不是十分清楚，不過光緒三十四年（一九〇八）可能是一個關鍵年代。就在這一年，透過東京同盟會貴州支部長平剛的居間介紹，自治學社加入同盟會，作爲貴州分會㉞。這可能是自治學社轉變的開始。其後經平剛的指示，貴州革命派——科學社全體社員加入自治學社，平剛更於宣統二年（一九一〇）返黔，加入自治學社，這些人在學社內的作用似乎不容忽視。加以自治學社後期大力拉攏哥老會，而二者結合的一個重要因素，可能就是彼此均具革命的傾向。因此自治學社到了後期，它的變質——由立憲轉向革命——是顯而易見的。簡單地說，貴州辛亥革命時，「自治學社是曾利用各種方法從事推翻清廷；憲政預備會則只等待坐收成果，由此亦可見兩派的相異之處來。」㉟在革命前夕，自治派曾計劃組織以哥老會成員爲中心的革命武裝力量，「無論土匪、秘密會、團丁，能致三十人者即授排官；致百人者授隊官；致五百人者授管帶。」㊱先後成立東南西北中五路巡防，由黃澤霖總負責，成爲自治派的重要武裝力量。另外透過社員中的哥老會徒，分頭聯絡新軍、陸軍小學堂、巡撫衞隊及巡防營，減少革命的阻力。並且派遣社員分赴省內外進行聯繫，爲革命創造了很好的形勢。在此同時，根據自治黨人周培藝的記載，憲政派對革命活動仍多加阻撓㊲。但後來一方面格於革命形勢；另一方面經由中間派居間協調，自治、憲政兩派遂妥協，共謀革命之進行㊳。因此辛亥貴州起義可說是各派合作下的產物，主導者是自治學社，但首先發難的卻是陸軍小學堂和新軍。

貴州起義成功後，重新進行政權的再分配，但由於權力的傾軋，自治、憲政兩派短暫的合作迅即歸於破裂。大漢貴州軍政府成立後，因爲新軍有首義之功，且擁有兵力，遂舉新軍教練官楊藎誠爲都督，隊官趙德全爲副都督，專掌軍事；另外成立樞密院做爲處理政務的最高決策機關，以張百麟爲院長，任可澄副之；並設行政廳，辦理行政，以周培藝主之。表面上這個時期是自治、憲政兩派聯合共治，但事實上自治派大部份位居要津，而憲政派只有任可澄、劉顯世、華之鴻被邀參加軍政府，憲政派當然對此極表不滿，於是兩派的衝突潛生暗滋。貴州軍政府從一開始，就有各種矛盾：自治派與憲政派互相對立；以楊藎誠爲首的新軍系，與自治、憲政兩派都不能完全合作；新軍中楊藎誠與趙德全之間也有矛盾；而自治學社中張百麟與平剛又各有意見。因此軍政府中的暗潮，此起彼伏，洶湧不斷。只有憲政派的任可澄、劉顯世等人，用心深遠，遇事合作，且劉顯世掌握樞密院軍事股，一刻均不放鬆，因此憲政派的勢力表面雖不顯著，但暗中則膨脹甚速㊴。這時省中的秩序極其混亂，光復前各

㉞ 同㉖，頁二一；又見貴州近代史，頁一一三。
㉟ 威廉詹森「辛亥革命前後貴州立憲與革命兩派的對抗（一九〇七～一九一二）」，頁三三一。
㊱ 周素園「貴州民黨痛史」，頁四一。
㊲ 同前，頁六二。據說任可澄等人曾向當道建議撲殺自治黨領袖，調憲政派興義鄉紳劉顯世（時任巡防營管帶）率團丁五百人來省，並以郭重光（上層士紳）呈辦城防，立保安軍一營，以資捍衛。
㊳ 同前，頁六三。當時憲政派的公立中學堂全體學生加盟於自治學社，對任可澄等人是一大打擊，加以蔡嶽等人居間協調，動以利害，於是憲政黨乃屈服，同意合作。
㊴ 胡剛、吕雪倩「貴州辛亥革命史略」，頁一一二。劉顯世率團兵至貴陽時，貴州已告光復，自治派有人主張殺之，但張百麟爲示寬大爲懷，不但未殺，反而以劉爲樞密員兼軍政股主任，又委兼新軍第四標標統，擴充所部，以後這支部隊就成爲憲政派奪取政權的主要武力。

地哥老會均由自治學社派人組織聯絡，光復後已成軍的改編爲新巡防營，以黃澤霖出任新巡防營總統，其餘的則在各地公開活動。這些哥老會徒「品質複雜，進城後有的估買估賣，搶刧居民。新成立的哥老會，月必數起……招搖過市，弄得人心惶惶，居民不敢出街買物，夜裏不敢脫衣而睡，不知大禍幾時臨頭。」㊵這種情形，自治派人士，尤其是黃澤霖要負很大的責任。黃氏自擁有重兵後，目空一切，日趨跋扈，尤其對都督楊藎誠視若無物㊶。而楊藎誠爲衆人所逼，乃率師北伐，都督遂由趙德全接任。黃澤霖對趙德全亦頗爲輕視，曾有取趙而代之之意，此時張百麟因西巡未在貴陽，黃氏隱然成爲省中自治派之重心㊷。黃澤霖爲謀鞏固本人勢力計，乃仿照哥老會辦法，創設「公口」（哥老會的一種組織），開山設堂，與所轄官兵，結爲兄弟，同生共死，所創公口名曰「光漢公」，黃本人爲大龍頭。此後各地公口林立，連憲政派人士也成立「斌漢公」，以與自治派競爭。當時貴州「可說是公口時代，今天開山堂，明天迎帥印，強迫富商大賈出錢保家，多則數百金，少則數十金……袍哥們耀武揚威，作種種威脅，舖面隨時關門避禍……一日數驚，秩序混亂，成爲無政府狀態。」㊸一般紳商，因見省城秩序日趨混亂，身家性命朝不保夕，於是有耆老會的組織產生，並與憲政派聯合，以籌弭亂安民之策。

耆老會以郭重光爲首，會員多爲社會賢達，尤以告老家居的前清官員居多，與憲政派關係良好。他們所謂的「弭亂安民之策」，簡言之，就是誅除張百麟、黃澤霖等自治黨人，但因本身實力不夠，所以必須借用外援。當時雲南錫務公司總經理戴戡正好回黔奔父喪，戴戡葬父後來貴陽，見到當時情形，對自治派的作法頗不贊同。戴與蔡鍔的交情深厚，想借滇軍來黔平亂，遂就商於任可澄、劉顯世，任、劉極力贊同㊹。於是戴戡遂與耆老會、憲政派諸人聚集郭重光家中，商議辦法。據參與其事的阮俊齋後來回憶說：「大家秘密商議，由戴戡假借貴州父老的名義，回昆明向雲南都督蔡鍔作『秦庭哭』，請發兵進攻貴州。要詳說貴州省的秩序極端混亂，已經是岌岌不可終日，公口林立，竟成匪國。會後兩日，戴戡就用三班夫趕回昆明去了。」㊺戴戡回昆明後，即向蔡鍔請求出兵援黔，「蔡鍔初猶以滇省反正不久，無力援助為詞，不允其請。」㊻戴戡乃聯合任職雲南軍政府中之黔人劉顯治、熊范輿、周沆等人再三向蔡鍔請求，「七日哭庭，合詞請救……，黔中父老，復函電交馳」㊼，耆老會以全黔人民代表的名義向雲南軍政府發電求援，憲政派亦假樞密院之名向滇省發出同樣內容之電報，改變了蔡鍔的態度，「適（唐）繼堯將率師討虜，蔡都督遂命繞道貴陽，協同黔中父

㊵ 張彭年「辛亥以來四十年間貴州政局的演變」，頁七三。
㊶ 姚崧齡「辛亥革命貴陽光復目睹記」，傳記文學，第十卷第一期，頁九七。
㊷ 嚴池華「辛亥革命前後『自治』『憲政』兩黨鬥爭見聞」，頁四二。
㊸ 徐壽伯「貴州光復的幾點回憶」，貴陽文史資料選輯，第二輯，頁七〇。
㊹ 同㊵，頁七三～七四。
㊺ 阮俊齋「貴州辛亥革命前後的幾點回憶」，貴州文史資料選輯，第一輯，頁九七。
㊻ 同㊷，頁四五。
㊼ 唐繼堯，會澤督黔文牘，雲南督軍署秘書廳，民國九年，電報，頁二六。

老及少數節制之師，共平匪亂。」㊽這是耆老會、憲政派借用外援的策略。至於誅殺張、黃，則採分化暗殺，乃有「二二事變」之發生。先是黃澤霖與憲政派極不相容，黃在巡防營總統府中製造一刑具，名爲「逍遙車」，或謂專門對付憲政派之用。憲政派本欲掃除自治派，乃決定先下手殺黃，遂由華之鴻出銀，要通黃澤霖手下的巡防軍，於民國元年二月二日襲殺黃澤霖，圍攻張百麟宅，張百麟乘間逃出，僅以身免㊾。事後自治派諸人或逃亡，或避匿，自治學社的政權，事實上等於瓦解了。軍政府經過改組後，以都督趙德全統轄軍民兩政，實際大權多操在憲政派手中。這是辛亥前後，貴州政局演變的大概。

第二節 北伐入黔

民國元年一月二十七日，雲南都督蔡鍔、北伐軍司令官唐繼堯等齊聚昆明承華圃，舉行北伐誓師大會。翌日，北伐軍參謀長庾恩暘率北伐軍支隊首途，唐繼堯則於二十九日率雲南北伐軍本隊出發。當北伐軍出發之時，滇省「軍、政、紳、商、學各界及一般仕女，相送省門。學界旗幟大書『不平胡虜，請勿生還』八字，……省議會及女子愛國協會均以紀念白巾相贈」㊿，場面熱鬧感人。這是唐繼堯首次率軍出征，總綰兵符，是以顧盼自雄，意氣甚豪，軍行途中有「壬子北伐行營」一詩：

羅列諸峰放杏花，春光偏在野人家。三軍豪氣冰應解，萬姓歡迎意轉嗟。大地風雲嘶甲馬，胡天雷雨嘯龍蛇。澄清事業尋常舉，一戰功成未忍誇。51

頗能反映當時唐氏的心情。

關於雲南派遣北伐軍的動機，長久以來學者之間就是言人人殊，莫衷一是。根據現有的資料記載，早在雲南獨立前，滇省軍界密謀革命之時，就曾經計劃出兵川黔，不過這個出兵計劃的著眼點是在聲援川黔兩省的革命運動[52]。蔡鍔當時就認爲「雲南宜速舉（義）以爲東南各省倡，縱武漢失敗，滇中亦可於半年之內，整頓軍備，進退裕如，以此數月之中，川黔可以得手，得此三省以與滿清爭衡，勝負亦未可決。」[53]這實在是因爲川滇黔三省，不論在政治、經濟或是軍事上關係都非常密切，所謂「滇能聯黔而資財賦于蜀，不難與中原爭衡」[54]，正是基於此種戰略考慮，所以才有滇軍出兵川黔的計劃。

雲南光復後，出於是西南各省頭一個響應革命的省份，爲了策動鄰省的革命形勢，遂由雲南軍政府參謀部第四部（兵站部）根據當日的情形，制定以貴陽、成都等地爲前進目標的設置兵站計劃；並由第二部（諜查部）派遣密探分赴貴陽、成都、桂林各地，偵察當地狀況

[48] 同前，頁二七。

[49] 丁尚固、劉友陶「憲政派活動片斷」，頁七七—七八。

[50] 庾恩暘，雲南北伐軍援黔紀事，民國二年排印本，頁一三。

[51] 唐繼堯「東大陸主人言志錄」，頁一八二。

[52] 蔡鍔「滇省光復始末記」，頁二二三。

[53] 李文漢「蔡邵陽年譜」，轉引自杜文鐸「辛亥革命時期貴州憲政會耆老會的奪權和滇軍侵黔」，頁五八。

[54] 鄧之誠「護國軍紀實」，史學年報二卷二期，轉刊於周開慶編，四川與護國之役，臺北，四川文獻社，民國六十四年八月初版，頁一一〇。

55。這時貴州尚未光復，黔人劉顯治（顯世之弟）旅滇任雲南參議院參議，頗得蔡鍔信任，乃向鍔建議，請撥巡防隊數營，交唐爾錕（黔人，唐爾鏞之弟，時為雲南軍政府參謀部第七部部長）統帶入黔，會同劉顯世部共舉大事，光復貴州。此事可能已得蔡鍔同意，但不久貴州即告獨立，前議遂作罷56。由於貴州已告光復，蔡鍔於是停止用兵貴州的計劃，而專注於四川情勢的發展。當時四川的情勢相當混亂，同志軍雖蠭起於各地，但清政府在四川的統治仍頗強固，署理四川總督趙爾豐陳兵於成都、簡陽之間，川漢鐵路大臣端方之兵亦盤據重慶，欽差大臣傅華嵩、駐藏大臣聯豫等復率兵萬餘由雅州向成都進兵，川事十分危急。而此時革命軍正與清軍激戰於武漢，九月十二日（雲南光復後三天，一九一一、十一、二）清軍奪回漢口，革命軍退守漢陽、武昌，情勢吃緊。四川扼長江上游，足以制鄂之死命，所謂「大局之危危於鄂，而鄂之危又危於蜀」57，川事若能穩定，對武漢地區的革命勢力將是一大助益。因此黎元洪、黃興、譚延闓等人「前後自湘、鄂來電，敦囑（雲南）援蜀，以解鄂危」58，旅滇蜀人見鄉里糜爛，也紛紛上書，要求滇軍出兵援蜀。蔡鍔也認為「四川據長江上游，若使醜虜得志，挾其兵力財力，北連秦晉，東下武漢，西撫藏衞，則足以制民國死命，故欲北伐，必先保西蜀，則靖蜀亂，實為北伐之首事。」59遂於九月二十日（一九一一、十一、十）致電黎元洪，說道：「滇居邊遠，分兵助戰，緩不濟急，至深愧憤。惟有以蜀事自任，現正準備入川。川定東下，會師長江，共圖北伐。」60並於次日（九月二十一日，一九一一、十一、十一）召開會議，討論滇軍援蜀案，標明三大宗旨：

一、天府之國，為形勢所必爭，川亂平，則鄂無牽制；

二、鐵路風潮起，各省次第反正，獨川省爲趙、端所箝制，轉不能成獨立，應扶助之，俾五族早定共和；

三、趙、端大肆淫威，政學紳商死亡枕藉，宜披髮纓冠往救[61]。

此案獲得與會衆人一致首肯後，隨即編組援川軍一師，以軍務總長韓建鐸爲師長（即援川軍總司令），下轄兩梯團（旅），以謝汝翼爲第一梯團長，於同年九月二十四日（一九一一、十一、十四）率軍出發，經昭通向四川敍府（宜賓）進軍；以李鴻祥爲第二梯團長，於十月二十三日（一九一一、十二、十三）出發，經貴州威寧、畢節向四川瀘縣前進，此即爲援川滇軍[62]。

按照蔡鍔先前的構想是派遣援川滇軍入蜀，戡定蜀亂後，滇軍再順流東下，會師武漢，續圖北伐。所以最初蔡鍔並無別立一軍、以之北伐的計劃。這在蔡鍔歷次通電或其他資料

---

55 劉存厚「雲南光復陣中日志」，頁三四。

56 周素園「貴州民黨痛史」，頁六七。

57 張肇興「援蜀篇」，雲南文史資料選輯，第一輯，頁一六二。

58 同前，頁一六四。

59 「雲南辛亥革命長編」，雲南貴州辛亥革命資料，頁一一一，轉引自謝本書，蔡鍔傳，頁四六。

60 蔡鍔「致黎元洪電」，曾業英編，蔡松坡集，上海人民出版社，一九八四年七月第一版，頁七一。

61 周鍾嶽「援蜀篇」，雲南光復史稿，見曾業英編，蔡松坡集，頁一三六〇—一三六一。

62 謝本書，蔡鍔傳，頁四七。另據周鍾嶽「援蜀篇」記載，第一梯團的出發時間是九月二十六日（一九一一、十一、十六），見蔡松坡集，頁一三六一。

中，都有很清楚的說明。蔡鍔的著眼點可能在於雲南的經濟狀況，在清朝雲南一直是受協省份，但是雲南光復後各省協餉停止，滇省財政支絀，巨款難籌，而援川滇軍已耗費大量財力，雲南實在沒有力量再去支持另一支北伐軍。所以雲南軍政府才會在批駁滇省臨時省議會副議長「諮請組織北伐隊」一案中說：「竊以滇處極邊，貧瘠本爲人所共喻，反正以後，以黔、川唇齒相依，援師濟餉，窮於應付。近以本省各屬，時有匪亂，餉械尤爲兩難。即今大局安定，而百端政事興舉不遑。況滇省與北京相距萬里，該隊人數太少則於事無濟，過多則款項無出。且師出無路，將遵陸北進，則援川事竣，直搗幽燕，此舉已爲枝指。」㊸這是雲南的根本考慮所在。

但是蔡鍔的構想，卻隨著整個大局的變化而有了很大的改動。清軍於宣統三年九月十二日（一九一一、十一、二）奪回漢口後，復於十月七日（一九一一、十一、二十七）攻下漢陽，炮轟武昌，革命軍形勢危急。黎元洪於十月七、八兩日（一九一一、十一、二十七及二十八）連電獨立各省「星夜來鄂援助」㊹，於是南方各省紛組北伐軍，以聲援武昌的革命軍。「當時，漢陽失守，民軍不利，南北議和，遷延未決。識者慮北清復振，謂非聯合各民軍大舉北伐，不足以謀統一而鞏大局。於是長江以南各省，咸組織北伐軍。」㊺蔡鍔原擬以援川之師循江東下，「自宜昌登陸，進窺襄陽，出潼關，武勝關之後，截擊清軍，俾不得逞志陝、鄂，然後結沿江之師，直搗燕庭。」㊻然而當時四川重慶、成都新告光復，內部仍動亂頻繁，成都復有十月十八之變㊼，大局未穩，內亂未靖，蔡鍔在「靖內實急於對外」㊽的戰略方針下，不可能將入川滇軍抽離四川；若要等入川滇軍戡平蜀亂再率師北伐，那更是曠日費時。

在這種情形下，只有另組雲南北伐軍。

根據資料，雲南北伐軍編定於辛亥十月（約為一九一一年十二月）許，以唐繼堯充司令官，最初名稱為「第三梯團」，是繼援川軍兩個梯團之後編組而成，原為滇軍援川的第三支後續部隊[69]。至此因情勢所需，遂由援川改為北伐，「會合援川軍兩梯團，厚集兵力，北事急則出秦晉，直趨燕雲，掃蕩虜氛；川事急，則併力勘亂。」[70]任務雖異，目的仍同。當然，

---

[63] 「軍府答覆本會萬副議長意見組織北伐隊一案礙難准行由」，滇省諮議局光復後之報告書，見雲南辛亥革命資料，頁六一。

[64] 黎副總統政書，卷一，頁一四，轉引自顧大全，「貴州革命派的反唐鬥爭」，貴州文史資料選輯，第十輯，頁二一二。

[65] 「援黔篇」，雲南光復史稿，見蔡松坡集，頁一三九二—一三九三。

[66] 同前，頁一三九三。

[67] 成都於辛亥年十月七日（一九一一、十一、二十七）獨立後，成立大漢成都軍政府，以蒲殿俊出任都督。十八日（一二、八），成都兵變，變兵分劫銀行、典當、藩庫及全城官商，大火三日不熄，都督蒲殿俊逃逸無蹤。後由軍政部長尹昌衡戡定亂事。事平後，遂舉尹氏代為都督。見周開慶編，民國川事紀要，臺北，四川文獻社，民國六十三年十二月初版，頁一六。

[68] 「覆張培爵電」，蔡松坡集，頁一九六。

[69] 劉毅翔「也談蔡鍔派滇軍援川援黔的動機和責任」，貴州社會科學，一九八三年第四期，頁五二；謝本書，唐繼堯評傳，頁二三—二四。

[70] 庾恩暘，雲南北伐軍援黔紀事，頁四。

蔡鍔的這種轉變或許和川中形勢也有關係。早先蔡鍔的計劃中，援川的後續部隊除了第三梯團外，還有駐紮大理的「楡軍」（準備由會理、寧遠方向入川）。但是當援川軍入川後，即有流言說滇軍將佔領四川，川人對此頗懷疑忌，而寧遠、會理阻止滇軍的文電，又是一日數發，援川滇軍第一梯團長謝汝翼也電告蔡鍔說：「二梯速進，三梯勿遽發，楡標不發亦可。」[71]這就迫使蔡鍔必須重新考慮援川的計劃，以及三梯團和楡軍的作用[72]。蔡鍔認爲滇軍乃「節制之師，勘匪固自易易，然蜀方懷疑忌，一起衝突，束手爲難」[73]，於是決定暫停續出援軍，三梯團和楡軍改爲北伐之用。蔡鍔乃於民國元年一月二日，致電趙藩、李根源說：「楡軍久屯，誠如尊慮，擬飭鍾湘藻率領來省，以備北伐。現調臨軍一標與工程二營編爲北伐隊，派唐次長繼堯爲司令官，率之入蜀，或假道湘、黔，即會師武漢，直指盧龍。」[74]並於五天後，續電李根源：「又鍾、王兩大隊即令如期出發，所餘之六米八槍及附件，並背囊、水壺、飯盒、外套、毛毯等項，一併運省，以備北伐隊之用。」[75]所以後來雖然援川軍第二梯團長李鴻祥屢電蔡鍔：「第三梯團，乞迅速派出，以爲後援」，「第三梯團請即出發，以爲後援」，但蔡鍔卻回電：「現組織北伐隊，以唐蓂賡爲司令官，不日出發」，「此間已續發第三梯團，預備北伐」，更於民國元年一月十七日明白表示：「此間已派唐蓂賡率第三梯團，專事北伐矣。」[76]蔡鍔的態度已相當清楚了，那就是援川、北伐，分途並進。

就在北伐軍編組前後，發生了貴州憲政派請求滇軍代平黔亂一事，並造成雲南軍政府內部的紛爭。據李根源的記載：當時貴州「憲政派失勢，乞滇出師，熊范輿、劉顯治、唐爾錕請求尤力，並聲言願戴唐繼堯或韓鳳樓往，余（指根源）頗持異議，謂滇、黔唇齒，當此國基未定，武漢戰急，只能維持現狀，出以調和矯正，不宜走入極端。」77依照這段文字來看，滇省軍政府為此事已起了爭端，李根源這一派是堅決反對出兵；而唐繼堯、韓鳳樓可能是贊同代平黔亂，最起碼不反對出兵（否則貴州憲政派似乎不可能「願戴其往」）；而蔡鍔的態度則是依違其間。如雲南光復史稿「援黔篇」就提到此時「鍔以北伐為重，又以事涉嫌疑，不允所請。」78一直到十月下旬（一九一一、十二）李根源出巡西迤，軍府內的阻力消失，加以戴戡、周沆復「七日哭庭，合詞請救」，「謂滇、黔唇齒，黔亂，滇難獨安，即湘、蜀亦受其影響」79，於是蔡鍔乃命北伐軍改道貴陽，代平黔亂，事定後再移師北伐，這就是滇軍「北伐入黔」的來龍去脈。

唐繼堯得以率軍北伐入黔，這是他一生事業的重要轉捩點。若非憑藉這次統兵出征的機

71 「謝汝翼致蔡鍔電」，援蜀滇軍來覆電稿，見雲南辛亥革命資料，頁三二一。

72 劉毅翔「也談蔡鍔派滇軍援川援黔的動機和責任」，頁五二。

73 「致李鴻祥電」，援蜀滇軍來覆電稿，頁三三四。

74 「致趙藩李根源電」，蔡松坡集，頁一二一。

75 「覆李根源電」，同前，頁一三四。

76 以上各電文，參見援蜀滇軍來覆電稿，頁三三〇—三三八。

77 李根源，雪生年錄，頁四六。

78 「援黔篇」，見蔡松坡集，頁一三九三。

79 同前。

會，迅赴事功，取貴州都督而代之，否則以唐氏在雲南軍政界中的資歷威望，要想平步青雲，獨掌方面，那是相當不易的。而這一切又和雲南都督蔡鍔有很深的關係。當日雲南陸軍人才輩出，蔡鍔雖以學識資望被舉爲都督，但以客籍（鍔爲湘人）高踞其上，難免感到統馭之困難。而「是時諸將領（羅）佩金有才，（李）根源有謀，（殷）承瓛精綜核，（謝）汝翼、（李）鴻祥質直有勇，而（唐）繼堯年資稍後，退然若無所表見，鍔獨深喜之。」[80]蔡鍔對唐繼堯的深爲賞識，日後證明對唐氏的功名事業有極大影響，任命唐繼堯爲北伐軍司令官僅只是這一連串影響的開端。

民國元年一月底，唐繼堯率領雲南北伐軍三千餘人出發。當初北伐軍的行軍路線是取道永寧、瀘州，會合援川滇軍兩梯團，然後由重慶出秦晉，以趨燕雲。繼以貴州請求平亂之故，乃議改道貴陽，代平黔亂，然後或由遵義出重慶，或由湘鄂出荆襄，依當時的情勢而定[81]。行前蔡鍔於一月二十五日致電南京臨時大總統孫中山言：「蜀則軍府林立，黔則山口遍開，方以爭權奪利爲圖……今北虜未滅，軍事方殷，援蜀救黔，滇軍宜專任此責。」[82]並於二十七日致電貴州都督言：「近聞黔中匪勢甚熾，遵義、大定曾搶掠一空。滇軍到貴陽時，若貴軍約其暫駐一、二日，以資鎭懾，滇軍自當盡力；若恐人民驚疑，則滇軍即行通過，決不逗留。萬望宣示人民，共釋疑慮。」[83]揭開了滇軍入黔的序幕。

北伐途中，曾發生了一件小插曲。民國元年二月七日，北伐軍本隊師次平彝，蔡鍔突然連發幾個密電，要求唐繼堯改道入川，停止援黔。並於次日（八日）續電隨雲南北伐軍返黔的憲政派代表戴戡、周沆，說明改道入川的因由[84]。唐繼堯接電後，最初的確執行了蔡鍔

「改道入川」的命令，他除了覆電蔡鍔表示遵行之外，並且派人通知北伐支隊改道。根據庾恩暘的記載，當庾率軍於二月九日抵貴州楊松驛後，突於十日清晨接到唐繼堯函，內附蔡鍔來電，要求北伐軍改道入川；唐氏並且指示兩條改道路線，庾乃依其中一條改道向宣威前進[85]。但就在兩天後（十二日），庾恩暘又接到唐繼堯的命令，要他停止改道，轉回楊松驛，仍向貴陽進發。唐氏前後態度轉變如此之大，恐與戴戡、周沆二人有關。當蔡鍔於二月八日致電戴、周時，其二人尚在途中，及至二人於九日抵達唐繼堯軍中，知道唐繼堯準備改道入川後，連忙勸阻唐氏，並急電蔡鍔，希望能改變他的態度。戴戡首先以「將在外，君命有所不受」等語勸說唐氏，並要唐氏推緩行軍，先派人至貴陽察看情況再做決定。唐繼堯極爲首肯，立即派幹員馳赴貴陽，經探聽後，得知黔省發生事變，黃澤霖被害、張百麟出亡，唐繼

---

[80] 鄧之誠「護國軍紀實」，頁一一〇。
[81] 庾恩暘，雲南北伐軍援黔紀事，頁一一。
[82] 「致孫中山電」，天南電光集，見雲南辛亥革命資料，頁八七。
[83] 「致貴陽電」，同前，頁九〇。
[84] 根據這些電文，改道原因大致有三：一、陝西形勢危迫，迭電請援；二、川中不靖，援川軍屢請添兵；三、雲南軍政府瞭解貴州派系鬥爭激烈，認爲滇軍不宜涉入，詳見「蔡鍔致唐繼堯電」、「蔡鍔致戴戡、周沆電」，北伐滇軍來覆電稿，雲南辛亥革命資料，頁二四〇—二四一。
[85] 同[81]，頁二一一—二一二。

堯乃改變主意，決定仍取道貴陽，先定黔局㊇。唐氏隨即致電蔡鍔曰：「北伐前軍，已深入黔，礙難改道」㊈，堅持取道貴陽，明白地拒絕蔡鍔改道的要求。同時，周沆、戴戡二人亦連電蔡鍔，反覆申明滇軍絕不能改道，並告知黔省發生事變，黃死張逃，急需滇軍兼程往助，早定黔局㊉。對於唐繼堯等人的反對改道，以及貴陽情勢的新發展，蔡鍔感到十分困擾，只有折衷彼此意見，命滇省北伐軍酌撥隊伍，代定黔局，其餘主力仍須入蜀，以應援蜀之需㊊。蔡鍔復於二月十五日致電唐繼堯說：「行軍計劃，遠道殊難懸揣，進止機宜，未便遙制，究應如何辦理，希即電覆。」㊋這就是準備放手讓唐繼堯全權處理，所以其中雖然發生了一些小波折，但雲南北伐軍最終還是取道安順，向貴陽進發，並未改道入川。二月二十二日，唐繼堯電告蔡鍔說：「竊查黔亂不過數日，即可略定。擬先平黔亂，再由遵義出重慶，北急則聯合諸軍以伐北，北定則並全力以援川，北、川俱定，則經營西藏，做民國杯土事業，盡雲南軍隊任務。」㊌然而適逢此時南北和議告成，北伐失去目標，且滇、川之事已和平解決，蔡鍔乃於二月二十七日電令唐繼堯立即「督率所部，戡定黔亂爲要，無庸改道入川」㊍。事實上，就在同一天，唐繼堯已經率部抵達貴陽近郊。

第三節　出任貴州都督

民國元年二月二十七日，雲南北伐軍抵達貴陽近郊，本部隨即進駐螺獅山，各隊分紮照壁山、東山、觀風台、九華宮等形勢要地，並與憲政派、耆老會諸人商定用兵計劃。此時貴州新軍第一、二、三標皆已奉命援鄂、援川，不在省內；憲政派等人則控有胡錦棠保安營及劉顯世新軍第四標；貴陽城防空虛，僅有少許衞隊及若干巡防營，且貴州代都督趙德全也未作任何抵禦的準備，在整個形勢上，滇軍及憲政派等人處於有利的狀態。唐繼堯與憲政派、耆老會諸人而定，「由耆老會函告趙德全，衆怒難犯，曉以利害，勸令辭職，並擔保生命財產。」[93]趙德全在得知此事後，乃授命周培藝、蔡嶽等從中調解[94]。正當周培藝等人往覆交涉之際，滇軍及憲政派、耆老會爲求先發制人，突於三月三日凌晨，分途進兵，往攻貴陽。黔軍劉顯世部進攻軍政府；胡錦棠保安營監守各城門及街市；滇軍則負責城外各要地，並攻剿各地黔軍。滇軍攻擊順利，僅經一天的戰鬥就完全控制貴陽的情勢，黔軍潰敗，趙德全踰

---

[86] 張彭年「辛亥以來四十年間貴州政局的演變」，頁七四。

[87] 「唐繼堯致蔡鍔電」，北伐滇軍來覆電稿，頁二四七。

[88] 戴、周致蔡鍔各電文，詳見北伐滇軍來覆電稿，頁二四四—二四六。

[89] 「蔡鍔等致唐繼堯電」，同前，頁二四四。

[90] 「蔡鍔致唐繼堯電」，同前，頁二四八。

[91] 「唐繼堯致蔡鍔電」，同前，頁二五〇。

[92] 「蔡鍔致唐繼堯電」，同前，頁二四九。

[93] 「唐繼堯致蔡鍔電」，天南電光集，頁一三二。

[94] 周素園「貴州民黨痛史」，頁七四。一說趙乃聯絡黔省新軍第一標葉占標部，準備襲擊滇軍，見「援黔篇」，雲南光復史稿，頁一三九五。

牆而走，自治派人士紛紛出亡。在雙方開火之際，城內秩序井然，人民安睹如故[95]。

次日（三、四），憲政派及耆老會諸人以亂事仍待滇軍戡平，力挽滇軍留黔，並擁立唐繼堯爲貴州臨時都督。滇軍入黔雖爲平亂，且此事亦爲黔省憲政派等人主動招致，但此舉確也開創了民國史上一個省級政權干預並顛覆另一個省級政權之先例[96]。憲政派、耆老會諸人之所以擁立唐氏爲貴州臨時都督，一方面可能是與唐氏私下有若干協議[97]；但最主要的還是因爲憲政派等人本身實力脆弱，需要滇軍繼續留駐，爲其撐腰，遂以唐氏督黔做爲交換條件。自「二二事變」後，雖然自治派人士或死或逃，但各地哥老會的勢力以及在外的三標黔軍都是自治派的潛在勢力；滇軍入黔雖然摧毀了貴州軍政府，然而自治派隨時都可能反撲。憲政派、耆老會僅有劉顯世一標新軍及胡錦棠的保安營，在這種情形下，當然只有結好唐繼堯，以取得滇軍之奧援。所以早在滇軍初抵貴陽，尚未發動攻擊之前，憲政派、耆老會諸人即推定唐氏爲貴州臨時都督。唐繼堯致蔡鍔電說：「連日耆老會諸君代表全黔，不承認趙都督德全，並要求繼堯爲黔省臨時都督，……情詞懇切，辭之再四……如再固辭，未免傷黔人感情，只得允許暫行擔任。」[98]事實上，正因爲憲政派等人先推定唐氏爲臨時都督，方才聯合往攻貴州軍政府，唐繼堯因而難脫奪權之嫌。不過無論如何，唐繼堯率軍入黔的確是其攀登權力高峰的一個重要契機。在援黔戰役中，唐氏表現了相當卓越的軍事才能，「當繼堯之率師入黔也，部曲盡零星散卒，器仗不精，人料其少成功。然繼堯善撫循駕馭，以黔人劉顯世、周沆、戴戡等備諮謀，而韓鳳樓、劉法坤等領軍」[99]，上下一心，將士用命，乃得克成大功。

唐繼堯就任貴州臨時都督後，即改組貴州軍政府，除了衞戍司令部長（韓鳳樓）、軍務部副部長（庾恩暘）及軍警局長（梅若愚）三職外，其餘軍政大權盡推之於憲政派及耆老會諸人，所以改組後的貴州軍政府，可說是由滇軍、憲政派及耆老會共同組成的聯合政府。唐氏並且以「戴戡、任可澄爲左右參贊，親禮諸長年大老，民事一委之黔人，不雜用鄉里。黔民欣然望治，忘其爲客軍。」[100]這可視爲唐繼堯政治智慧的高度發揮。正是因爲唐氏的這種行事態度，遂獲致憲政派、耆老會諸人相當的好感，加上憲政派等人對唐氏倚任之處甚多，所以唐繼堯在督黔時期，大體上彼此維持著相當良好的關係，這種關係一直維持到後來的護國時期，甚至靖國時期依然如此。無可諱言的，唐氏在督黔初期，爲了消弭亂事，有時的確

---

95 姚崧齡「辛亥革命貴陽光復目睹記」，頁一〇〇。

96 馮祖貽「評唐繼堯督黔」，西南軍閥史研究叢刊，第三輯，昆明，雲南人民出版社，一九八五年三月第一版，頁二九〇。

97 根據庾恩暘的記載，當初約定滇軍援黔時，憲政派代表曾與滇軍府訂有援黔條約，內容如何，並不清楚，但據自治派人士鍾昌祚的說法，此條約中有「與興義劉（顯世）家聯絡，並代黔組織政府，擒殺自治黨人各件」，已涉及改組黔軍府之事。其後在改道入川的爭執中，周沆、戴戡很可能以督黔之利說服唐氏，才促使唐繼堯下決心拒絕改道。從這幾個方向研判，唐氏與周、戴等人之間有某些私下的約定，似乎也是可以理解的，見庾恩暘，雲南北伐軍援黔紀事，頁一一；鍾山玉，「滇黔道中手札」，貴州文史資料選輯，第一輯，頁五六。

98 同93，頁一三一。

99 鄧之誠「護國軍紀實」，頁一一一。

100 同前。

殺戮過重。唐氏督黔後，隨即宣佈戒嚴，實行軍管。衞戍司令韓鳳樓及軍警局長梅若愚，本治亂世用重典之原則，果於殺戮。凡拿獲援川返黔的士兵，或是私藏軍火者，立即就地槍決。軍警局復大肆搜捕哥老會徒，殺戮無算，公口爲之絕跡。同時，任可澄等憲政派人士對自治派又大肆報復，不但是在貴陽，就是在各縣只要是曾和自治派有關的人士，憲政派都要求地方官搜捕，自治派人士乃紛紛出亡省外，從此雙方積怨更深。自治派人士認定滇軍是憲政派的幫凶，種種怨毒乃集於唐繼堯一人身上，遂有後來各種驅唐運動的發生。雖然說唐氏殺戮過重，但貴州也在極短的時間內，恢復了秩序和安定[101]。

唐繼堯入主黔政，是得到蔡鍔的認可與支持的。蔡鍔在得知唐氏被擁立爲貴州臨時都督，即致電唐繼堯說：「現黔局甫定，鎭懾需人，既經公推執事爲都督，自應勉爲擔任，以副群情。……以後辦理情形，隨時電告爲盼。」[102]論者認爲蔡鍔似乎開始將貴州視爲雲南的藩屬，因此才要唐氏將「辦理情形，隨時電告」[103]。而唐繼堯在政事上，也的確唯蔡鍔馬首是瞻，「其行政治軍，一秉蔡鍔指揮，議推鍔爲雲貴都督，以堅辭罷」[104]。雖然如此，但由於蔡、唐二人的合作，滇、黔乃形同一體，貴州亦隱然成爲雲南之外府，這在後來幾次全國性的政治爭議中，有很清楚的說明。貴州財政短絀，前清時依賴各省協餉維持，光復後協餉停止，滇軍入黔更加重黔人負擔，唐繼堯乃商之滇當局，希望仍由滇解餉接濟滇軍[105]。蔡鍔的態度是認爲「黔餉維艱，不敷散放，駐黔滇軍餉需，此間當量力籌濟」[106]，乃籌措銀五萬兩電滙給唐，幫助唐氏解決財政困難，以安定貴州局勢[107]。在後來旅外黔人所發動的各式驅唐運動中，蔡鍔更是給予唐繼堯完全的支持，幫助唐氏渡過種種難關。

驅唐運動是由暫駐湘西的北伐黔軍以及逃散在外的自治派人士聯合發動的，它有兩個中心，一在湘西，計劃以北伐黔軍的武力逼使唐繼堯回滇，是爲「武力驅唐」；一在北京，準備以國會爲根據地，依靠國民黨的力量，希望得到北京政府的支持，迫使唐氏回滇，是爲「法律驅唐」108。但最後二者均告失敗，而這一切，都和袁世凱有很深的關係。當民國元年南北議和告成，雙方罷兵，楊藎誠準備率部回黔的消息傳到貴陽後，立即引起憲政派、耆老會諸人的恐慌，因爲楊氏原本即是貴州都督，其率黔軍返省乃名正言順；而唐繼堯只爲代理都督，楊藎誠回黔，唐氏勢必退讓，滇軍亦無留黔之必要。如此一來，憲政派諸人不但失去了有力的奧援，且楊氏與憲政派等人原本即積不相能，難保其不會趁機報復。因此憲政派、耆老會諸人乃以省議會及各界人士的名義向各地發出通電，拒絕楊藎誠率部回黔。唐繼堯由

---

101 同95；又見張彭年「辛亥以來四十年間貴州政局的演變」，頁七五。

102 「覆唐繼堯電」，天南電光集，頁一三七。

103 謝本書「辛亥起義後滇軍入黔問題探討」，貴州社會科學，一九八一年第二期，頁八〇。

104 駱任之編，唐繼堯軼事，上海，民新書局，民國十三年十二月再版，頁一。

105 唐繼堯，頁二四。

106 「覆貴州紳耆電」，天南電光集，頁一三七。

107 「覆唐繼堯等電」，同前，頁一四一。

108 貴州軍閥史，頁二七。楊藎誠率北伐黔軍兩標援鄂，到達湖南時適逢南北和議告成，北伐黔軍乃暫駐湘西常德。

於和憲政派等人立場一致，亦致電袁世凱說：「黔民……均謂楊圖治無狀……痛楊極深，……特電懇大總統速電湘都督，將楊所率在常德之兵隊，從速代爲遣散收械爲感。」[109]表明了自己對此事的態度。北伐黔軍亦不甘示弱，除了表明「久留湘死，散歸黔死，等死耳，與其束手死，勿寧血戰死」[110]的決心外，更通電各省，爭取各地輿論的支持。流亡在外的自治派人士也趁此機會大肆散發傳單，製造輿論，攻詰唐繼堯等人荼毒黔中，造成驅唐的極大聲勢。各省都督或基於自身利益（如鄂、湘），或由於對滇惡感（如川省），一時函電交馳，支持北伐黔軍回黔。始終支持唐繼堯的，只有滇督蔡鍔。蔡鍔除了通電各省，說明滇軍援黔原委，絕無半點私心外，還致電袁世凱，懇請「大總統正式委任唐繼堯爲黔都督，並取消楊藎誠，毋任爭執。」[111]憲政派諸人爲斷絕楊氏回黔之念，亦透過貴州省議會及紳商各界迭電中央，請求委任唐繼堯爲貴州都督，以取得督黔的合法地位。此時在京的黔省國會議員陳國祥（民國二年國會開議後，任北京衆議院副議長）、劉顯治、蹇念益等人，立場接近憲政派，也以北伐黔軍回黔「貴州且拓爲民黨地盤」爲詞來打動袁的私心[112]。袁一方面出於扼制革命派的政治需要，另一方面唐氏在黔的若干政治主張頗能符合袁的意圖，因此袁世凱在滇黔兩軍相持不下時乃採袒唐立場，於民國元年四月二十六日正式任命唐繼堯署理貴州都督，並令楊藎誠來京，另加委任，北伐黔軍則由湘督派員分別安插，在未布置以前，所有軍隊不准回黔[113]。五月十日，唐繼堯在貴陽宣誓就職，取得了合法的督黔地位。後來雖然仍有洪江會議等風波，但並未動搖唐氏的地位，北伐黔軍最後亦被滇軍殲滅，「武力驅唐」遂告失敗。至於「法律驅唐」派，除了在輿論上造成若干聲勢外，其他均一無所成。這些流亡人士多援引國民黨力量，並大肆抨擊袁世凱扶唐禍黔種種罪惡，早已引起袁的不快，二次革命後袁解散國民黨，便將這些流亡人士視為謀亂份子，下令通緝，「法律驅唐」派乃紛紛逃離北京，反唐勢力宣告徹底瓦解，唐氏在黔的地位更加鞏固了。

唐繼堯擔任貴州都督前後僅一年八個月（一、三～二、十一），時間甚短，很難談得上什麼建設成果，而且唐氏督黔時期可說是與憲政派等人聯合共治時期，唐氏在內政上究竟有多少權力還是一個尚待探討的問題，因此本文只能就唐繼堯的一些政治理念和立場，做一番推敲。西方學者詹森（William R. Johnson）認為唐繼堯督黔的政策，只是企圖以軍事力量來恢復貴州原有的理念、秩序與統治，其結果只是使民國初年的貴州，不論是在理念型式或是觀念上都回到傳統的舊社會秩序[114]。他的論據是因為唐繼堯重視傳統的官僚制度、廢除自治學社所採行的「副署制」、恢復各種禮制等等。這種觀點乍看之下，似乎頗有道理，但事實上論者至少有兩項疏失：⑴他犯了時空倒置的錯誤；⑵他忽略了唐繼堯的立場和心態。就第一點而言，這位學者似乎認定自治派所創的新制度諸如「副署制」之類，具有擺脫舊傳

---

[109] 「呈請大總統阻止楊軍勿庸來黔以免人民驚惶電」，會澤督黔文牘，電報，頁一五—一六。

[110] 「駐湘北伐黔軍致各省電」，劉世傑編，袁世凱之禍黔，民國元年十二月，頁六。

[111] 廣西公報，民國元年六月二日，轉引自顧大全，「貴州革命派的反唐鬥爭」，頁二一五。

[112] 周素園「貴州陸軍史述要」，貴州文史資料選輯，第一輯，頁一〇—一一。

[113] 「北京國務院電」，貴州公報，民國元年五月八日，轉引自馮祖貽，「評唐繼堯督黔」，頁二九五。

[114] 威廉詹森「辛亥革命前後貴州立憲與革命兩派的對抗」，頁三三八。

統的意念，是貴州辛亥革命的重要成就。但是他卻忽略了在當時的時空環境下，這些新制度創始的動機，絕大部份是因爲自治派意圖掌握政權。且不說憲政派人士的憤恨，就連自治派中亦有人不贊同此作法。前自治學社社長鍾昌祚就曾沉痛地說：「抑本黨（指自治派）亦有不滿人意者焉？石麟（張百麟）於本堂學生及黨中出力人員，多以各州縣副署安頓之，未免失當。」[115]實在是因爲這些副署代表不但凌駕於當地士紳之上，更經常對地方官形成掣肘，於行政諸多阻礙。這並非我們今天所行的地方自治，因爲在當時實行自治權的另有其他機關。唐繼堯後來就認爲副署制「按之世界萬國，實無此種政體，……從前所設議董兩會，其職務亦在監督官吏，通達下情，何必添此贅瘤，轉滋紛擾」[116]，因此才取消副署制（當然也可能是憲政派人趁機報復）。詹森顯然是將副署制視爲今日的地方自治，才會產生此種時空倒置之錯誤。再就第二點而言，任何探討唐繼堯督黔作爲，若忽略了唐氏的立場和心態，其所得結果很容易以偏概全。唐繼堯出身於傳統的仕宦之家，自小接受傳統的舊式教育，還得有舊功名，雖然日後留學日本，沾染若干改良主義的氣息，但傳統思想仍有力地支配著他，觀其終身雅好陽明之學即可知。在這種背景下，唐氏督黔的若干作爲就可以有合理的解釋。就其立場而言，唐氏既身爲都督，其首要之務即是安定貴州，「權其輕重緩急，莫如財政、吏治、盜匪三端爲最要」[117]，重視吏治（或謂傳統官僚制度）當然是其份內之事。至於說唐繼堯企圖以軍事力量恢復貴州原有的理念、秩序與統治，其前提是貴州革命後的秩序要比以前更爲混亂，整個事件只證明武力是恢復秩序的有力手段，但眞正要長治久安卻必須從吏治和禮教著手，這種觀點相當程度地反映出當時貴州主政者的社會階層屬性（憲政派、耆老會多爲上層士紳」，當然也符合唐氏治黔的主觀意念。大體說來，唐氏主黔時期，貴州秩序很快即恢復正常，對於吏治頗爲重視，但由於軍費浩繁，財政收支常感困難，不過由於多方籌措，極力撙節，財政赤字反而比清末少⑱。至於交通、教育、實業等項經費，雖然財政困難，仍有小額度的支出⑲。

在唐繼堯督黔時期，發生了幾件全國性的政治大爭議，唐氏在其中所抱持的態度頗值玩味。一般大陸學者多認爲唐繼堯在這幾次政治爭議中完全倒向袁世凱，背離革命派，已墮落爲一地方軍閥⑳。唐氏的立場偏向袁世凱是事實，但這種態度的轉變卻是植基於三個因素：㈠唐氏所抱持的國家主義觀念；㈡蔡鍔的影響；㈢對若干革命黨人的反感。就第一點而言，唐氏在日本接受完整的軍事教育，日本軍事教育素重「忠君愛國」，並有濃厚的軍國主義思想，留日士官生受此思想薰陶，國家主義觀念特重，唐氏亦不例外，這也是他們推動辛亥革命和護國之役的思想根源所在。就第二點而言，蔡鍔在這段時期，大體上對袁採支持的態度，

---

⑮ 鍾山玉「滇黔道中手札」，頁五九。貴州光復後，軍政府派員接收各府州縣政權，原任清官吏一概不動，另派一人爲副職，名爲副署。

⑯ 「通飭各屬取銷副署文」，會澤督黔文牘，文告，頁一五。

⑰ 「貴州省議會開正式大會頌詞」，同前，雜文，頁三。

⑱ 吳敦俊「爲軍事擴張服務的貴州財政」，西南軍閥史研究叢刊，第三輯，頁三五九。

⑲ 同前，頁三五八—三五九。

⑳ 貴州軍閥史，頁三四—四二；荊德新「唐繼堯督黔的由來和發展」，頁一八六—一八九。

唐氏向來以蔡鍔馬首是瞻，難免不受蔡鍔的影響。再就第三點言，唐氏對革命素主穩健，與主張激烈者已有路線之分，民國成立後，若干黨人借革命有功之名動輒請索，益增唐氏惡感；加以流亡在外的自治派多依附國民黨，攻詰唐繼堯，唐氏自然對國民黨人沒什麼好感，因此在爭議之時，多支持袁世凱。

這些爭議首先是爆發於民國元年的建都問題。當孫中山宣佈辭去臨時大總統，並推薦袁世凱替代時，曾力主建都南京，但袁氏則堅持建都北京，遂引起兩派的建都之爭。值得注意的是，許多老革命黨人如章太炎、宋教仁等，也主張建都北京[121]。蔡鍔認爲「建都燕京，可以控御中外，統一南北」[122]，因此也主張立都北京。唐繼堯則基於國都不定，勢將內潰，要求衆人捐棄小嫌，先定國本，「以燕薊形勢便利，實勝南都，新命舊邦，足資控馭」[123]，與蔡鍔立場一致，贊成建都北京。最後終因北京發生兵變，北方情勢不穩，需袁坐鎭，南京臨時參議院乃允許袁在北京組織政府而結束了這場建都之爭。建都問題之後，接著來的是借款問題。先是袁於當選臨時大總統後，爲籌措軍費，曾與英美法德四國銀行團磋商，四國銀行團允於南北統一後供給，並應袁的要求，先行墊付若干，附帶條件爲此後墊款及善後大借款，須由四國銀行團先承擔[124]。及至唐紹儀內閣成立後，再請墊款，四國銀行團又要求借款開支須經其核准，遣散軍隊須由外國武官監督，唐紹儀不接受。袁對唐早已不滿，改命與唐不睦的財政總長熊希齡與銀行團交涉，借款雖仍未商定，墊款則已成交。當「暫時墊款合同」公佈後，南京留守黃興連電責熊，並要求袁世凱廢約，另以提倡國民捐等辦法代替借款[125]。共和黨和統一黨則以借款爲藉口進行倒唐，欲擁立張謇（身兼共和、統一兩黨理事）

組閣。唐繼堯對此則採調和折衷的態度，認爲「國家當肇造之初，萬端待理，而公家所入遠遜昔時，軍餉支出復倍往日，……舍借債實無自全之策。今主權在民，輿論至重，……但此後之用途得當，則磋商應留餘地，……借款事應請責成熊總長妥辦交涉，早日成立，至國民捐、公債諸端，自當由各省趕辦，以爲外交後盾。」[126]唐繼堯這種務實的態度除與其本身個性有關外，貴州的財政狀況也是一個很重要的因素。黔省財政困難，唐繼堯兩次想舉借外債皆不果，國民捐、公債等金額既少，且緩不濟急，只有依靠中央撥濟，唐氏就曾致電袁「於借款成立，迅賜撥銀三百萬兩，以濟黔急」[127]，這是唐繼堯不積極反對借款的重要因素。同時，唐氏復通電要求借款須用於正途，並將京內各機關的行政費用宣佈，以釋群疑。這也表明了唐氏自有主張，並非完全盲目倒向袁。借款問題之後，乃有二次革命。民國二年七月，贛、

---

[121] 謝本書「略論一九一二年的建都之爭」，近代滇史探索，昆明，雲南人民出版社，一九八七年十月第一版，頁一〇四，一一一。

[122] 「致各省電」，天南電光集，頁一三六。

[123] 「致南京及各省請捐棄小嫌速決大計共奠北京先定國本電」，會澤督黔文牘，電報，頁二。

[124] 郭廷以，近代中國史綱，香港，中文大學出版社，一九八〇年第二次印刷，頁四二九。

[125] 荆德新「唐繼堯督黔的由來和發展」，頁一八七—一八八。

[126] 「呈請大總統責成熊總長妥辦借款交涉並由各省趕辦民國公債以爲外交後盾電」，會澤督黔文牘，電報，頁八—九。

[127] 「呈覆大總統請撥款償還商款並準備銀行各款電」，同前，頁一三。

寧等地宣布獨立，起兵討袁，是爲二次革命。八月，川軍第五師師長兼重慶鎭守使熊克武起兵響應。袁世凱命滇黔兩省組滇黔聯軍，並以唐氏爲聯軍總司令，入川討熊，唐繼堯遂命黔軍師長葉荃率黃毓成旅出兵四川。此時獨立各省已紛告失敗，唐氏乃命葉荃率黃旅逕赴重慶，熊克武敗走，川中討袁之役遂告結束[128]。經過這幾次事件的表現，唐繼堯在某些程度上獲得了袁的信任，這對唐氏日後的發展助益頗大。

然而唐繼堯是否眞的全面倒向袁？事實上又不盡全然。唐氏有條件地支持袁，主要是因爲袁乃中央正統之所在，且當時袁氏叛國之心未露，唐又素主國家主義，認爲要有強盛的國家必先建造有力的政府，以收統一集權之效，「大總統既爲國推戴，獨握行政大權，……若互相猜疑，互相牽制，必至無能負責任之人，亦無可負責任之事，此群治所以日敗，滿清所以遂亡。」[129]因此唐繼堯遇事大抵從此著眼，且蔡鍔的態度，貴州特殊的環境，在在皆影響唐繼堯，使其大體上採擁袁之立場。但另一方面唐對袁的政治拉攏、經濟收買又不肯完全買帳，在袁謀取正式總統和終身總統的過程中有所保留。據跟隨袁多年的唐在禮說：唐繼堯「是西南的實力派，袁對他很費心機，但始終靠不住，他有點兩面派。」[130]唐氏在就任滇黔聯軍總司令時的誓師詞中說：「今贛寧事起，以扶持正義，力護共和爲宣告；本總司令遠在一方，則以安民保境，沈幾觀變爲先決。」[131]這可以視爲唐繼堯的眞實態度。孫中山、黃興、梁啓超、蔡鍔等人皆曾歷經從擁袁到反袁的過程，唐繼堯自不例外，只是時間或早或晚而已。

民國二年十月，雲南都督蔡鍔解職入京，並推薦唐繼堯繼任，袁對唐氏早有印象，故立即批可。蔡鍔薦唐自代，不僅表明二人深厚的交情，也使唐繼堯一躍成爲雲南最高軍政長官，日後方能成就護國大業，故此舉關係重大。當然，唐氏個人的才具、抱負，也是相當重要的。二年十一月，唐繼堯起程赴滇，離黔之時，貴州父老送至數十里外。其後追念唐氏在黔政績，乃爲其建生祠，立督黔紀功碑⑬²。這一年，唐繼堯剛滿三十歲，由黔返滇，即將開創其功名事業的另一高峰。

⑫⑧ 馬伯周「葉荃生平述聞」，頁七五。
⑫⑨ 「呈請副總統力爭省長民選電」，會澤督黔文牘，電報，頁五一。
⑬⓪ 唐在禮「辛亥以後的袁世凱」，轉引自荆德新，「唐繼堯督黔的由來和發展」，頁一八九。
⑬① 「誓師詞」，會澤督黔文牘，雜文，頁二七—二八。
⑬② 唐繼堯，頁二四。

第三章　護國討袁

第一節　移師督滇

民國二年十一月，唐繼堯由黔返滇，繼任雲南都督。返滇途中，曾有「由黔移師督滇道中偶成」一詩，以誌當日之盛：

甲馬旌旗又此行，兩年依舊一身輕。山花放卷情常定，林鳥飛投意總誠。歷史千秋留泡影，神州百戰盡蝸爭。滄痍滿地何年補，慚愧前途父老迎。

薄海風潮一劍擔，萬山雪月又天南。須知平坦征途穩，莫道崎嶇世路難。蓋世才從達處老，極天事亦夢中參。孕虞育夏尋常事，桑梓歸來酒正酣。❶

然而此去絕非「桑梓歸來酒正酣」，而是充滿了各種崎嶇艱難，這一切都要從蔡鍔的離滇談起。

蔡鍔之所以辭去雲南都督，原因是多重的，大致可以從三方面來分析：㈠就蔡鍔個人而

❶ 唐繼堯「東大陸主人言志錄」，頁一八四—一八五。

言：蔡鍔是個有壯志、有抱負的人，他認爲雲南地處邊陲，交通不便，且地方貧瘠，一旦有事，不能應付時局的變化。因此蔡平時談話經常流露，如能在長江下游或是黃河流域，掌握適當的地盤，訓練一批武裝力量，就能問鼎中原，左右全局❷。所以蔡鍔在致其師梁啓超的函電中，常有希望離滇，另調他省之意，請梁予以協助；梁也樂於在袁世凱面前爲蔡講話，促成其事。㈡就雲南內部而言：蔡鍔以一湘人督滇，雖悉心圖治，難免引起雲南地方主義者的排斥。早在滇軍援蜀時，援川軍將領與蔡鍔之間已有若干嫌隙❸。及至援川軍回滇後，李鴻祥昇任第一師師長，師部駐昆明；謝汝翼昇任第二師師長，師部駐蒙自，二人都企圖繼承蔡鍔職務以爲自己發展的基礎。李、謝「自以首義，且援蜀有戰功，漸不聽令。（羅）佩金已先被命爲雲南民政長，雖不同于汝翼、鴻祥，以鍔雄鷙，亦漸立異同。鍔遂計使佩金辭職，舉鴻祥繼之，然實陰爲齮齕。滇人自是不信鍔，必欲取而代之。」❹李、謝對蔡鍔皆心懷不滿，尤其李鴻祥表現得更明顯，蔡鍔也經常受到李的挾制，遂有離滇之意❺。㈢就袁世凱而言：自二次革命後，除了西南滇、黔、桂等省外，袁幾乎控制了整個中國。雖然蔡鍔對袁一直採取支持的態度，但袁對他始終不能放心❻。這是因爲雲南在西南各省中，軍力最爲強大，形勢比較完整，袁的力量尚未侵入，而蔡鍔又甚具才幹之故。所以後來袁世凱談起此事說：「松坡這人，有才幹，但有陰謀，……我早已防他，故調來京。」❼因此當梁啓超替蔡進行另調他省時，袁即一口答應，並表示可以讓蔡鍔組織內閣，或者調去督湘❽。蔡鍔對袁深信不疑，隨即作了回湘計劃，並派其參謀長沈汪度先回湖南活動聯繫。

因此蔡鍔離滇一事，是蔡鍔、雲南內部、袁世凱三方皆樂於見到的，其中尤以蔡鍔的意志最爲重要。民國二年九月二十八日，北京政府命令：「雲南都督蔡鍔，因病請假，著給假三個月，來京調養。」❾同時蔡也推薦唐繼堯回滇主政，蔡鍔離滇之事算是確定了。然而何以蔡鍔要推薦遠在貴州的唐繼堯，而不就近在雲南省內挑選繼任者呢？其原因大致有下列四點：

㈠蔡鍔對唐的賞識：蔡鍔與唐繼堯的交情，非一朝一夕的事。早在蔡鍔任三十七協協統，唐繼堯爲其統轄七十四標第一營管帶時，二人的關係就由此開始。當時陸軍的餉糈和公費都格外從豐，各營管帶除正薪外，另有公費銀一百五十兩，唐繼堯都公

---

❷ 趙鍾奇口述，張公達筆記「雲南護國前後回憶」，雲南文史資料選輯，第十輯，頁一〇四。

❸ 爲此蔡鍔曾致電援蜀軍官曰：「……至諸君援蜀，爲鍔所顧念不忘者，亦何嫌何疑，而有人人自危之說，此必因遠道誤會」云云，見「覆援蜀軍官電」，天南電光集，頁一一七—一一八。

❹ 鄧之誠「護國軍紀實」，頁一一一。

❺ 李文漢「關於蔡鍔的幾點回憶」，雲南文史資料選輯，第一輯，頁一五五。

❻ 過去一般記載多認爲蔡鍔在二次革命時，是反對袁世凱的；但最近一些學者推翻了這個說法，認爲蔡鍔在二次革命時仍然支持袁世凱，見謝本書，蔡鍔傳，頁七二—七六；曾業英「蔡鍔與二次革命」，歷史研究，一九八三年第一期，頁一五二—一七〇。

❼ 曹汝霖，曹汝霖一生之回憶，臺北，傳記文學出版社，民國六十九年六月一日再版，頁一二〇。

❽ 同❷，頁一〇六。

❾ 政府公報，民國二年第五〇四期，轉引自謝本書，蔡鍔傳，頁七五—七六。

開地用在官兵身上，一無所私，官兵對他都有好感。蔡鍔本身自奉甚儉，故對於唐繼堯的性格和一些優點，留下了很好的印象[10]。雲南重九起義後，諸將自以功高，而唐繼堯則以年資稍後，退然若無所表現，「鍔獨深喜之」。所以後來唐氏被委令爲北伐軍司令、任貴州都督、回滇主政，均與蔡鍔有很大的關係。且唐氏對蔡鍔，向來是心悅誠服的。因此蔡鍔在離滇前數日召集營長以上軍官講話，就曾經說道：

> 唐繼堯活潑勇敢，名利心比較淡泊，他在貴州，還有成績，為中央所信賴。如前清總督丁振鐸在滇不得清廷信任，就一事不能辦。錫良到滇為中央所信任，所以向德國購械，成立第十九鎮，得到中央指定專款，措置裕如。此次唐繼堯調滇，對雲南前途是有好處的。[11]

蔡鍔對唐繼堯的評價絕非偶然，而是經過許多考驗的。

㈡在當時雲南軍界中，首義諸將領如李根源、羅佩金、殷承瓛等人均已不在省內，有資格接替蔡鍔的僅有李鴻祥、謝汝翼，但是他們和蔡鍔時有磨擦，且隱然有逼蔡離滇的意圖，以蔡鍔的個性，當然不可能推薦李、謝二人。據曾任蔡鍔秘書長的周鍾嶽回憶說：「蔡公恂恂如書生，而英邁不群之氣，溢於眉宇。其性堅忍深沉，……又斷制力極強，……自奉甚約，潔己奉公……惟稍褊急少容，是其短耳。」[12]鄧之誠說道：蔡鍔「銜汝翼等異己，舉繼堯繼爲都督，假中央政府命臨之，汝翼、鴻祥末如何」[13]，可以爲蔡鍔「褊急少容」的性格做一補充說明。且唐氏的條件亦確較李、謝二人優越，蔡鍔就認爲唐繼堯態度雍容，又有才華，堪任一省之重[14]。所以

(三)

蔡鍔才舉薦唐氏，而不及李、謝二人。

就貴州而言：貴州憲政派諸人與梁啓超的關係友好（如戴戡即對梁行弟子禮），很多憲政派人都加入進步黨，他們早有「黔人治黔」的念頭，所以一得知蔡想離滇，即乘機寫信給梁啓超，要梁推薦唐回滇，貴州軍政則由劉顯世（進步黨人）繼任，將貴州變爲進步黨的地盤，梁當然是樂意爲之，這也是唐繼堯主滇的有利因素⑮。另外根據貴州憲政派人士的記載，蔡鍔推薦唐繼堯繼任滇督，是爲了解決貴州的經濟困難。原來貴州財政經財政廳的整頓，全年收入由七十多萬元增到一百六十多萬元，收支大抵可以維持。但民國二年唐繼堯爲安置葉荃（唐氏同學、好友，新自江西李烈鈞處來），乃新設一師部，以葉爲師長，並增設一旅部，如此一來兩個司令部每月多增開支七萬多元，全年將近九十萬元，幾佔貴州全年總收入的一半，貴州無法負擔，只好密電蔡鍔，請他設法解決。蔡鍔回電說：「黔事我考慮多日，苦無較妥辦法，現在我想只有我將雲南都督讓給蓂賡（唐繼堯），命其率領全部滇軍回滇，

⑩ 李文漢「護國軍起義前蔡鍔與唐繼堯的關係」，雲南文史資料選輯，第十輯，頁三二一。
⑪ 同前，頁三二一—三三。
⑫ 周鍾嶽「惺庵回顧續錄」，雲南文史資料選輯，第五輯，頁一三四。
⑬ 鄧之誠「護國軍紀實」，頁一一一—一一二。
⑭ 趙鍾奇口述，張公達筆記「雲南護國前後回憶」，頁一〇八。
⑮ 同前。

貴州問題就可徹底解決。」⑯這應該也是蔡鍔推薦唐繼堯督滇的重要因素。

㈣早在民國元年十月，李根源離滇前夕，蔡鍔就曾向李表露已有去滇之意，並問及如何處置滇局。李根源乃舉薦謝汝翼或唐繼堯繼任滇督，蔡鍔則以唐氏之說為然⑰。此外袁世凱在接到蔡鍔保唐督滇的電報後，據說曾詢問李經義：謝、李、唐三人誰可靠？李回答唐比較純潔有為⑱。唐能夠主滇，李經羲等人推薦之言也有些助力。但是唐繼堯督黔時治理地方的成績或許更為重要，尤其唐的若干表現又能符合袁的要求，讓袁覺得他不難駕馭，遂決定以唐督滇。

所以就在發佈蔡鍔請假來京調養的同時，北京政府也發表了唐繼堯署理雲南都督，並任命劉顯世為貴州護軍使（袁趁機削去貴州都督，只設護軍使）。

在唐繼堯督滇命令發布前後，雲南內部發生了拒唐和迎唐的風波。首先是當李鴻祥獲悉蔡鍔打算薦唐回任滇督時，即往見蔡，反對唐繼堯回滇，認為滇省貧瘠，滇軍只有向外發展，唐在貴州很有發展前途，若帶兵回來則會增加雲南的困難。話雖婉轉，意思卻很清楚——即是對唐擋駕，以便自取滇督。蔡鍔知道李的用意，遂嚴詞批評他，兩人幾至發生衝突。最後李鴻祥說：「如果讓唐繼堯回滇，那就是一計害三賢（謂蔡居心要害唐、謝、李）。」⑲蔡鍔不禁拍案大怒，激動地流下淚來，並把都督圖章丟給參謀長，表示不願再管事。事後，李見蔡發怒，感覺事情有些不妙，遂電邀駐蒙自的謝汝翼回昆明商量。而蔡鍔認為李鴻祥言語冒犯長官，違反軍令，應依軍法論處，準備開軍法會審，幸經謝汝翼多方婉勸，才作罷論。

民國二年十月，蔡鍔離滇，臨行前蔡將都督事交謝汝翼代理，民政長由李鴻祥代理，迎唐與拒唐之爭遂明顯化起來。拒唐派（即擁李、謝派）是由當時的三迤總會會長、司法司長黃玉田領導，其中包括王秉鈞、李修家等中級軍官，以及周傳性、吳梓伯等文職人員。迎唐派沒有什麼公開的組織，主要由張子貞、劉祖武、孫永安、黃永社等中級軍官組成。拒唐派每晚都在黃玉田家裏開會商討對策，並打電報、寫信給唐，勸他向外發展，勿庸回來；迎唐派則暗中與唐通風報信，極力主張唐氏回滇⓴。李鴻祥還曾要他的部屬邀約軍界同人，聯名反對唐繼堯回滇，但李部旅長張子貞不同意，主張迎唐回滇，遂被李藉故撤去旅長職務㉑。唐氏接奉督滇命令後，因得知李鴻祥、謝汝翼有反對之意，最初還有些躊躇，經雲南將校張子貞、孫永安等人連電表示歡迎並電催命駕後，唐遂於十一月初由貴陽出發㉒。返滇途中，戒備森嚴，除帶回滇籍軍政人員外，並率兵一旅回滇。途中沒有發生任何阻礙，十二月初，唐氏安抵昆明，並正式就任雲南都督。唐氏能夠排除拒唐派的威脅，順利就職，除了迎唐派擁立之功外，最重要的是唐繼堯乃北京政府明令發佈的雲南都督，李、謝等人若眞敢抗拒唐氏，事

⓰ 張彭年「辛亥以來四十年間貴州政局的演變」，頁七五—七六。
⓱ 李根源，雪生年錄，頁五五。
⓲ 詹秉忠「護國戰役前後回憶」，雲南文史資料選輯，第十輯，頁一六一。
⓳ 同⓮，頁一〇七。
⓴ 同⓲，頁一六一—一六二。
㉑ 同⓳，頁一〇八；另參見李文漢「關於蔡鍔的幾點回憶」，頁一五五。
㉒ 孫永安口述，張公達筆記「雲南護國起義的回憶」，雲南文史資料選輯，第十輯，頁五五。

實上就是抗拒袁世凱的中央政府權威。在二次革命後袁世凱勢力如日中天之時，抗拒袁氏權威，似乎是件不可思議之事，這或許是李、謝二人眞正的考慮所在。就如同先前唐繼堯率軍入黔，被擁立爲貴州臨時都督時，各方責難紛至，但中央政府一發佈唐繼堯爲貴州都督後，唐氏遂取得督黔的合法地位。此後的爭論，甚至洪江會議處理的僅限於「黔軍返黔、滇軍返滇」的問題，絲毫不涉及唐氏的督黔地位。兩者前後如出一轍，這就是傳統中國政治哲學中「正統論」的奧妙所在。此時北京的中央政府——雖然國民黨自二次革命後並不承認——仍然是全國合法違法、有道無道的最高裁判所，這種情形一直要到袁氏帝制自爲，護國軍興後才有所改變㉓。

唐氏繼任雲南都督後，當務之急就是安定滇局。此時袁世凱控制大半個中國，唯有西南滇、黔等省，未被北洋勢力侵入，仍保有相當的自主性。因此袁世凱下一個目標很可能就是西南，其各種部署亦隱然對西南呈合圍之勢，只要雲南一有動亂，北洋軍即可長驅直入，進而囊括整個西南，完成袁世凱武力統一的計劃。所以唐繼堯督滇後，不改蔡鍔之成規，一方面結好雲南將領，並排除異己；另一方面則捕殺民黨，保境安民，以免除袁世凱對他的疑忌㉔。

唐繼堯回滇後遇見的第一件亂事，也是最受人議論的，就是大理的楊春魁「兵變」㉕。民國二年十二月八日，就在唐繼堯就任滇督兩天後，大理哥老會首楊春魁結合大理地區哥老會及駐軍（新軍第四團第三營）發動兵變，佔據大理。這顯然是楊春魁等人趁蔡鍔甫去，唐繼堯初來，立足未穩，且領導階層尚有暗鬥之時，所發動的一次武力奪權行動㉖。他們以「聲稱奉孫文、李根源等命令，二次革命」爲號召㉗，「掃除苛政，保護人民」爲宗旨，通告「本師起義，爲民保險。酒布苛捐，一律豁免。如有故違，定予重譴。」㉘並且「電催李根源、張文光來榆（大理簡稱）籌畫進行」㉙。唐繼堯隨即派遣趙鍾奇率兵一團，韓鳳樓續率

㉓「合法有道」是陳志讓檢視民初軍閥政治的一個重要觀念，這個觀念和傳統政治中的「正統論」有些許相似處，而中央政府往往是「合法有道」的最高裁判人。詳見氏著，軍紳政權，香港，生活、讀書、新知三聯書店香港分店，一九八三年九月香港第一版第二次印刷。

㉔胡平生，梁蔡師生與護國之役，臺北，臺灣大學文學院，民國六十五年六月初版，頁八八。關於唐繼堯捕殺民黨之因，一說唐氏率軍北伐入黔時，因故與北伐黔軍衝突，總統府秘書黔人平剛，借孫中山名義，拍電申斥，並令唐繼堯退兵，唐氏乃懷恨在心，自此與孫中山分途，仇視革命黨人，見劉德澤「護國軍與中華革命黨之目的」，革命文獻，第四十七輯，臺北，中國國民黨中央黨史會，民國五十八年六月，頁三八。一說蔡濟武及李根源內弟（皆中華革命黨人）被捕殺，實有兩因：一因唐繼堯與李根源猜嫌頗深，唐不願李的勢力伸入雲南；一因偵探向唐繼堯報告蔡濟武等人的舉動時，適袁世凱派赴滇之專使何國華在座，鄧泰中、楊蓁事前極力營救無效，曾大罵某偵探不知進退，見何慧青「雲南起義秘史補注」，逸經半月刊，第二十四期，民國二十六年二月二十日，頁二九。

㉕楊春魁乃大理哥老會首，在這次兵變中舉出同盟會的名號，故大陸學者多認爲此次兵變乃「起義」，是二次革命的尾聲，見謝本書「雲南楊春魁起義——二次革命的尾聲」，近代滇史探索，頁一一四—一一六。

㉖唐繼堯，頁二九—三〇。

㉗「謝汝翼致袁世凱等電」，北洋軍閥統治時期的兵變，頁六〇，轉引自謝本書，唐繼堯評傳，頁四二。

㉘周宗麟「大理縣志稿」，卷三十二，轉引自謝本書，唐繼堯評傳，頁四二—四三。

㉙「唐繼堯致袁世凱等密電」，北洋軍閥統治時期的兵變，頁六二，轉引自同前註，頁四三。

兵兩營往定亂事，並以謝汝翼爲迤西鎮守使，亂事很快就平定了。楊春魁被擊斃，張文光則由謝汝翼派人刺殺，大理兵變遂全部結束㉚。三年四月，迤南臨安府也發生兵變，唐氏指揮若定，不數日兵變即告戡定，「自此之後，唐氏恩威遠播，滇省內部遂安如磐石」㉛。

與此同時，唐繼堯爲鞏固其在滇地位，乃設法排除異己，肅清反側。先是謝汝翼於平定大理之亂後，乃辭卸鎮守使之職，準備北上晉見袁世凱。行至滇越鐵路宜良的糯租車站，被其部屬何榮昌在車廂中刺死。經召開軍法會審，何供稱係因被無故撤職，經向謝申述，謝卻不予理睬，遂憤而行凶。但李鴻祥卻懷疑這事件是唐繼堯所指使，因爲何榮昌行凶的手槍係向王廷治借的，而王廷治則是唐繼堯的親信。謝汝翼死後，李鴻祥內不自安，不久亦辭去民政長而離開雲南㉜。謝、李一死一去後，唐氏即以擁唐有功的張子貞任第一師師長，沈汪度爲第二師師長（民國四年沈死後，由劉祖武繼任），在部隊中大量安置自己人，「復去諸不附己者，衆協然無異議」㉝，唐繼堯遂掌握了軍隊實權。此後，唐氏以都督兼民政長，總理滇中軍政大權。三年五月，袁氏裁撤各省都督，分授將軍名號，督理軍務，奪其民政，另設巡按使掌理，而唐氏則爲將軍仍兼巡按使。後來袁世凱委派任可澄爲雲南巡按使，其作用一爲分唐氏之權，一爲就近監視唐氏。但以外省人士（任爲黔人）掌理雲南民政，其能發揮的作用並不如預期之大㉞。此外唐繼堯爲防止國民黨人活動部隊，動搖其部屬，曾派憲兵、警察暗中監視一些中華革命黨人，並處決其中若干積極份子，以維護其地位，安定軍心㉟。

唐繼堯回滇後，在兼巡按使任內時，對於實業、教育、內政等事項，整理不餘遺力，尤其注意人民的生計，維持社會道德。爲採訪民間疾苦，「乃出巡南防，蒐簡軍實，考察情形，以為國防民生之計畫。往返數十日，周歷數千里，不辭勞瘁，加意撫綏，以故旌麾所至，人民麕集瞻仰，卒使軍民輯睦，保全治安。」㊱及至專理軍務後，竭全力於整軍經武。唐氏認為滇毗強鄰，邊防重要，非練兵不足禦外，非練將不足強兵，故對於養成軍官人才甚為注意。所以積極擴充講武學校，並曾親自授課。又設有將校講習會，凡各旅、團、營長官皆令入會，教授道德要旨、法制概要及名將事略等等。並於每星期日召集各將校，親授以王學綱

㉚ 後來李根源力言其與楊春魁素不相識，大理事件亦未所聞。據蔡鍔日後告訴李根源，大理事件乃袁政府要員姜梅齡為張大其辭，乃慫恿謝汝翼揑造事實，羅織李、張二人入罪，見李根源，雪生年錄，頁六三。但據趙鍾奇的回憶，則張文光確實與大理事件有密切關係，見趙鍾奇口述，張公達筆記，「雲南護國前後回憶」，頁一一一—一一二。至於張文光之死，一說是與哥老會首楊春魁在大理鬧事有關；一說是袁世凱來電召見張文光，唐繼堯怕張奪了自己的地位，乃派人將其刺死，見楊如軒口述，胡彥整理「辛亥革命雲南九九起義前後」，雲南文史資料選輯，第十五輯，頁八五。

㉛ 唐繼堯，頁三○。

㉜ 趙鍾奇口述，張公達筆記「雲南護國前後回憶」，頁一一二；另參見陳天貴「護國戰役親歷記」，雲南文史資料選輯，第十輯，頁二○一。

㉝ 鄧之誠「護國軍紀實」，頁一一二。

㉞ Donald S. Sutton, *Provincial Militarism and the Chinese Republic, The Yunnan Army, 1905-25*, P.167.

㉟ 鄒若衡「雲南護國戰役親歷記」，雲南文史資料選輯，第十輯，頁一四三。另參見㉔。

㊱ 庾恩暘，再造共和唐會澤大事記，頁二九。

要、孫武兵法，以及軍事各學。此外又印刷理學各書，分授各將校自習。平時集合軍官訓話時，多勉以衞國保民，乃軍人之責，國家多難，端賴軍人云云㊲。而唐氏在軍政各方面所下的苦心，後來都在護國之役中顯現其功效。

第二節　護國討袁之醞釀

一、反袁勢力的形成

護國之役是中國現代史上一件關係民國存亡的大事，其致成的因素，則是因袁世凱帝制自爲而來。袁氏的帝制運動不僅是民國初年的一大危機，且爲北洋軍系盛衰之關鍵，日後中國的長期分裂亦可說種因於此，其影響相當深遠。何以辛亥革命後不久，就出現了帝制運動，當然其中問題很多，但不外乎時代背景、袁氏個人的意圖、野心政客的推波助瀾，以及國際情勢之變化等因素㊳。帝制運動到了民國四年達到高潮，八月，以楊度爲首的籌安會成立，帝制之說甚囂塵上；梁士詒組織了變更國體請願聯合會，帝制運動更爲加緊進行。十二月十二日，袁世凱接受了所謂的「推戴書」，承認帝位，並預備於民國五年元旦登基踐祚，帝制運動至此進入緊鑼密鼓之階段。

在袁氏帝制運動進行中，各方反袁勢力亦逐漸形成，對於日後護國之役有重大的影響。這些反袁勢力約略可分爲幾派：

1. 中華革命黨

二次革命失敗後，國民黨要人多東渡日本。孫中山檢討二次革命失敗的原因，歸咎於黨員不肯聽他的命令，認爲黃興應負更大的責任㊴。因此主張改組國民黨，成立中華革命黨。但因部分黨人對於入黨手續表示異議，遂引起黨人的分裂㊵。民國三年七月，中華革命黨在東京開成立大會，推孫中山爲總理，黃興則離日赴美，部分國民黨黨員始終未加入中華革命黨，而另謀發展。中華革命黨成立後，以討袁爲宗旨，積極展開討袁工作。孫中山自任中華革命軍大元帥，派朱執信往南洋籌款，並派專人負責各省的軍事。雖在惡劣環境下，仍然舉兵與袁相抗，一新國人耳目，在一片帝制聲中，多少發揮了一些震撼作用。護國之役發生後，黨人更加緊各地的討袁行動，對全國人心士氣亦有其影響。

2. 舊國民黨溫和派

中華革命黨成立後，一些國民黨溫和派始終未曾加入。一九一四年歐戰爆發後，這批人乃藉研究歐戰之名成立「歐事研究會」，作爲共同的組織㊶。民國四年日本向中國提出二

㊲ 唐繼堯，頁三一。
㊳ 陳志讓「洪憲帝制的一些問題」，中國近代現代史論集（二二），臺北，商務印書館，民國七十五年五月初版，頁一二一－一四一。
㊴ 胡平生，梁蔡師生與護國之役，頁六五。
㊵ 李根源，雪生年錄，頁六四。
㊶ 同前，頁六五。

十一條要求時，歐事研究會諸人爲示團結對外，乃發表聲明，表示在對日交涉期間，對袁暫時息爭，並向中華革命黨做類似要求，但遭拒絕。可見兩派雖同屬反袁陣營，但兩者在態度和精神上都有不同。直到袁承認二十一條要求，在失望憤恨之餘，歐事研究會諸人才逐漸恢復討袁的行動，不過其方式是和緩的、愼重的，他們組織不嚴密，仍保有昔日公開政黨的形態。所以在日後護國之役中，他們也較能與進步黨人合作，在討袁之役中扮演重要角色。

3. 進步黨

民國肇建，梁啓超分析國內勢力，謂有三大流派：一爲舊官僚，一爲舊革命黨，一爲舊立憲派㊷。梁自身屬立憲派，其他二者皆在敵對之列，但憑一己之力不能同時戰勝兩敵，乃決定先制裁國民黨，而與舊官僚有所假借。袁世凱是舊官僚的主要人物，故聯袁之說在舊立憲派中相當盛行。民國二年以舊立憲派爲主體的進步黨成立後，極力交好袁氏，打擊國民黨，正是梁氏上述政策之運用。進步黨原本希望擁護袁，亦即利用現有勢力，做爲國家安定的中堅力量，但這個希望不久就被袁打破。民國二年十一月，袁下令解散國民黨；三年一月，更下令解散國會，進步黨人多覺悟被袁利用。及至帝制運動展開後，進步黨人乃公然反對。四年八月，籌安會成立，梁啓超撰「異哉所謂國體問題者」一文，正式揭櫫反袁態度，予楊度等無情之打擊。此文一出，對當時人心產生極大影響，此後進步黨人乃相率南下，致力於討袁工作之進行。

4. 北洋派離心將領

袁世凱從小站練兵起，就是靠北洋軍起家，而馮國璋、段祺瑞更是其一手提拔，多年來一直是北洋軍系的兩大支柱。他們受袁的厚恩，對袁稱帝本是無可無不可，但後來卻因爲利益衝突，不滿袁的作法，於是消極抵制帝制，因此馮、段只能算是消極的反袁勢力。論者以爲馮、段對袁離心的因素大致有四點：1.袁見馮、段事權日盛，產生戒心，乃思裁抑其二人；2.袁克定對馮、段所持驕狂態度，引致二人反感；3.稱帝之事，袁不肯向馮、段說實話，而飾詞應付；4.馮、段向以袁的繼承者自居，如帝制果成，他們將永無繼任的希望，所以反對袁稱帝㊸。於是段乃稱病不出，並請辭陸軍總長之職；馮則擁兵駐屯於江南一帶，對袁氏採消極的態度，對北京的徵調亦按兵不動。在後來護國之役中，由於袁得不到馮、段的支持，致使北洋軍實力大削，無形中使反袁各派的聲勢顯得更爲壯大。

當日這幾派反袁勢力或明或暗，或急或緩地推動反袁工作，對整個反袁形勢有良好的助益，但因沒有任何一派擁有地盤，握有武力（中華革命黨勢力太小，馮、段當然不可能起兵討袁），所以雲南護國軍起義就更有它的重要性了。

二、唐繼堯的態度

護國軍起義首先爆發於雲南並不是偶然的，而是有其客觀因素：第一，雲南地處偏遠的邊區，在軍事上扼險要優勝之勢，西南與越南、緬甸接壤，西北與西藏相連，無後顧之憂，

㊷ 丁文江編，梁任公先生年譜長編初稿，臺北，世界書局，民國四十八年四月初版，頁三八二。

㊸ 同㊴，頁七二。

東面的貴州、廣西是袁勢力尚未到達的地方，而北面的四川則地方軍隊雜亂，陳宧又剛到四川，一時無法統一全川，因此雲南作爲發難的根據地是十分有利的。第二，雲南陸軍的素質，遠超過北洋軍。滇軍士兵的素質較好，而上級軍官多爲留日士官生，中下級軍官則多是雲南講武堂的畢業生，受過良好的軍事訓練。這支滇軍經過辛亥革命的洗禮，受到革命思想的薰陶，有濃厚的愛國熱誠，是雲南起義的有力基礎。第三，雲南陸軍使用的軍械，都是清末以重價從德國克魯伯廠購來的精良產品，且雲南自備有彈藥廠，軍事力量爲西南各省之冠。第四，掌握雲南軍政大權的中、高級人員大多原隸屬同盟會、國民黨，比較有革命的傾向，不容艱苦締造的民國斷送在袁氏手中㊹。當然，除了這些客觀因素外，最重要的則是雲南將軍唐繼堯的態度。

二次革命後，袁世凱的勢力伸入南方，雖然一時無法囊括整個西南，但袁氏卻藉種種手段削弱西南各省勢力，以利其武力統一之意圖。民國四年四月，會辦四川軍務陳宧率北洋軍三旅入川，象徵北方勢力伸入四川㊺；六月，陳宧代胡景伊爲四川將軍，成爲袁武力統一西南的執行人。此時西南形勢是陳宧督川，王占元督鄂，湯薌銘督湘，龍濟光督粵，加上駐川邊的曹錕第三師，張敬堯第七師，袁世凱控制了長江中游和華南，下一步即是進而控有西南。這其中影響最大的是陳宧督川，此舉對雲南構成直接威脅。袁氏以「川滇等省，向無中央軍，故派曹錕、張敬堯率師駐川邊，以備不虞。今又派陳二庵（宧）率三旅入川。西南軍力薄弱，有此勁旅，不足爲慮」㊻，可見袁圖謀西南之處心積慮。袁世凱說「西南軍力薄弱」，這是確實的。袁對西南一直不能放心，乃藉裁軍、縮減軍費等手段來削弱西南的軍力。以雲南為例，民國三年度滇省軍費預算為三十二萬餘元，四年度卻銳減為二十四萬餘元，削減幅度高達四分之一[47]。軍隊經裁編後，只有陸軍兩師一混成旅，憲兵一隊，兵力僅萬人左右[48]，加上散駐各地的警備隊若干，後又添加砲兵旅、騎兵旅各一，總兵力也才二萬餘人，不及北洋軍遠甚[49]。因此「自陳宧率軍入川後，雲南全省大為震動，人們知道雲南已成為袁氏的眼中釘、俎上肉，危險萬狀，因此群情鼎沸，軍隊反袁的情緒更高」[50]。袁世凱對雲南採取的是兩面手段，一方面對唐繼堯等大力拉攏，唐生辰時袁送了大禮，又特給雲南一部分款項，以示對唐的關注[51]。隨後更派其侍從何國華來滇，特授唐繼堯開武將軍證書，

---

[44] 謝本書等著，護國運動史，貴陽，貴州人民出版社，一九八四年四月第一版，頁一一六。

[45] 周開慶，民國川事紀要，頁一一八。

[46] 曹汝霖，曹汝霖一生之回憶，頁一二〇。

[47] 庾恩暘，雲南首義擁護共和始末記，昆明，雲南圖書館，民國六年，上冊，頁一三三。

[48] 當時規定滇軍編制，每師二旅，每旅二團，每團四連，每連百人左右，如此滇軍一師僅三千兩百人，尚不及北洋軍三分之一（北洋軍一師約一萬人）。因此滇軍正規兵力雖有兩師一混成旅，但實際兵力僅萬人左右，見耿翼翹先生訪問紀錄，中央研究院近代史研究所口述歷史叢書㈥，臺北，中央研究院近代史研究所，民國七十四年四月初版，頁二六。

[49] 文公直，最近三十年中國軍事史，臺北，文海出版社，無出版年月，頁三八三。

[50] 程潛「護國之役前後」，中國人民政治協商會議全國委員會文史資料研究委員會等合編，護國討袁親歷記，北京，文史資料出版社，一九八五年十二月第一版，頁一一二。

[51] 孫永安口述，張公達筆記「雲南護國起義的回憶」，頁五六。

並封唐為一等開武侯，每月津貼三萬元，其餘各將領均分封爵位52。何並攜有袁世凱給唐繼堯的親筆信，文長千餘字，內有「國家多事，西南半壁，惟吾弟是賴。世凱老矣，我此一席，惟吾弟是待」等語，極盡籠絡敷衍之能事53。但另一方面，袁也嚴密注意唐繼堯的動向，除了在川、湘佈置重兵外，還委派若干暗探入滇，如巡按使任可澄、騰越道楊福璋、蒙自道周沆、鹽運使蕭堃、財政廳長籍忠寅、第一師參謀長路孝忱以及授勛特使何國華等，充作中央之耳目，暗中監視唐繼堯的行動54。雲南外有北洋大軍環伺，內有袁氏偵探密布，唐繼堯既非北洋嫡系，其受歧視可知；而省內又是軍隊、餉械兩缺，處境十分困難。袁的勢力已經伸入四川，若袁眞想以武力統一中國，實行中央集權，則下個目標即是雲、貴等省，這是唐繼堯必須顧慮到的。

在這種情形下，唐氏只有一面陽示服從，對袁虛與委蛇，但仍保持一定距離；一面積極準備，擴充實力，並且密切注意袁氏之意圖。事實上唐繼堯對袁早有戒心，在由黔返滇之初，即曾語其部將孫永安說：「如果袁世凱做皇帝，那是重害吾民，我們只有堅決反對。」55民國四年初，日本向袁政府提出二十一條交涉時，各省將軍幾乎一致遵從袁世凱命令「嚴防亂黨藉端破壞」、「靜候中央解決」，而唐氏卻在二月二十五日致電粵、桂、湘、鄂、川、黔六省將軍、巡按使和護軍使，建議西南諸省互相提挈，整理軍備，一旦中日交涉破裂，則秣馬厲兵，以抗日本侵略。電文隻字不提袁氏所謂「嚴防亂黨破壞」一事，說明唐氏並非全然同意袁的作為56。唐繼堯早年在日時，曾受革命薰陶，返國後又參與雲南起義，其立身出處，當然自有打算。根據孫永安的記載，在民國四年二月十九日，唐氏曾要孫研擬一個新軍組織計劃，以備不時之需，孫建議以梯團爲單位，下轄兩個支隊（團），當時計劃成立兩個梯團；三月底，孫主持清理、修整軍械；四、五月，又籌備作戰軍費和出發費，打算扣留部份鹽稅和另發給一些鴉片煙作經費㊼。同時又派詹秉忠赴會澤、巧家一帶，調查金沙江通往四川各渡口和各地方糧食供給情形㊽。凡此種種，都說明唐繼堯在這時期暗地裏作過一些軍事準備。而唐繼堯與蔡鍔的聯絡，更清楚說明了這個事實。蔡鍔於民國二年十月北上後，即任職經界局督辦，唐氏時與之書電往來。據曾任唐、蔡二氏秘書長的周鍾嶽回憶說：

> 民國二年秋，余因病辭滇中道職，奉蔡公電邀，瀕行，唐公密謂曰：「袁氏自平寧、贛後，擁智自雄，蔑棄約法，取消自治，排除民黨，窺其舉動，將不安於總統，必有盜國之日。蔡公在京，寧能屈伏其下？異日袁益疑忌，可危孰甚！宜勸其脫身南來，共維國事。」余至京轉陳此語，蔡公深然之。及四年秋，籌安會發生，蔡公密電唐公

㊷ 董雨蒼「雲南護國歷史資料」，雲南文史資料選輯，第十輯，頁二五八。董雨蒼即董澤，乃唐繼堯妹婿。

㊸ 詹秉忠、孫天霖「護國之役中的唐繼堯及其與蔡鍔的關係」，雲南文史資料選輯，第十輯，頁三三九。

㊹ 同㊶；又見詹秉忠、孫天霖「護國之役中的唐繼堯及其與蔡鍔的關係」，頁三三八—三三九。

㊺ 孫永安口述，張公達筆記「雲南護國起義的回憶」，頁五五。

㊻ 高光漢「唐繼堯前半生的功過問題」，西南軍閥史研究叢刊，第三輯，頁三九三—三九四。唐氏致西南各省的密電見雲南省檔案館編，雲南檔案史料，第一期，一九八三年五月，頁一。

㊼ 同㊺。

㊽ 同㊸。

云：「袁氏變更國體，事在必行，關係國家安危甚大，公意若何？」唐公復電謂：「滇中已有計劃，請公南來主持。」此類往復密電，悉余所代擬或親譯者。59

此類文件皆為私人收轉，而交法郵寄遞，以避袁政府檢查60。從這段文字中可以看出：(一)唐氏對袁頗有戒心，且已有反袁之意；(二)唐、蔡二人屢有書電往返，彼此聲氣相投；(三)雲南已有反袁計劃，而且希望蔡鍔南下主持。又據曾任護國時期督署秘書長由雲龍的回憶說：

> 兩年以來，袁世凱種種專制獨裁，唐、蔡已早不滿意；迨四年秋冬間，籌安會、統率辦事處禀承袁世凱意旨，一切措施趨向帝制，野心暴露，急為之備。時蔡鍔調京任經界局督辦，因密為要約。61

可見唐、蔡二人既同對袁氏不滿，而彼此之間亦有某種默契存在。是以日後蔡鍔出亡，方能逕赴滇中，而唐氏亦開誠相與，迎蔡入滇，共舉討袁護國大業。

唐繼堯對袁氏種種作為早有不滿，但因形格勢禁，只有對袁暫採敷衍態度，暗中擴充實力。由於滇省兵力太少，萬一有事不足應付，唐氏在軍事上既要有所準備，又不能在省內公然擴軍，否則稍露痕跡必啓袁氏疑忌。因此唐繼堯一方面藉補充缺額及防亂名義陸續徵兵，暗中擴軍；另一方面則援助王文華部黔軍，以樹立在省外的勢力。由於歷史的淵源，雲南與貴州的關係向來密切，唐繼堯離黔時曾保薦劉顯世執掌黔政（護軍使），所以唐氏的態度對貴州有一定的影響。當時黔軍只有六個團，但軍隊實權實際上掌握在劉顯世的外甥第一團團長王文華手上。王文華曾隸籍國民黨，素持革命主義，是貴州反袁的急先鋒62。民國四年二月，王文華派遣其參謀長李雁賓來滇，密謁唐氏於第三辦公室，以袁謀日亟，文華對時局，惟唐氏馬首是瞻，請示方略。唐繼堯答以袁謀果發，則國必亂，惟滇逼強鄰，黔則湯薌銘扼駐於湘，此時只有勤自操練，不可輕露，先取滅亡，並撥械彈若干，以充實王部黔軍，可見唐氏考慮所在63。這批械彈由李雁賓運往貴州，唐氏並先後派胡瑛、盧燾、范石生、洪鶴年等赴黔，協助王文華編練軍隊，王氏並創辦模範營，調訓各團軍官。胡瑛等後來皆成爲黔軍高級將領，爲貴州建軍及滇、黔長期合作奠定了穩固的基礎64。

先前唐繼堯曾捕殺若干中華革命黨黨員，實在是爲了鞏固其統治地位，避免軍隊動搖65。

59 周鍾嶽「雲南起義史實之廻溯」，革命文獻，第四十七輯，頁一七—一八。

60 白之瀚，雲南護國簡史，昆明，新雲南叢書社，民國三十五年五月三十日初版，頁三一。法國自從修築滇越鐵路後，遂在雲南置郵，不受中國政府檢查，一直至民國十八年換立新約，始得撤銷。

61 由雲龍「護國史稿」（原刊於「近代史資料」一九五七年第四期），存萃學社編，護國運動，香港崇文書店，一九七三年三月，頁六四。

62 顧大全「試論雲南護國起義」，西南軍閥史研究叢刊，第三輯，頁三一二。

63 同60，頁一三—一四，三〇。

64 同62；另參見詹秉忠、孫天霖「護國之役中的唐繼堯及其與蔡鍔的關係」，頁三三九。

65 中華革命黨於民國三年派遣蔡濟武、楊華馨二人回滇運動軍人及機關重要人物，滇軍營長王蔭南、連長王正邦爲所結納，以時機成熟，決定發難。後因事機不密，爲唐破獲，蔡、王等被殺，楊則下獄，見「楊華馨爲蔡濟武等烈士請恤上總理函」，革命文獻，第四十七輯，頁一九〇。

事實上在二次革命後，已有贛、川等處失敗黨人潛來雲南，袁世凱屢電唐繼堯拿辦，唐氏卻未嚴格執行⑯。民國四年春，前同盟會雲南支部長呂志伊受孫中山命令，回滇活動，行前曾託人代達意於唐繼堯。唐氏透過趙伸向呂表達歡迎之意，並願聘呂為高等政治顧問。及呂志伊抵昆明，竟遭警察廳拘留（時軍民分治，警察廳屬巡按使統轄）。鄧泰中聞訊，往告唐氏，唐繼堯立即約見呂志伊，待以故人之禮，並言「係奉統率辦事處密電，有黨魁呂天民（即呂志伊）、李根源入滇煽動獨立，希密飭查等語。此電將軍署尚未行知，警廳係奉巡按使署文查拿。其弟繼禹（兼署警察廳）近病目數日，未到廳視事，務祈原諒云云」⑰。隨後唐乃向統率辦事處覆電，擔保呂志伊無事，統率辦事處覆電仍要唐嚴密監視，這說明了唐繼堯對國民黨人多少仍採寬容保護的措施，對袁世凱則採敷衍的態度⑱。

唐繼堯反袁的態度，到了籌安會成立前後表現得更為明顯了。在籌安會成立前夕，雲南已有老同盟會員馬幼伯、杜韓甫、胡源等人，紛紛討論要起而反袁。唐氏得知後，特約鄧泰中、楊蓁、詹秉忠三人在光復樓辦公室裏談話。「唐把袁稱帝陰謀詳說一遍後，他說我們不能當貳臣，決定與民國相終始，非起而反對不可，但袁世凱的密探暗諜滿佈滇中，凡是行政機關的高級官員多是其心腹，唐叫我們（指鄧、楊、詹）秘密告知馬、杜、胡等萬不要亂講亂說，稍有泄漏就要遭其害，俟準備好後，由他率領來幹，可保地方安全，不會糜爛。」⑲配合前述唐告孫永安之語，可見唐早有反袁之心。四年八月籌安會成立後，袁氏帝制之心大白天下，當時專為籌備帝制而設的北京法制局曾密電各省將軍、巡按使，請舉辦勸進大會，但雲南一直沒有舉辦，也沒有覆電。於是法制局又迭電催促雲南將軍唐繼堯與巡按使任可澄迅速舉辦，並請於辦畢以後會同奏報情形，代全省人民誠懇請求袁大總統迅即皇位。這些電報到滇，唐繼堯皆置之不理，任可澄與唐商議，唐只答覆由「巡署斟酌」四字。任氏無可奈何，只好由巡署單獨辦理[70]。這時各省勸進電文紛上，而雲南則遲遲不發，蔡鍔乃由京密電，要唐速上勸進電，免召袁氏之忌，並謂「籌安會各省代表均將派齊，尊處希早日指派為要」[71]。唐繼堯遂邀滇省軍政各界會議，討論勸進之事，楊蓁首先反對，惟因政界多袁氏死黨，唐乃戒楊蓁「且量力無易言」[72]。唐氏內心實不贊同帝制，但是因雲南力量薄弱，便不能不多加考慮，於是只有虛與委蛇，亦上書勸進[73]。曾任護國一軍秘書長的李曰垓回憶說：「自籌

---

[66] 鄒若衡「雲南護國戰役親歷記」，頁一四〇。

[67] 天民（呂志伊）「雲南舉義實錄」，李希泌等編，護國運動資料選編，北京，中華書局，一九八四年七月第一版，頁一〇四。

[68] 同前，頁一〇二—一〇四；又見何慧青「雲南起義與國民黨之關係」，南強月刊，第一卷第三期雲南起義紀念專號，南京，民國二十五年十二月十日，頁二〇—二一。

[69] 詹秉忠「護國戰役前後回憶」，頁一六二。

[70] 李子輝「任可澄為袁世凱所作的帝制活動」，雲南文史資料選輯，第十輯，頁五九。作者時任雲南巡按使署內務科主事，所述皆親身經歷。

[71] 「致雲南唐將軍、貴陽劉護軍使電」，蔡鍔一九一五年在北京與西南各省密電稿，刊於雲南文史資料選輯，第十輯，頁三。

[72] 同[67]，頁一〇五。

[73] 戢翼翹先生訪問紀錄，頁二二一。

安會發生，雲南唐將軍繼堯，每以良心上過不去爲言。抑鬱憂憤之態，時形于色。雖限於所處地位，不便昌言反抗，要其志已決，識者早已知其微矣。」[74]同時唐繼堯亦曾詢其表弟鄧泰中之意，鄧回答說：「泰中隨從將軍生死以之，但袁氏果爲帝，泰中決意退隱。」唐氏甚然其言，並表示不願臣袁，亦欲退隱之意[75]。這些均足以說明唐氏自籌安會以後，反袁之心日堅，只因限於實力薄弱，乃隱忍不發。

唐繼堯雖早有反袁之意，但爲保守機密，當日僅蔡鍔及二、三親信幕僚知曉。然而滇軍久受革命黨人薰陶，尤其中、下級幹部最富革命精神，反對袁氏帝制亦最力，當籌安會成立的消息傳到雲南，滇軍團、營長等對於袁氏帝制自爲，群情憤慨。根據李曰垓的記載，這些軍官自行組成若干小組，「無日不在秘密籌議運動之中」，並推派代表伺機向唐氏建言[76]。蔡鍔入滇後致書梁啓超亦曾言：

> 滇中級軍官健者，為鄧泰中、楊蓁、董鴻勳、黃永社等，自籌安會發生後憤慨異常，屢進言於蓂督（唐繼堯），並探詢主張以定進止，蓂以未得吾儕之意嚮所在，且於各方面情形不悉其真相，遂一意穩靜。[77]

此時袁氏在滇中偵探密佈，時機未成熟前，唐氏是不輕易洩露其反袁之意，因此對於楊蓁等人的進言，唐繼堯只是要他們好好掌握軍隊，此外則不多言[78]。但是中、下級軍官不明白唐氏的意圖，於是乃有激烈行動的表示。據戢翼翹回憶說：「激烈派要唐繼堯反袁，萬一唐不反袁，他們也會有對付的辦法，這眞叫唐爲難。」[79]當時楊蓁、鄧泰中、董鴻勳邀集李文漢、楊如軒、田鍾谷等中、下級軍官，在昆明西山舉行秘密會議，譴責袁世凱背叛民國，誓死討逆，並要唐繼堯表明態度，聲言「唐反袁我們就擁護他，唐不反袁我們就推倒他」80。呂志伊回憶說：

（滇軍）中下級軍官，曾秘密在余處開會數次，決定四項辦法：1.於適當時期，要求唐氏表示態度；2.如唐氏反對帝制，則仍擁其為領袖；3.如中立則將彼送往安南；4.如贊成帝制則殺之。惟唐是時已決心反對帝制，因極端守秘密，故中、下級軍官尚不知。81

這段話很清楚地說明了滇軍中、下級幹部的反袁情緒，以及當時唐氏的態度。唐氏為了明瞭部屬對袁稱帝的觀感，除了派親信至各團、營駐地探聽帶兵官的動態外，更曾微服外出，聽

---

74 李印泉李梓暢君關於護國軍之談話，中華新報民國六年刊印本，轉引自高光漢「唐繼堯前半生的功過問題」，頁一一三。

75 天民「雲南舉義實錄」，頁一〇五。

76 李曰垓「客問」，雲南、貴州省社會科學院歷史研究所編，護國文獻，貴陽，貴州人民出版社，一九八五年十二月第一版，下冊，頁六七七。

77 蔡鍔「致梁新會函」，松坡軍中遺墨，臺北，文海出版社，無出版年月，頁五—六。

78 鄒若衡「雲南護國戰役親歷記」，頁一四五。

79 同73，頁二二。

80 楊如軒口述，胡彥筆記「我知道的雲南護國起義經過」，雲南文史資料選輯，第十輯，頁四九。

81 何慧青「雲南起義與國民黨之關係」，頁二一一—二二一。若實行三、四項，則擁羅佩金為領袖。

取街談巷議[82]。經過一番密查後，唐繼堯知道滇軍中反袁思潮波濤洶湧，官兵反袁情緒激昂，自己若再不表明反袁的心態，滇軍很可能就會有內變產生。在各種因素考慮下，唐繼堯乃將他長久以來鬱積心中的意念表明出來。呂志伊回憶說：「唐一日囑趙直齋（伸）約余前往磋商，謂反對帝制，早具決心，以雲南僅有兩師兵力，尚不及北洋軍十分之一，宜聯絡各省，多有響應者，始不至失敗。」[83]又據護國一軍梯團長劉雲峰說，自籌安會成立，滇軍將領莫不義憤填膺，「各將領時常集議，咸欲舉兵討此叛逆。……會議後，即數陳於唐公，唐公也甚贊成，惟顧及雲南以一省之力，貧瘠之區，且止一師一旅兵力，而抗袁氏全國之師，衆寡懸殊，實有以卵擊石之慮。無論何人處唐公地位，亦有此感。」[84]這時唐繼堯已表白反袁決心，甚至他還向駐省城連長以上軍官表示，對於國家大事，時機成熟唐自有決定。一旦國家有事，使用軍隊，「最低限度如投石入水，要激起一個波浪」，並要他們「好好練兵，好好掌握部隊」[85]。話雖說得相當含蓄，但意思卻是誰都懂的。從此之後，中、下級軍官的情緒遂逐漸穩定下來[86]。

三、準備工作

唐繼堯既已表明其反袁決心，乃加緊反袁之計劃，而各項準備工作亦在積極進行中。但由於要避袁氏耳目，各項工作均秘密進行，是以詳情遂不爲外界所知。現乃就當時雲南軍政幹部所遺資料，試就當日唐氏在滇省所進行的反袁準備工作，作一說明。

首先，在儲才方面，凡是舉大事者首需人才，護國軍之所以人才輩出，唐繼堯儲備培養之功不可沒。二次革命失敗後，黨人除部份東渡日本外，餘皆無所歸宿。此時雲南爲袁氏勢力未及之地，黨人乃紛紛赴滇，如參與江西二次革命，時任江西第三旅旅長的趙又新，即於此時回滇，雖被袁世凱通緝在案，但唐卻在民國三年委任趙氏爲雲南講武堂校長和唐的顧問[87]；又如曾參與江蘇二次革命，任江蘇第一師第四旅旅長的戢翼翹，亦於此時輾轉來滇，加入滇軍[88]。同時唐繼堯並「由滬派員招致在外之李烈鈞、程潛、陳強、戴戡、方聲濤、王伯群、熊克武、但懋辛等，前後來滇」[89]，或任要職，或參戎幕，或派至講武堂任教，滇省革命勢力因而潛滋暗長。

在整軍方面，當日雲南只有陸軍兩師一混成旅，正規兵力僅萬人左右，加上各地警備隊等亦不過二萬餘人，一旦有事不足應付。袁世凱防範甚嚴，唐繼堯不能公然擴軍，然而爲了擴充實力，只有藉補充缺額及防亂名義陸續徵兵。戢翼翹時任滇軍補充隊隊長，掌理訓練軍

---

82 同78，頁一四五－一四七。
83 同81，頁一二。
84 劉雲峰「護國軍紀要」，雲南文史資料選輯，第十輯，頁八七－八八。
85 同80，頁五〇。
86 曾業英「雲南護國起義的醞釀與發動」，歷史研究，一九八六年第二期，頁八七。
87 張廷勛「趙又新將軍傳略」，昆明文史資料選輯，第一輯，頁五五。
88 戢翼翹先生訪問紀錄，頁二〇。
89 由雲龍「護國史稿」，頁六四。

隊事宜，所有徵來的新兵都交其訓練，訓練期滿後再交給唐繼禹擴充爲警衛旅（二團）⑩。雲南除了添編警衛團二團外，並陸續徵召新兵，由原有十團兵力，擴充爲二十六團，成爲日後護國軍的主力。另外爲培養軍事幹部人才，乃於講武學校招收志願隊學生百餘名，並將測量局班員調入該校學習⑪。

在餉械方面，唐繼堯在回滇之初，曾向德國訂購二百餘萬元之軍械，但因歐戰發生，僅運一部份來華，卻爲袁所扣留⑫。四年春、夏，雲南以編練模範團名義，向參謀次長唐在禮請領械彈一批。九月初旬，唐繼堯以準備秋操及防邊爲名，派遣軍需課長繆嘉壽、兵工廠長趙伸赴日購買軍火，這批軍火適於起事後不久趕運到滇，裨益作戰甚大⑬。此外則將地方槍械以修配爲名，悉數收集解省；復令軍械局、兵工廠分別整理舊械，趕造新品，以籌備軍實。在餉款方面，唐氏除了密派呂志伊赴南洋各地籌募款項外，並密令財政廳及各縣清理各項財政（詳見第三節），以充裕軍餉。

最後，在情報方面，自籌安會成立後，帝制運動更爲加速進行。唐繼堯乃召集高級幹部會議，並決定派員分赴各省，進行情報聯絡工作。先前唐繼堯已於四年八月派馬一遠赴新疆，進行聯繫⑭；至是更派劉雲峰往江蘇，趙伸、吳中桂往廣西，李植生往四川，楊秀靈往湖南，呂志伊往南洋，與各該地同志聯絡⑮。後來又加派唐繼禹、李宗黃分赴滬、寧，聯絡各方同志，並相機運動馮國璋⑯。日後護國軍起事，其出兵策略及各方之呼應，得力於此者不少。

當日這些工作的進行，均秘密爲之，以做未雨綢繆之計劃，對於日後護國軍起義有甚大之助益。雲南是當時反袁各派注目的焦點，其本身有計劃、有準備，唐繼堯亦確然有反袁的決心，而滇軍上下更是充滿了反袁的情緒，所以當一切條件成熟後，雲南起義乃如水到渠成。

第三節 護國軍起義

護國運動是繼辛亥革命後全國反帝制各派政治勢力的再一次結合，其共同目標是反袁。梁啓超曾言：「此次各派皆經淘汰，去莠留良，其良者皆飽受數年來苦痛之教訓，客氣悉除，誤解一掃，人人各自懺悔，其前此之所爲溫和派有然，激烈派亦有然，此佳朕也。」97這確然是當時反袁各派的共同寫照，也是其相互結合之基礎。現就護國軍起義之經過，做一扼要

---

00 同88，頁一〇—二一。
91 庾恩暘，雲南首義擁護共和始末記，上冊，頁一三。
92 同前。
03 白之瀚，雲南護國簡史，頁三。
04 李樹東「楊增新統制新疆時期我所親歷的片斷回憶」，雲南文史資料選輯，第十輯，頁三八四—三八五。馬一後來仕新疆結納同志，準備討袁，爲楊增新所忌，遂在宴會中被楊派人殺害。
05 同91，頁一六。
06 李宗黃，李宗黃回憶錄，臺北，中國地方自治學會，民國六十一年一月三十日初版，第二冊，頁一一五—一二一。
07 梁啓超「從軍日記」，護國之役電文及論文，臺北，文海出版社，無出版年月，頁一八六。

之說明。

一、雲南起義之籌劃

護國軍起義可說是唐繼堯、蔡鍔共同攜手醞釀而成。蔡鍔對袁世凱帝制自爲早已不滿，民國四年八月十五日，即籌安會成立次日，蔡鍔至天津向梁啓超諸人說：「我們明知力量有限，未必抗他（袁）得過，但爲四萬萬人爭人格起見，非拚著命去幹這一回不可。」98同時仍與雲南保持密切聯絡。當籌安會成立時，蔡鍔曾密電唐繼堯曰：「此間發起籌安會，討論國體問題，此事關係國家安危甚大，公意若何？」唐覆電謂：「中華民國國體已定，豈能動搖？如果實行，決難承認。」到了十月，帝制運動更爲明朗化，蔡鍔乃又密電唐氏云：「變更國體，勢在必行，國內必生變動，望公預爲準備。」唐氏覆電謂：「業經有所準備，請公南來，共圖大計。」99因唐、蔡二人常有密電往來，袁氏頗生疑忌，且此時滇省袁氏耳目亦有密報。據周鍾嶽回憶說：

> 雲南已決計倒袁，積極籌備。然恐為袁先發所制，故外面仍虛與委蛇。不料袁氏派探偵查，已悉底蘊。……一日，蔡公自統率辦事處歸，愀然謂予曰：「蓂督（唐）反對帝制，現有人來京告密，袁氏已電令川督防制。」予問告密者為誰？蔡公謂曾在雲南陸軍第一師充參謀長之路孝忱也。100

是時，北京對各方函電檢查愈嚴，適得滇省致蔡鍔書，乃密令軍政執法處派人至蔡宅搜查，蔡鍔以見疑於袁氏，謀去之心益急。四年十一月十一日，蔡鍔離京赴津；十二月二日，由津乘船赴日，旋經臺灣、海防輾轉赴滇；十二月十九日抵達昆明，共舉護國大業。

另一方面，唐繼堯既表明反袁態度，乃密召軍界人士集會，因而有雲南舉義前的五次秘密會議。民國四年九月十一日，唐氏密召軍界中堅人物於混成團本部，昭示討袁宗旨，諸將皆感奮，願效死。遂與各軍官約定三事：1.積極提倡部下愛國精神；2.整理武裝，準備作戰；3.嚴守秘密。是爲起義前的第一次會議[101]。十月七日，唐氏復召集中堅幹部，決定起義時機：1.中部各省中有一省可望響應時；2.黔、桂、川三省中有一省可望響應時；3.海外華僑或民黨接濟餉糈時；4.如以上三項時機均歸無效，則本省爲爭國民人格計，亦孤注一擲，宣告獨立[102]。此爲起義前的第二次會議。會後並密派使者，分赴各省聯絡。

此時袁氏派駐滇中的密探偵得情報，密電袁謂唐氏態度不明，請先事防備。袁乃一面令川督防制，一面派其羽翼入滇，陰謀破壞首義之舉。十一月三日，唐氏密召諸將領商議，決定內則積極準備，外則表示鎭靜，嚴防奸細煽惑軍心，是爲起義前的第三次會議[103]。在此次

---

[98] 梁啓超「護國之役回顧談」，飲冰室文集，臺北中華書局，民國四十九年臺一版，頁八八。
[99] 周鍾嶽「雲南起義紀念日報告」，革命文獻，第六輯，臺北中國國民黨中央黨史會，民國四十三年十月，頁九三。
[100] 周鍾嶽「雲南護國首義之歷史談」，雲南文史資料選輯，第二輯，頁一五八。
[101] 庾恩暘，雲南首義擁護共和始末記，上冊，頁一五。
[102] 同前，頁一五—一六。
[103] 同前，頁一六。

會議中，並討論了起義後的用兵計劃，議決將滇軍第一、二兩師編爲一軍，軍分三梯團，藉剿匪爲名，將第一梯團運動到四川敍府（今宜賓）附近；第二梯團運動至四川瀘州附近；第三梯團運動至重慶附近。然後出其不意，一舉佔領敍、瀘、渝。得此三地，四川即在滇軍掌握之中，接著宣佈雲南獨立，反對帝制。然後再組織第三師，開往貴州，幫助黔省獨立，並出師湘西，會師武漢。這個計劃受到一致贊成，並決定以羅佩金爲軍長，率部出川，鄧泰中、楊蓁則任第一梯團支隊長，藉剿匪爲名，將部隊開往滇東北，秘密向川邊移動[104]。十二月九日，鄧部第二營先行出發；十九日，唐繼堯召集鄧、楊所部等約二、三千人在巫家壩舉行討袁誓師，誓師後，鄧、楊各率所部陸續出發[105]。這說明了在蔡鍔等來滇之前，雲南已決定討袁，並且已有相當的計劃與實際的行動。其後因李烈鈞、蔡鍔等相繼到來，唐繼堯根據新的情況，又召開了第四、第五次會議，修改了部份起義和作戰計劃。

民國四年十二月初，李烈鈞等人由南洋起程至海防，準備入滇，唐繼堯乃派其表弟鄧泰中赴河口迎接。此時風聞蔡鍔北京寓所被搜，蔡氏潛赴日本，故鄧泰中所負另一任務，即是迎接李烈鈞代致唐氏邀請入滇之忱後，續往港、滬兩地，探訪蔡鍔的行蹤，並邀其回滇共襄大舉[106]。李烈鈞等人乘舟至海防轉河內，因張繼在巴黎與法國內閣交涉成功，法特電河內總督加以保護。居二日，李至老開，致電唐繼堯曰：「此來爲國亦爲兄，今到老開已多日矣，三日內即闖關入滇，雖兄將余槍決，向袁逆報功，亦不敢計也。」翌日唐氏覆電曰：「良朋遠至，將蒞昆明，造福至大，匪可言宣。堯喜迎公，特不敢預有表示，茲派舍弟繼禹躬迎，願稍候之。」[107]李烈鈞乃於十二月十七日偕唐繼禹、鄧泰中至昆明。是時蔡鍔亦離日經香港抵河內，唐繼堯再命其弟繼禹至海防往迎。此時蒙自道尹周沆、阿迷縣知事張一鵾乃袁氏派來的人，已奉袁密令於滇越鐵路沿線暗殺蔡鍔；唐繼堯乃電令臨安駐軍派一營至阿迷等處駐防，以防周沆等蠢動，並要唐繼禹率警衛兩連，憲兵一分隊，負責保護蔡鍔[108]。十八日，唐繼禹敉平周沆、張一鵾謀刺蔡鍔之陰謀；十九日，蔡鍔抵昆明，護國三傑乃得共聚一堂，齊心協力，共舉討袁大業。

十二月二十一日，唐繼堯聯合蔡鍔、李烈鈞，召集滇省文武大員及各地同志會議，到會者數十人。議決先電袁世凱，令其取消帝制，殺楊度等十三人以謝天下，限二十四小時答覆。如屆時無答覆，或答覆無圓滿之結果，即以武力求最後之解決，是爲首義前第四次會議[109]。次日（二十二日）夜十時，唐繼堯於將軍行署召集外來同志諸人，以及滇省上校以上軍官及各機關長官，開第五次會議。當即舉行宣誓，從關岳廟裏請來神牌，高燒紅燭，香煙繚繞，

---

[104] 謝本書等著，護國運動史，頁一二〇。

[105] 奚濟霖「護國第一軍二支隊（原步七團）的回憶」，雲南文史資料選輯，第十輯，頁二一四—二一六；李文漢「雲南護國親歷記」，雲南文史資料選輯，第十輯，頁一二七—一二八。另參見鄒若衡「雲南護國戰役親歷記」，頁一四七。

[106] 李宗黃，李宗黃回憶錄，第二冊，頁一一九—一二〇。

[107] 李烈鈞「護國之役」，革命文獻，第六輯，頁八八。

[108] 王印源「護國起義前唐繼堯迎護蔡鍔到昆親歷記」，雲南文史資料選輯，第十輯，頁二四—三一。

[109] 庾恩暘，雲南首義擁護共和始末記，上冊，頁一九—二〇。

於莊嚴氣氛下，由唐、蔡二人領導依序宣讀誓詞：

擁護共和　吾輩之責　興師起義　誓滅國賊
成敗利鈍　與同休戚　萬苦千難　捨命不渝
凡我同人　堅持定力　有渝此盟　神明共殛⑩

誓畢各書本名，並以絲線纏姆指，用針刺之，注血入玉罇與酒調和，分成小杯共舉而飲，以示永矢弗渝⑪。二十三日，唐繼堯與巡按使任可澄聯銜致電袁世凱，請其取銷帝制，懲辦元凶，並限二十五日上午十時以前答覆，否則武力解決，是爲「漾電」⑫。次日蔡鍔、戴戡復電袁氏，作同樣勸告。電去後，袁氏期滿無覆，唐、蔡諸人乃於十二月二十五日通電全國，反對帝制，宣布雲南獨立，是爲「有電」⑬。二十七日午刻，唐繼堯親到省議會召開國民大會，宣佈獨立，萬衆歡呼。全昆明市民衆自動書貼「擁護共和萬歲」的標語，遍懸國旗，情緒熱烈莊嚴。同時並通告外交團，聲明維護共和宗旨，於是各國取善意中立，護國之役遂以展開⑭。

二、護國之役

自十二月二十一日以來的迭次會議，有人主張起義後設立臨時元帥府，以與袁氏對抗，但唐繼堯以爲討袁「在求實力倒袁，不在以空名嚇袁。對於各省在以大義激發，不在以崇稱號召」⑮，因而反對設立臨時元帥府，主張仍恢復民國以來都督的名號，並以雲南都督府爲討袁之機關。當時唐、蔡二人皆願率軍出征，互讓都督，雙方均當仁不讓，相持不下，最後終以衆議主張不變更現狀，唐氏乃受任都督，坐鎮後方，統籌一切[116]。雲南宣佈獨立後隨即組織護國軍，推蔡鍔為第一軍總司令，率領三個梯團（旅）出川，分取敍府、瀘州、重慶；李烈鈞為第二軍總司令，率領兩個梯團出桂趨南寧；都督唐繼堯兼第三軍總司令，預備出師武漢，暫行坐鎮省垣，統籌軍政全局。唐繼堯並與蔡鍔、李烈鈞約定三事：

1. 關於軍制、軍令，凡涉總攬之事，只以雲南都督府名義行之；
2. 蔡鍔、李烈鈞應聘任，來往文書用咨函；

---

110 關於誓詞文，各種記載皆有出入，本文根據的是雲南省檔案館所藏「歃血會盟誓詞」，見雲南檔案史料，第一期，頁一七。

111 戢翼翹先生訪問紀錄，頁二二—二三。此雲南起義歃血為盟時之玉罇，後經唐繼堯之子唐筱蓂攜來臺灣，現存歷史博物館。

112 一說限二十四日上午十時答覆，見「唐繼堯、任可澄致袁世凱請其撤銷帝制電」，雲南檔案史料，第一期，頁一七—一八。

113 「唐繼堯、任可澄、劉顯世、蔡鍔、戴戡通告全國宣佈獨立請同申義舉電」，雲南檔案史料，第一期，頁一八—一九。

114 白之瀚，雲南護國簡史，頁六。

115 庾恩暘，雲南首義擁護共和始末記，上冊，頁四五。

116 同前，頁四九—五〇。又見戢翼翹先生訪問紀錄，頁二一四。

3. 對外文告，唐、蔡、李三人共同署名117。

故各軍總司令雖在都督之下，而組織大綱中無統屬的規定及字樣，其所傳佈的來往文電，均係平等語氣，露布全國的檄文，也是由唐、蔡、李等共同列名。

隨著護國軍事所需，滇軍由原有步兵八團增編至二十八團，警衞團增編至四團，騎兵、砲兵亦增編至四團，到了護國之役末期，雲南正規軍擴充至三十六團，兵力達三萬人左右，較舉義前的兵力增加兩倍以上118。餉源方面，除由財政廳按月籌集外，並按下列各項籌款補助：

1. 向各機關提借存款，共計七十二萬餘元；
2. 裁併閒冗機關，停辦中學以上學校，將所有款項移助軍費，計月共三萬餘元；
3. 舉義前中央由鹽款月撥協款十二萬五千元；舉義後商准稽核分所儘數截留，自四年三月起至十一月底止，共收銀一百六十七萬餘元；
4. 設立籌餉勸捐，共收銀三十五萬一千餘元；
5. 南洋華僑捐助軍餉，共十二萬八千餘元；
6. 將雲南中國銀行銀幣二百萬元，分發第一軍攜入四川一百萬元，第二軍八萬元，第三軍第一梯團二萬元，挺進軍十萬元，其餘八十萬元留作本省軍餉；
7. 發行護國公債一千萬元，後因故停止發行119。此乃滇省籌備餉源的大概情形。

在戰事方面，蔡鍔率護國第一軍攻川，面對優勢的袁軍，戰事最爲激烈。但因護國軍兵員既少，餉械兩缺120，而滇省內部此時正困於入侵的袁軍，無法支援護國一軍，故川省戰局始終膠著於川南敍、瀘一帶[121]。後來川軍第二師師長劉存厚響應護國軍，聲勢始大。民國五年一月二十七日，在王文華與戴戡的運動之下，劉顯世毅然宣布貴州獨立，響應雲南義

---

117 同114。一說蔡鍔第一軍總司令關防乃雲南省議會所刻授，非唐所委，故唐、蔡之間用公函，而後來成立的第二軍、挺進軍都由唐頒關防，故唐對此兩軍行文用命令，挺進軍司令黃毓成爲此大表不滿，見鄒若衡「雲南護國戰役親歷記」，頁一四九。

118 同115，上冊，頁一三四—一三五。

119 同前，上冊，頁一三九—一四二。

120 護國一軍的兵力約六千餘人，佔當時滇軍的三分之二，人數雖少，但因均係經過訓練之師，且有戰鬥經驗，故戰鬥力甚強，見祿國藩「雲南護國前後的回憶」，雲南文史資料選輯，第十輯，頁一二三。在餉款方面，出征部隊先預領三個月薪餉，以一個月墊發官兵伙食，另兩個月薪餉則購煙土，如此入川後可得善價，見高蘊華「護國靖國兩役軍中遺聞軼事」，雲南文史資料選輯，第十輯，頁三七二。

121 當時廣東將軍龍濟光奉袁之命，由其兄龍覲光率軍經桂侵滇，龍濟光並命其子龍體乾潛回蒙自故居（龍氏乃當地世襲土司），組織土司武力，勾結迤南土匪，準備裏應外合，內外交攻。唐繼堯乃急調挺進軍黃毓成部、第三軍趙鍾奇梯團以及第二軍李烈鈞部分道合擊，於是在四川情勢吃緊之際，唐氏無法按照計劃增援蔡鍔。不知眞相者遂以爲唐繼堯置護國一軍於危急而不顧，這並非事實，見李文漢「雲南護國親歷記」，頁一三六；又見趙鍾奇「護國運動的回憶」（原刊於近代史資料一九五七年第五期），存萃學社編，護國運動，頁一四。

舉[122]。貴州獨立後，雲南不但解除了來自東北面的威脅，還因護國黔軍分道入川、入湘，擴大了護國討袁的聲勢，在川的護國一軍亦得到了黔省的若干資助[123]。廣西將軍陸榮廷的態度也因此多少受到影響，所以貴州此舉關係重大。三月十五日，廣西陸榮廷亦宣告獨立，並配合李烈鈞護國二軍合力解決廣東龍覲光的侵滇部隊，雲南安全獲得保障。此時西南滇、黔、桂三省連成一氣，形成一反袁同盟，整個形勢爲之改觀。貴州、廣西相繼獨立後，護國軍精神爲之一振，而滇省於內部安定後，開始接濟入川護國一軍餉彈[124]，加以入川黔軍及劉存厚部護國川軍與護國一軍併力合作，四川戰場又有新的發展。在內外情勢的交迫下，袁氏乃於三月二十二日正式宣布撤銷帝制，復稱總統，想謀妥協，但護國軍非要袁氏退位不可。唐繼堯致電各省說：「元凶不去，民國不安，……非袁氏退位，義軍萬難中止。……今日正當辦法，惟有三事：㈠袁氏即日退位，聽候組織特別法庭裁判。㈡援照約法，要請副總統黎公繼承大總統。㈢從速召集袁氏非法解散之國會議員，重謀建設。」[125]清楚說明了唐氏對此所持之態度。此時在川的北洋軍也不願再爲袁世凱賣命，而護國軍亦因種種限制，不利再戰，雙方遂商定停戰條件，約定自三月三十一日起先停戰一個星期。停戰期滿，雙方又兩次協議，各延長停戰期一個月，所以四川戰場從三月底開始，雙方就沒有再正式交戰了[126]。而護國二軍李烈鈞部於滇、桂邊界解決龍覲光的部隊後，乃由桂入粵，會同桂軍脅迫廣東將軍龍濟光獨立。龍因外有滇、桂軍入粵，內則各地民軍蠭起，爲確保其權位，乃於四月六日被迫宣稱廣東獨立。四月十二日，浙江亦宣布獨立，反袁情勢正繼續進行中。五月八日，滇、黔、桂、粵等獨立省份在廣東肇慶成立護國軍軍務院，以唐繼堯、劉顯世、陸榮廷、龍濟光、岑春煊等爲撫軍，互推唐繼堯爲撫軍長，岑春煊爲撫軍副長，以唐遠在雲南，未能遠離，遂由岑春煊代行撫軍長職權，並以梁啓超爲政務委員長[127]。軍務院成立後，斷然宣佈否認袁的總統地位（因袁背叛民國），要求依

---

[122] 根據孫永安的記載，在雲南舉義之前，劉顯世就曾有密電給唐繼堯，謂只要唐反袁，貴州就立即響應，見孫永安口述，張公達筆記「雲南護國起義的回憶」，頁五六。唐繼堯後來也告訴程潛說：「貴州省劉如周（顯世）本來相約同時起義，但是因爲雲南發動太快，貴州預備不及，同時袁氏曾答應給貴州一批餉械，需待到手之後再行發動，所以耽擱了將近一月」，見程潛「護國之役前後」，頁九。不過王文華等在其中所起的積極作用也不能忽視，見謝本書等著，護國運動史，頁一七三—一七六。

[123] 在四川戰事最危急的時候，貴州劉顯世曾接濟蔡鍔現洋五萬元，子彈若干，軍服一萬套，蔡爲之感念不已，見李丕章「關於護國之役蔡鍔和唐繼堯間所出現的分歧」，雲南文史資料選輯，第十輯，頁三四六—三四七；另參見鄒若衡「雲南護國戰役親歷記」，頁一五八—一五九。

[124] 唐繼堯曾滙去十萬元，並運子彈若干，見鄒若衡「雲南護國戰役親歷記」，頁一五九。

[125] 「爲袁逆取消帝制致各省通電」，前雲南都督府秘書廳編，會澤首義文牘，民國六年，電報，頁四〇—四一。

[126] 蔡鍔派第一梯團長劉雲峰到瀘洲和北洋軍張敬堯談判停戰，約定停戰條件有：㈠南北兩軍合組討袁同盟軍，以蔡鍔爲總司令，曹錕副之，張敬堯爲總指揮；㈡以段祺瑞繼任總統；㈢贊成此宗旨者爲友軍，不贊成者共擊之；㈣滇軍子彈由北軍供給；㈤同盟軍糧餉，概由四川籌備。蔡鍔對第二條原本堅決反對，後經僚屬勸解後，始勉爲同意，見劉雲峰「護國軍紀要」，頁九八。但後來卻因此停戰條約，尤其第二條，造成唐繼堯與蔡鍔之間的誤會。

[127] 「護國軍軍政府第五號宣言」，李希泌等編，護國運動資料選編，下冊，頁五四三—五四四。

民元約法由副總統繼任，但此時副總統黎元洪陷身北京，無法行使總統職權，乃暫設軍務院以統籌全局，並規定「軍務院至國務院依法成立時撤廢之」[128]。事實上這就是根本否認袁政府的正統地位，並為護國軍爭取了「合法有道」的地位，因此儘管軍務院在護國之役中並沒有什麼積極的作用，但在整個國際視聽及國內反袁情勢上仍有一定的影響。因此在這段時期，中國事實上是分裂成兩個政府，這也是民國成立後第一次的南北分裂。五月九日，陝西宣佈獨立；二十二日，四川將軍陳宧通電宣佈四川獨立，此舉對袁打擊甚大[129]；二十七日，袁的另一心腹湖南將軍湯薌銘亦宣佈湖南獨立。與此同時，唐繼堯亦擴充護國軍為八個軍，除先前三個軍外，分任黃毓成、葉荃、張子貞、劉祖武、庾恩暘為第四、五、六、七軍及警衞軍軍長，準備厚集兵力，以達倒袁之目的。唐氏計劃以第四軍出川，增援第一軍；第六軍出粵，增援第二軍；第五軍由會理、寧遠出陝西；第七軍由桂林出長沙；唐氏則自率第三軍及警衞軍由黔出湘，與各路護國軍會師武漢，大事北伐[130]。護國軍聲勢極盛，這也是護國之役中滇軍擴充的頂點。袁世凱在衆叛親離、內外交迫的情勢下，六月六日終於一病不起。次日黎元洪繼任大總統，戰事停止。七月十四日，唐繼堯以撫軍長的名義宣布撤銷軍務院，「國家一切政務，靜聽元首、政府、國會主持」[131]，南北統一，民國體制恢復，護國軍大功告成。

三、影響與平議

護國之役的成就是打破帝制，再造共和，其在中國現代史上有很重大的意義。洪憲帝制無疑地是民國成立後的一大共和危機，其背後的理論基礎是中國民智未開，不適合共和體制，故護國之役雖是關於國體的戰爭，但同時亦如蔡鍔所云，此役是「為四萬萬人爭人格」而戰。經此役後，中國傳統的君主制正式告終，其後溥儀在民國六年的復辟及二十一年的成立「滿洲國」，也只不過是由軍閥、日本人操縱的傀儡而已[132]。共和政體獲得國人的認同，雖然在日後軍閥混戰的時期，中國政治一直無法上軌道，但大家對共和政體卻未曾再懷疑，也不再有人認真嘗試帝制，這是護國之役影響之一。

護國之役的第二個影響是中央集權的崩潰。袁世凱的洪憲帝制是袁氏中央集權努力的最後階段，從民國元年以來，袁氏與國民黨一連串的爭鬥，均可視為中央集權和地方分權的衝突；二次革命後，袁氏幾乎控制整個中國，此時中央集權達到最高潮。護國軍的勝利使袁氏武力統一的迷夢幻滅，也造成地方分權的興起；尤其護國之役中各省的獨立，更是開日後南北分裂之先河。袁死之後，其後繼者仍繼續袁氏中央集權的努力，但南方各省地方勢力已與起，不甘心臣服於北方的武力統一，遂演成南北長期內戰。論者以為傳統帝制被辛亥革命推

---

[128] 「護國軍軍政府第四號宣言」，同前註，頁五四二。

[129] 曹汝霖，曹汝霖一生之回憶，頁一二〇—一二一。

[130] 庾恩暘，雲南首義擁護共和始末記，下冊，頁七七。其後因袁氏斃命，除第四軍已全軍入川，第五軍亦按道進發外，其他各軍遂中止行動。

[131] 「軍務院撤銷通電」，同[127]，頁七四六。

[132] 陳志讓「洪憲帝制的一些問題」，頁一四五。

翻，民初的共和制度被袁世凱摧殘，洪憲以後共和制度的殘餘不能使共和制度順利地運行，而且此時又沒有一個如袁氏般的強人，在治法與治人兩缺的情況下，中國只有走向分崩離析⑬。

袁世凱實在是民國初年得以有效治理中國的人物之一。梁啓超曾言：「以今大總統（指袁）論，中外報紙評其人者多矣！有敬愛之至極點者，亦有憎惡之至極點者。然無論爲愛敬、爲憎惡，要其爲人有一種政治才能者也。」⑭除了具備卓越的政治才能之外，最重要的是袁氏握有當時全國最精銳的北洋軍。北洋軍是清廷傾全國之力練成的勁旅，亦是袁氏起家的憑藉。民國以後，隨著袁世凱勢力的擴張，北洋軍將領們多位居方面，封疆裂土，這時只有袁氏尚得以駕馭控制。但在護國之役中，北洋軍系已有離心離德的現象。及至袁死後，北洋系乃告分裂，再無如袁氏般有威望之人得以領導號召，於是北洋一分爲皖系、直系，再加上後來的奉系、國民軍系，此後乃演成軍閥混戰之局。南方亦是如此。護國之役時，西南六省結成反袁同盟；護國之役結束後，唐繼堯力倡大雲南主義，囊括滇、黔，進圖四川；廣西陸榮廷則據有兩廣，聯絡湖南，加上各省割據勢力，遂形成所謂的「西南軍閥」。從民國五年護國之役後，到十七年國民革命軍底定平津，東北易幟，全國統一止，這段時期全國無論南北，均籠罩在軍人統治的陰影下，形成中國現代史上一種很特殊的現象，是爲護國之役影響之三。

唐繼堯實爲護國之役的重心人物之一，其在此役中扮演關鍵性的角色。唐繼堯舉義討袁乃基於三個因素：㈠唐氏早有反袁之意；㈡袁氏逼迫日緊，情勢不利於雲南；㈢滇軍中、下級軍官高昂的反袁情緒。而蔡鍔等人的到來，更堅定唐氏反袁的決心。唐繼堯對討袁有準備、有計劃，故能於蔡鍔、李烈鈞等人入滇後，隨即組織護國軍，宣佈討袁，展開護國之役。唐之迎蔡鍔等人入滇，淵源於彼此深厚的感情。據唐氏的侍從副官鄒若衡回憶，當唐繼堯接到蔡鍔由海防來電，準備入滇時，唐說道：「事情只問應該做和不應該做。蔡老前輩既來雲南，我們當然歡迎他，成敗利鈍，在所不計。」[135]後來在四川戰場，蔡鍔與鄒若衡有一段談話：

> 蔡又問：「那麼，唐將軍又為什麼毅然決然歡迎我來呢？」我（鄒自謂）說：「這是因為總司令對唐將軍恩情太重，威信素孚，唐將軍是個重義氣的人，因此總司令一來，他就毅然決然，竭誠歡迎，破釜沉舟，在所不計了。」蔡微笑一下，點點頭說：「你觀察得不錯，所以我晉京之前，袁世凱要我保薦雲南將軍，我不保李鴻祥而保唐。要是李鴻祥做雲南將軍，我也不會來雲南了。」[136]

由此可見唐、蔡二人相知之深。唐繼堯有次與其子筱蓂談話，唐筱蓂問：「蔡老伯留在這兒很危險，袁世凱封您的將軍侯爵，豈不都完了？還得殺頭，犧牲太大！」唐繼堯回答說：「蔡松坡是我的知己！」[137]一語道盡了唐、蔡之結合實基於道義，根本未有權力私念，觀其二人

133 同前，頁一四六—一四八。
134 轉引自張朋園「維護共和——梁啟超之聯袁與討袁」，中國近代現代史論集（二二），頁一六〇。
135 鄒若衡「護國時期見聞簡記」，全國政協文史資料研究委員會等編，護國討袁親歷記，頁一一〇。
136 同前，頁一一二—一一三。
137 黃天石「雲南起義的史實解剖」，春秋月刊，十六卷二期，民國六十一年二月一日，頁一七。作者曾參與雲南戎幕，歷掌簿書，並代表唐繼堯報聘湘、粵。

於起義前互讓都督一事即可知。綜觀唐氏在此役中的表現，不論是事前的計劃與準備，或是迎接蔡鍔等反袁人士入滇，或是舉義後坐鎮後方，統籌大局，唐繼堯都扮演重要的角色。以區區雲南一隅對抗握有全國之力的袁世凱，不僅需要完善的計劃及準備，更需要極大的勇氣和毅力，唐繼堯對護國之役是有其一定的貢獻。

護國之役結束後，唐繼堯的聲望達到了極點，從原先一地方實力派一躍而爲「再造共和」的全國性知名人物，此後即開始捲入國內的各項政治紛爭。同時也因爲滇軍在護國之役中急速擴張，遂使雲南成爲西南各省中軍力最強者，唐氏也因之成爲西南半壁舉足輕重之人物。此後，唐繼堯東聯貴州，進圖四川，對外採取擴張的態勢，乃使西南各省的關係有了急遽的變化。

第四章　靖國護法

民國五年七月十四日，唐繼堯以軍務院撫軍長之名義，通電宣佈撤銷軍務院，「挈百戰之河山，歸諸政府」❶，護國軍事告一段落，中國在形式上也恢復統一。然而不到一年之間，北方各種政潮潛生暗滋，終因對德宣戰案而爆發了張勳復辟事件。唐繼堯聞訊後，隨卽「集中所部，編成靖國各軍」❷，宣佈討伐復辟叛逆。復辟很快卽爲段祺瑞敉平，但段藉口民國已被張勳推翻，堅不恢復舊國會，決意召集臨時參議院以代行國會立法權。此舉遭到孫中山強烈反對，指責段破壞約法，乃以護法爲號召，率海軍及國會議員南下，在廣州另立軍政府，政局再次分裂❸。唐繼堯與孫取同一步驟，通電擁護約法，反對段內閣，宣稱「自復辟事起以後，合法內閣未成立以前，所有非法內閣一切命令，概視爲無效」❹。段對廣州護法軍政

---

❶ 唐繼堯通電撤銷軍務院後，黎元洪覆電嘉獎語，見庾恩暘，雲南首義擁護共和始末記，下册，頁九六。

❷ 「編成靖國各軍討伐復辟叛逆電」，前靖國聯軍總司令部秘書廳編，會澤靖國文牘，昆明，民國十二年，卷一，頁二一。

❸ 李劍農，中國近百年政治史，　臺北，　商務印書館，民國六十九年八月臺十五版，下册，頁五〇一～五〇六。

❹ 「再以反對非法內閣通告京內外電」，會澤靖國文牘，卷一，頁三九。

府自始卽採武力征討政策，派北洋大軍分入川、湘，南方各省不甘心臣服於段氏的武力統一，乃藉「護法」之名起兵對抗，而唐氏的「靖國」事業遂亦與「護法」相結合。本章「靖國護法」卽是陳述唐繼堯在這段時期中的若干作爲，重點放在唐的對外擴張政策，對護法的眞實態度，以及出亡的經緯，時間斷限是從民國六年～十年。

第一節　「大雲南主義」的興起

護國之役後期，唐繼堯爲了解決討袁軍事，一度擴充所部爲八個軍，勢力遍及滇、黔、川、粵等省，隱然成爲西南半壁重鎭。護國之役結束後，唐繼堯結好貴州，屢次進圖四川，意圖囊括川、滇、黔三省，時人以意含嘲諷的「大雲南主義」一詞，來指稱唐繼堯在這一階段的向外擴張政策❺。然而此一政策得以施行，其背後必有相關的配合條件，因此本節探討的重點卽在於雲南擴張政策的形成因素，及其對西南局勢的影響。

一、雲南擴張政策的形成

唐繼堯向外擴張的態勢，基本上是東聯貴州，北圖四川，置全力於川、滇、黔三省；然後結好兩廣，聯絡湖南，形成南方六省同盟，以對抗北方❻。至於雲南擴張政策的形成，大致有五個因素：

(1)　地理及戰略因素：雲南位處中國的最西南，西北與西藏相鄰，西南與緬甸、越南接壤，無發展之餘地。往昔雲南與中原交通，均取道貴州、四川，因此就地理形勢而言，川、黔無異是滇省的門戶。只要控有川、黔，雲南即不足爲慮。所以就戰略而言，雲南想要自保，甚或爭衡天下，一定要握有川、黔二省。唐繼堯認爲「吾滇自改革以後，三次援川，並無有利於川之心，不過欲鞏固雲南之根本地」❼，並非全不可信。所謂「滇能聯黔而資財賦于蜀，不難與中原爭衡，世稱雲南政策，殆昉于此。」❽此一時期貴州由劉顯世主政，劉氏與唐繼堯關係親密，一切舉措皆以唐馬首是瞻，無異滇之外府，故唐繼堯「雲南政策」的關鍵點主要是四川。所以唐氏在靖國時期屢次出兵四川，聲言「北征宜先靖蜀，靖蜀所以固西南團體」❾，實在是「以地理及方略上均應如此」❿。

(2) 歷史的淵源：川、滇、黔三省在歷史上一直有很深的淵源。就貴州而言，前清雲貴總

---

❺ 同註❸，頁五一八。本文所用「大雲南主義」一詞，旨在說明靖國時期雲南向外擴張的史實，不涉及任何價值判斷。

❻ 當時粵、桂、湘三省是陸榮廷的勢力範圍，唐繼堯一度有與陸聯結同盟之計劃，唐致書陸曰：「滇桂兩省誼同休戚，……必須互相扶持。前曾有聯結同盟之計畫，而條件尚未周密」云云，見「致復陸榮廷」其四，會澤靖國文牘，卷七，頁八。

❼ 「致復龍濟光」，會澤靖國文牘，卷七，頁二二。

❽ 鄧之誠「護國軍紀實」，頁一一〇。

❾ 「覆致孫中山」，會澤靖國文牘，卷七，頁九。

❿ 「決心自主復上海張鎔西等電」，會澤靖國文牘，卷一，頁三六。

督董理滇、黔二省，在事實上造成滇黔一體的基礎；民國以後，由於唐在黔的經歷以及與劉顯世等人的關係，滇、黔二省一直保持相當友好的態度，基本上貴州從屬於雲南，這種情勢有利於雲南擴張政策的發展。在四川方面，情形亦是如此。遠者勿論，卽以辛亥革命以後至護國之役爲止，短短五年中滇軍曾三次入川（另有一次入黔），爲日後「大雲南主義」的興起埋下伏筆。一位唐的士官同學，也是後來唐在四川的主要對手劉存厚曾說：「原辛亥之際，唐繼堯等卽假西南政策，爲併吞川省之謀。……（護國之役後）嗣羅佩金繼蔡邵陽（卽蔡鍔）來督川軍，西南政策一變而爲雲南政策，併川之心，於是決矣。」⑪此語雖厚誣唐氏（辛亥年滇軍入川的決策者乃蔡鍔），但可以得知川人對雲南擴張政策的觀感。

(3) 經濟因素：四川古稱天府之國，地方廣濶，物產豐饒，乃財賦之區。有清一朝，雲貴二省一直是四川的協餉省分，造成雲南、貴州地方財政對川省的依賴。民國以後，協餉停止，這對滇、黔二省財政經濟影響很大。所以若有機會，滇、黔二省當然希望擁有川中財賦，這也是貴州願意配合雲南的擴張政策，屢次出兵四川的重要因素。早在辛亥年滇軍第一次入川時，就有滇軍將領向雲南都督府建議說：「刻下我軍已定敍府、自流井、富順等處。查蜀中財源，大半出於自、貢兩井，約計年出款幾近千萬金。……然不乘勢掃蕩川東南，則運道仍阻。不惟長江一帶有淡食之虞，且以此最大財源，聽其漫無經理，將何以平蜀固滇而維大局乎？……欲達此目的，又非據此自、貢兩井財源，打通江路不爲功。」⑫蔡鍔在接獲滇軍攻佔自、貢兩井後，也認爲「自流井、貢井旣經黃軍克服，宜派熟習鹽務之員，切實整頓，期濬利源，而供軍餉。」⑬可以說明滇省主政者的實際考慮。後來靖國時期滇軍對四川的擴張，主要圍繞著川南敍府、瀘州、自流井一帶，也是著眼於經濟因素⑭。

(4)　唐繼堯個人的雄心：原爲唐氏舊部，後來成爲川軍重要將領的楊森曾說：「許多人都以爲唐繼堯是民國以後的西南軍閥之一，一生一世都在做西南王的迷夢，殊不知他向以東大陸主人自居，有志建立一個黃種人的亞洲強國，以與歐西列強相抗衡。」⑮此語實爲確論。

---

⑪「劉存厚申訴川亂由來電」，四川省文史研究館編，四川軍閥史料，第一輯，成都，四川人民出版社，一九八一年六月第一版，頁三一二。

⑫「黃毓成致雲南軍都督府電」，援蜀滇軍來覆電稿，頁三五五～三五六。

⑬「覆謝汝翼電」，天南電光集，頁七三。

⑭敍府、瀘州位居川南水陸交通要衝，也是附近各地區的財貨集中地，而地理位置又緊鄰雲南，所以是滇軍入川的必爭之地。至於爭奪自流井，則完全著眼於豐厚的鹽利。鹽稅一直是四川各項稅收中數目最大也最可靠的，清末川省鹽稅收入比田賦多了一半，佔總收入的三分之一；此後鹽稅收入逐年增加，到民國二十七年鹽稅已是田賦的兩倍以上，佔當年總收入的二分之一。自流井年產鹽二十多萬噸，爲全國所需的五分之一，佔了四川產鹽額的五分之三；民國四年，以自流井爲主的川南鹽場鹽稅收入高達全省鹽稅收入的百分之八十五，這也是各方競相爭奪自流井的根本原因，見林建曾「試論鹽務與川滇黔軍閥形成發展的關係」，西南軍閥史研究叢刊，第二輯，貴州人民出版社，一九八三年六月第一版，頁六六；杜凌雲、彭惠中「四川自流井鹽稅的掠奪戰」，四川軍閥史料，第一輯，頁三三七～三四〇。而黔軍則以地利之便，多以川東南，尤其是川東財賦重鎮－重慶－做爲爭奪的對象。

⑮楊森「白面霸王唐繼堯」，傳紀精華，第二集，中外圖書出版社，臺北，民國六十三年二月初版，頁二〇〇。

唐氏自號「東大陸主人」，著有詩文集《東大陸主人言志錄》，全篇充溢豪情壯志，自許甚高，所謂「人是中原第一流」，「要種神州第一花」⑯，眞可說是氣吞河嶽，目無餘子。而且當他留學東瀛時，正值日本明治維新，日清、日俄兩次戰爭的勝利，不但振興了日本的國勢，也提高了軍人的地位⑰。當時日本軍人標榜大和魂，高舉武士道，不斷向外擴張，以武力做爲增強國家的手段，寖假演爲日後的軍國主義。唐繼堯在日本接受五年的正規軍事教育，日本軍人這種「唯力是圖」的觀念難免也影響到他，在唐的詩文中屢有「北略南侵未足誇，神州也放自由花」，「模王範帝何堪羨，侵水略山未足奇」一類的詩句⑱。最足以說明唐氏的雄心壯志，要數「七月黑龍潭養疴」一詩：

江山放眼誰為主，大地茫茫任我行。事業英雄寧有種，功名王霸總無情。千章老樹饒生意，百尺寒潭訂舊盟。舉世由來平等看，誓憑肝膽照蒼生。⑲

「江山放眼誰爲主，大地茫茫任我行」，這不僅是唐氏一己的想法，恐怕留日士官生或多或少都有類似的觀感。加上護國之役後，唐繼堯暴得大名，由一地方實力派一躍而爲全國性的知名人物，這種身份的轉變對唐氏影響甚大。唐繼堯後來就曾經說：「孫中山創造共和，我唐某人再造共和，讓我們兩個分庭抗禮則可，要我當孫中山的部下，那辦不到！」⑳顯見唐氏自此以後卽開始膨脹自己的地位，且護國後期唐曾出任軍務院撫軍長，算是護國各省名義上的領袖，這種種因素確實讓唐繼堯自覺「人是中原第一流」，不甘屈居人後。這也是唐氏不斷向外擴張，爭衡天下的重要原因。

(5) 時局的配合：在一個強固的中央集權政治格局中，侵奪鄰省的行爲是絕對不被容許的，因爲這會危及這個政權存在的合法地位。民國以來滇軍三次入川，雖動機各有不同，但就「合法有道」觀念而言，卻均有正當理由（第一次是爲了援助川省獨立，脫離滿清統治，是爲「有道」行爲；第二次乃是奉北京中央政府號令，入川「平亂」，是爲「合法」行爲；第三次則因袁氏背叛民國，自毀諾言，故入川討袁乃既「有道」又「合法」的行爲）。是故若非整個時局的配合，唐繼堯不可能實行他的雲南擴張政策；而時局變化的關鍵，則在孫中山的南下護法。在孫南下廣州，建立軍政府，宣佈「護法」之前，北京政府是唯一的正統所在，也是全國「有道無道，合法違法」的最高裁判所㉑。所以當復辟發生後，唐繼堯藉劉存厚附逆爲名，欲出兵川中解決四川紛亂時，迭接代總統馮國璋來電，勒令停止軍事行動，唐氏只好覆電說：「既奉到鈞諭，自當敬謹恪遵，立意仍主調和。……但使調和有效，即當解戈迴旆，聽候命令處置，斷不敢稍涉違背，致辜一視同仁之心，而礙和平統一之局。」㉒此時

---

⑯ 唐繼堯，「東大陸主人言志錄」，「中秋游京都萬生園並壽古霞三十初度步琴山韻」，頁一五〇、一五二。

⑰ 唐繼堯的士官同學閻錫山即曾回憶日本民衆對軍人的尊重「若敬神然」，見閻錫山，閻錫山早年回憶錄，頁九～一〇。

⑱ 前引詩句分見唐繼堯「東大陸主人言志錄」，頁一七〇、一七九。

⑲ 同前，頁一九二。「七月黑龍潭養痾」原詩共四首，本文乃徵引最後一首。

⑳ 李宗黃，李宗黃回憶錄，第二冊，頁三二三。

㉑ 「合法有道」的觀念乃自陳志讓的著作中引申出來，詳見氏著，軍紳政權，頁一六～一八。

㉒ 「遵候命令處置川事覆陳馮代總統電」，會澤靖國文牘，卷一，頁三二。

北京政府的權威仍在。但是後來因爲段拒開舊國會，破壞約法，授人口實，唐繼堯乃「決議自主，不承認非法內閣，與滬、粵諸同志一致進行」[23]，否決北京政府的合法性。民國六年九月一日，孫中山在廣州成立護法軍政府，造成中國同時有兩個政府、兩個法統存在。唐繼堯乃以「護法」爲名，舉兵入川討伐附北的川軍「叛逆」，很技巧地將滇川軍爲爭奪四川地盤之戰，轉化爲南北之戰——「護法」與「毀法」之戰，如此靖國軍則師出有名，出兵川中也成爲「合法有道」的行爲，這是唐繼堯「雲南政策」得以施行的最重要因素。

當日唐氏的「雲南政策」主要用意之一，是想團結西南各省，共同對付北方的威脅，故唐氏迭電西南各省謂：「自項城（指袁世凱）當國……南北卽隱生畛域，經護國一役，畛域益深，……恐國事既傾，吾輩同受舐糠及米之禍」[24]，「我西南舊侶亟宜團結一致，以救國家」[25]，以免「使北京插足，藉收漁人之利，……釀起內鬩，爲我西南同志之梗」[26]，故亦有人將雲南政策視爲「西南政策」。當時西南人士並不反對「西南政策」，認爲「西南政策，凡西南人想皆不敢反對，蓋當此時勢，非此不足以抵抗北方也」[27]。他們反對的是，雲南假「西南政策」之名，而行擴張之實。唐繼堯的一名親信將領就曾向唐報告說：「滇川唇齒相近咫尺，然川人對滇亦以其近而尤加嫉視。蓋略地括款，北軍猶苦鞭長莫及，不如滇軍取攜甚便。近聞周道剛（川軍將領）宣言：『願爲北軍奴隸，不願爲滇軍奴隸』。意謂北軍較遠，而滇軍近也。以故聯北對滇之政策益愈堅決。」[28]這也是川中多事的重要原因。四川既爲唐氏擴張政策的關鍵，省內又因滇、川、黔軍互相競奪而情勢日惡，終於爆發了民國六年的川、滇、黔軍混戰（或謂劉（存厚）羅（佩金）、劉（存厚）戴（戡）之戰），造成西南局勢的大變動。

二、川、滇、黔軍混戰

爆發於民國六年四月及七月的劉（存厚）羅（佩金）、劉（存厚）戴（戡）之戰，事實上是川、滇、黔軍爲了爭奪四川地盤而發生的混戰。論者認爲這不但是西南軍閥史上第一次軍閥混戰，也標誌了西南軍閥的正式形成及其混戰的開始㉙。這一切都必須先從護國之役後的四川情勢說起。

護國之役後期，唐繼堯與蔡鍔之間，以及蔡鍔與護國軍諸將領之間，已有若干嫌隙出現，不再像舉義之初彼此合作無間，精誠團結。蔡鍔對唐氏的不滿主要是兵員與餉械（詳見第三章第三節）；唐對蔡的不滿則是蔡臨陣換將㉚，以及協濟軍餉問題㉛。至於蔡鍔與護國軍諸將

㉓「復上海張鎔西電」，同前，頁四五。
㉔「分致桂粵湘黔川各省解決大局電」，同前，頁三。
㉕「致四川戴督軍熊鎮守使等團結救國勿生誤會電」，同前，頁一二。
㉖「致上海岑西林等力持正論誅鋤亂首電」，會澤靖國文牘，卷一，頁三五。
㉗杜叔機「護國戰爭中北路黔軍作戰經過及入川失敗始末」，貴州文史資料選輯，第二輯，頁一〇七。
㉘「庾恩暘報告駐昭通所得川中之確情，建議唐繼堯滇軍入川應愼益加愼」，雲南檔案史料，第二期，一九八三年九月，頁三六。
㉙謝本書「西南軍閥形成的重要標誌」，西南軍閥史研究叢刊，第三輯，頁二〇。
㉚民國五年二月，蔡鍔發動納溪總攻，飛調第一梯團派遣一支隊兵力赴援，時第一梯團支隊長楊蓁以戰略

領的嫌隙，那就更爲複雜了。先是辛亥革命後，蔡鍔出任雲南都督，左右不用湘人，滇人十分感念。這也是蔡鍔再行入滇時，得以統率滇軍的重要因素㉜。但是當蔡鍔率護國軍出征後，鄉里人多來投之，尤其到了護國後期，蔡鍔用鄉人雷飆爲梯團長，王潭任支隊長，入川滇軍各梯團許多中下級幹部紛紛傳言，認爲「雷、王等無分寸之功，驟居要職，掌握兵權，我們流血流汗，蔡來樹黨」，因之軍中乃有不滿的暗潮㉝。蔡鍔爲人深沈，「每午夜篝燈火決事，不使人預聞」㉞，而羅佩金任護國一軍總參謀長（後爲護國軍左翼軍總司令），鉅細躬親，決策多中，蔡鍔雖多納其言，「然暗爲策備，未能開誠，兩人者功益著交乃益疏矣」㉟。這是蔡鍔與滇軍將領逐漸疏遠的開始。其後蔡鍔因川軍第一師師長周駿聲言拒滇軍，乃思遣散滇軍中有暮氣者，滇軍諸將領自羅佩金以下，多怨蔡鍔寡恩，逐漸不聽調遣㊱。蔡鍔慮羅佩金終不爲所用，乃於護國之役後，保舉羅出任廣西省長。桂省偏遠，羅佩金與陸榮廷素不相習，蔡舉羅長桂，不啻計遣之去㊲。此時黎元洪繼任大總統，段祺瑞爲國務總理，隨卽於五年七月任命蔡鍔爲四川督軍兼省長。然而滇軍內部對此卻有意見，他們認爲蔡鍔憑藉滇軍力量取得政治上的成功，應以權位讓與滇人，故對蔡不免排擠㊳。蔡鍔此刻亦重病在身，又見滇軍將領皆欲其去，乃舉薦羅佩金暫署四川督軍、省長，戴戡會辦軍務，劉存厚爲第一軍軍長兼第二師師長；隨卽於八月請假離川，移舟東下，至上海晤梁啓超，乃力保戴戡出任四川省長以分佩金之權。蔡鍔離川時所做的人事安排，爲民國六年的川、滇、黔軍混戰埋下了禍根。蔡把軍民兩政大權交給了羅佩金和戴戡，卻只給響應起義的護國川軍領袖劉存厚一個軍長的空頭職銜，這樣做的結果不但不能消弭川、滇、黔軍的矛盾，反而擴大加劇了這些矛盾㊴。所

以論者認為蔡鍔「力保戴戡長蜀民政，劉存厚可大用，牽掣佩金，為己他日歸蜀計」㊵，實

考慮，不贊成赴援，事為蔡鍔所悉，遂對楊不滿。楊以內部人事窒礙，乃至大洲驛見蔡，面報軍情。甫起程，第一梯團長劉雲峰即改委田鍾谷為支隊長，奪楊兵權。楊蓁至大洲驛見蔡後，蔡對楊不予支持。楊蓁乃唐繼堯愛將，唐聞悉此事後，立即電蔡，以臨陣易將殊非所宜。但唐蔡之間已有隔閡，此電不收積極效用，見陳天貴「護國戰役親歷記」，頁一九六～一九七。

㉛ 同前，頁二〇〇。袁死黎元洪繼位後，曾電蔡鍔允由四川鹽款項下撥三百萬兩充做軍餉，但僅實撥七、八十萬兩。蔡將大部份撥給進步黨人戴戡所部熊其勛團(該團嗣擴編為混成旅)，所餘款項充做入川滇軍各梯團所欠軍餉的一部份。唐繼堯以雲南財政困難，乃電蔡請以撥款三分之一接濟滇省軍餉。蔡覆電說：「撥款收得不多，已欠軍餉尚無辦法。」唐氏再來電有「一將功成萬骨枯」之句，唐、蔡隔閡更深。

㉜ 鄧之誠「護國軍紀實」，頁一二二。

㉝ 陳天貴「護國戰役親歷記」，頁二〇〇。

㉞ 同㉜。

㉟ 同前，頁一二三。

㊱ 同前，頁一二二。

㊲ 根據羅佩金女兒的說法，羅在發表出任廣西省長命令後，乃向蔡鍔提出交卸兵權，趕赴廣西省長之任；但蔡因喉疾更甚，對川事尚有重託，沒有答應，見羅靜嫻口述，黃梅先整理，「羅佩金將軍生平紀實」，昆明文史資料選輯，第五輯，一九八五年五月，頁八五。

㊳ 冷寅東「滇黔軍入川與『劉羅』、『劉戴』之戰」，四川軍閥史料，第一輯，頁一〇六。

㊴ 李雙壁「試論一九一七年的川、滇、黔軍閥混戰」，貴州文史叢刊，一九八四年第二期，頁五五。

㊵ 鄧之誠「護國軍紀實」，頁一二三。類似的記載可參見陳天貴「護國戰役親歷記」，頁二〇一；邢博夫「在護國時期蔡鍔與唐繼堯之間的矛盾」，雲南文史資料選輯，第十輯，頁三六一。

在是不爲無因。

此時雲南對四川的擴張政策也是顯而易見的。在袁世凱撤銷帝制、南北停戰之時，唐繼堯卽曾密電滇、黔軍將領長期占據四川，不許撤退㊶。根據立場偏向南方的四川國民黨人但懋辛回憶說：在袁世凱委周駿爲崇武將軍，督理四川軍務（六月三日）後，「劉存厚的司令部送了一通唐繼堯與滇軍將領的密電與熊（克武），（電文中）除說努力打倒周駿外，還表示四川軍政權無論屬於蔡公或屬他人，滇軍必須駐在四川，不能撤回雲南。劉所以抄此電與熊，其意是要我們了解唐之用心，也就隱伏了他（指劉存厚）……打羅佩金及戴戡的線索。」㊷唐的這個決定最主要的因素可能是著眼於財政問題上。護國軍事結束後，雲南籌辦善後共需銀八百四十一萬餘元㊸，而所得於北京政府者僅區區四十萬元㊹；加上滇省自四年十二月至五年六月，七個月之間，共支出軍費約七、八百萬元㊺，雲南財政困難情形已達極點。雲南省內的問題都尚未解決，如果在外滇軍撤回雲南，那就像一位西方學者所說的，唐既付不出這些部隊的薪餉也籌不出他們的遣散費㊻，勢必激生內變；只有讓這些部隊向外發展，以鄰爲壑，就食外省。當然這種擴張的態勢也符合唐繼堯及一般滇軍將領的心理，他們認爲「四川好容易得手，既得矣，豈有輕易放棄之理」㊼，這說明了滇軍將領自護國之役後，逐漸有了地盤私念（黔、川軍皆然），川中從此多事。護國之役結束後，在四川的北軍陸續撤離，而滇、黔軍不但沒有撤離，反而有長駐的打算。當護國軍整編爲滇軍第一、二師，繼而改稱川軍第六、七師時，唐繼堯曾向北京政府請求將入川滇軍編爲國軍，這樣一方面入川滇軍的餉糈由中央供給，雲南少一負擔；另一方面滇軍成爲國軍，卽取得駐川的合法地位，可免除川人畛域之見，便於雲南向外擴張48。在此前後，唐更派出大量軍隊入川，計有李友勳、鄧泰中、馬驄三個旅，黃毓成第四軍，葉荃第八軍三個旅及一大隊，總計兵力約三萬人49。先前護國軍激戰於川中時，蔡鍔曾迭電唐氏請求援軍、餉械，但唐迄無所覆；而當川中停戰，袁氏覆亡之時，雲南反而源源出兵，這就使蔡產生若干疑慮。五年六月四日，蔡為唐氏通告擴編所部大舉北伐一事致電戴戡，以嘲諷的口吻說道：「蓂督（指唐）通電滇編七軍，以黃（毓成）、葉（荃）、張（子貞）、劉（祖武）為四、五、六、七軍總司令。古者天子六軍，今能駕而上之，蓂公之魄力偉矣。」50七月十九日更致電唐繼堯謂：

---

41 李樂倫「護國之役後四川的動亂局面」，四川軍閥史料，第一輯，頁八七，九五～九六。

42 但懋辛「回憶川軍反對袁世凱的鬥爭」，全國文史資料選輯，第十一輯，頁一二三。

43 詳細款項參見庾恩暘，雲南首義擁護共和始末記，下冊，頁九九～一〇四。此數目尚不包括在川、在粵滇軍所需之款項。

44 由雲龍「護國史稿」，頁一一二。

45 同前，頁一一一，當時雲南歲入約六百萬元左右。

46 Donald S. Sutton, *Provincial Militarism and the Chinese Republic: The Yunnan Army*, 1905－25, P. 227.

47 杜叔機「護國戰爭中北路黔軍作戰經過及入川失敗始末」，頁一〇五。

48 金漢鼎「唐繼堯圖川和顧品珍倒唐的經過」，全國文史資料選輯，第三十輯，頁七七。

49 同前，頁八三。

50 「覆戴戡電」，蔡松坡集，頁一一二八。根據庾恩暘的記載，此時唐還擴編所部警衛團為警衛軍，由庾氏出任總司令，故此時雲南兵力共八個軍。

我輩主張，應始終抱定為國家不為權利之初心，貫徹一致，不為外界所搖惑，不為左右私昵所刼持，實為公私兩濟。逦者滇省於袁氏倒斃之後，於剛出發之軍，不惟不予撤回，反飭仍行前進，未出發者亦令剋期出發，鍔誠愚陋，實未解命意所在。近則已與川軍啓衝突於寧遠矣。若竟徇某君等之一意孤行，必至敗壞不可收拾，將何以善其後？鍔為滇計，為蓂公計，不忍不告。[51]

同日復有一電致唐繼堯道：「所謂善後問題，俱易解決。惟關於個人之權利加減問題，最易爲梗。」[52]蔡鍔已經清楚地看出了四川的亂源所在。

五年八月蔡鍔離川東下後，由羅佩金護理督軍、省長兩職，及至北京政府發佈戴戡代理四川省長，羅、戴之間就有矛盾衝突產生。戴爲進步黨人，師事梁啓超，與蔡鍔甚相得，先前已發表爲貴州省長，遲不就任，以川東巡閱使名義逗留重慶，意在四川省長一職[53]。羅對戴本已無好感，當戴戡因蔡鍔力保得以長蜀，分佩金民政權，滇人更惡之。戴戡既不敢冒然動身，西上成都，又不願坐失長蜀良機，乃於十一月十四日電成都提出政綱：一曰安民，二曰財政，三曰金融，先作試探。羅佩金則在十四、十六兩日令督署、省署官員改著便服，參加公民大會，反對戴戡，還以重金收買報紙，進行反戴宣傳[54]。是時四川第一師師長周道剛、第三師師長鍾體道、川北道尹張瀾，皆進步黨人，素怨羅佩金，思以戴戡相抗[55]。梁啓超亦於此時派川籍進步黨人黃大暹來重慶聯絡川中各界人士，以襄贊戴戡。黃大暹與戴密商後，首先造訪張瀾，傳達了梁啓超、蒲殿俊的治川意圖，以及進步黨人協助戴戡治川的方略。隨後戴戡於十二月十日先在重慶就暫署四川省長職，以黃大暹爲代理政務廳長，並派黃至成都試探羅的態度。黃到成都後，先向劉存厚疏通，劉表示歡迎，並取得羅佩金的同意後，戴才起程來省。民國六年一月十三日，戴戡以中央號令，藉進步黨之勢，挾三師長為聲援，率黔軍由重慶動身；十四日抵成都，駐南較場。次日，戴主動拜會羅佩金；十六日才正式視事[56]。戴戡奉命到成都就職，羅佩金只有交出省長職權，實行軍民分治。但因軍民兩政權限不易劃清，故而常有矛盾爭執之處。當時川省各縣有警備隊的組織，負責地方治安，由縣知事監督指揮；省則設有警備隊總部，由省長兼任總司令。戴戡自己領有黔軍一旅，再加上全川一百數十縣的警衛隊武力，其實力已超過羅佩金率領的滇軍。而且省署為全川政治中樞，有權管轄各縣知事及加委征收局長，因此每日到省署求職者絡繹不絕；督署則反是，宛若冷

---

51 「致唐繼堯劉顯世電」，同前，頁一一九九。

52 「致唐繼堯等電」，同前，頁一一九八。

53 同47，頁九八；又見邴博夫「在護國時期蔡鍔與唐繼堯之間的矛盾」，頁三六一。

54 晨鐘報，民國五年十一月十六日，轉引自馬宣偉「川、滇、黔軍在成都巷戰始末」，西南軍閥史研究叢刊，第一輯，頁八九。

55 鄧之誠「護國軍紀實」，頁一二六。張瀾一說為嘉陵道尹。

56 肖波、馬宣偉，四川軍閥混戰（一九一七年～一九二六年），成都，四川省社會科學院出版社，一九八六年十二月第一版，頁四。戴戡能安然到達成都接事，檢察使王芝祥亦有功焉。先是羅拒戴到省的消息傳出後，中央派檢查使王芝祥入川，使命之一即是為調解羅、戴矛盾而來。經王到成都疏通後，戴戡才率軍出發。並傳戴抵成都之日，王曾藉訓話將滇軍部隊集中於一隅，不與黔軍接觸，無形中免去了雙方衝突，見杜叔機「護國戰爭中北路黔軍作戰經過及入川失敗始末」，頁一〇三。

壇破廟，無人問津，相形之下，羅意大爲不滿。兼以羅之親友部屬有向戴求委差缺者，戴又不賣羅的帳，羅的面子下不來，對戴嫉恨更甚，二人隔閡更深[57]。戴戡爲了對付羅佩金，除了乘機挑撥滇、川軍的關係外，還與擁有雄厚實力的川軍第二師師長（兼第一軍軍長）劉存厚締結倒羅同盟。戴戡暗許劉存厚，在倒羅之戰中黔軍不出兵助羅，倒羅成功後可給劉會辦軍務之職，並劃全川三分之二的縣爲劉的防地[58]。此時劉存厚也積極向北京政府靠攏，以爭取奧援。劉常說：「一個龍門子養不活一個討口子，下棋要多走閒著」，故其對於各方勢力常多方聯繫，以爲己用[59]。辛亥前劉在雲南任新軍第十九鎮管帶時，即與時任總參議的靳雲鵬相識，建立了私人情誼；而此時靳出任段祺瑞內閣的陸軍總長，劉乃聘任川籍參議院議員吳蓮炬爲駐京代表，透過吳蓮炬與靳、段聯絡。吳曾向劉建議說：「段合肥（指段祺瑞）個性倔強，一貫主張武力平南，……黎菩薩（指黎元洪）則掩護南方國民黨人，對抗合肥，……你當認識大勢，靠攏合肥，……羅、戴在川盤踞，絕非合肥所喜。你擁有重兵，能做到以政略指導戰略，伺機行動，將來發展未可限量。當前要做的主要工作：一、擁護中央，絕對服從。二、整頓部伍，加強訓練。三、團結川軍，一致對外。四、延攬賢豪，以收人望。五、儲備軍費，預爲戰用。六、收買報紙，多方宣傳。七、注視敵情，嚴密警戒。」[60]劉存厚聽了之後極表贊同，並興奮地說：「老兄高論，實獲我心。靳雲鵬是我在滇舊長官，對我很好，他是合肥親信，須先打通這一關節。」[61]劉存厚擁護段祺瑞、驅逐客軍的大計，至此遂定。

爆發於六年四月的劉、羅之戰，其衝突的直接因素是裁軍問題。先是護國之役結束後，蔡鍔對於四川軍事善後，有所謂一、二、三制，即是將四川省內的軍隊，整編爲川軍三個師，滇軍兩個師，黔軍一個師[62]。但是當羅佩金繼蔡鍔督川後，「恐荷槍四散，必至全省騷然。乃將有槍械者暫時編制成師，以期蒼頭異軍，可歸部勒，長槍利器，藉便收回」[63]，於是一舉成立二師川軍，合原有三師一混成旅，川軍共五師一混成旅。再加上護國之役後滇軍擴編爲二師，黔軍擴編爲一混成旅，川中共有軍隊七師二混成旅。川省五年度軍事歲支預算爲六百零二萬餘元，但因護國之役，實支軍費共約銀一千二百九十餘萬元，超支約七百萬元；川省國家歲入年僅一千餘萬元，即以全部收入撥支軍費，亦尚不敷，故實有裁軍之必要[64]。此時段祺瑞爲削弱異己力量，乃下令收束軍隊，編遣各地民軍及新擴充的部隊[65]。依據北京政

---

57 楊兆蓉「辛亥後之四川戰記」，近代史資料，一九五八年第六期，頁五十～五一。

58 肖波、馬宣偉，四川軍閥混戰（一九一七年～一九二六年），頁五。

59 吳光駿「劉存厚的早期活動與『劉羅』、『劉戴』之戰」，頁一一五。

60 同前，頁一二一～一二二。

61 同前，頁一二二。

62 李丕章「護國軍中見聞二三事」，雲南文史資料選輯，第十輯，頁三五八。

63 「羅佩金申訴裁軍情況電」，四川軍閥史料，第一輯，頁二六七。

64 「四川財政廳廳長黃大暹提交全國財政會議議案和呈四川省長文」，四川軍閥史料，第一輯，頁二五六～二五七。

65 段擬就一套裁兵計劃，規定全國陸軍爲四十師，每師一萬人；另編二十個獨立旅，每旅五千人，合計五十萬人。此外各省可保留若干警備隊，但全國警備隊不得超過二百營，每營五百人，合計十萬人，見謝本書，唐繼堯評傳，頁六九。

府的命令，羅佩金決定裁軍。一方面爲配合唐繼堯的雲南政策，一方面因爲入川滇軍擴充不已，開支日繁，滇軍所駐川東、川南一帶防區稅收有限，羅佩金乃擬定裁川軍以養滇軍計劃，卽所謂「強滇弱川」政策。在這個政策下，羅與北京派來的檢查使王芝祥商定，留在四川的滇、黔軍一律改編爲中央軍，歸陸軍部直接統轄，餉械由中央負擔，享有國軍的待遇。在川的滇軍改編爲一師一旅，黔軍改編爲一混成旅一獨立團，這樣一來，入川滇、黔軍編爲中央軍，取得了駐川的合法地位[66]。川軍則編爲地方軍，裁編爲三師一旅，引起川軍將領強烈不滿，雙方衝突遂不可免。

劉存厚自以川人且響應護國有功，認爲四川省長一職非其莫屬，但希望卻落空，故對蔡鍔、羅佩金常懷憤恨。加以年來羅佩金「強滇弱川」種種手法更加深劉的疑懼，所以當劉存厚與戴戡及北京靳、段等人密結要約之後，卽不甘心居於羅下。此時川軍上下亦充滿反羅的情緒，原來滇軍自恃護國有功，兵驕將橫，趾高氣揚，久爲川兵所側目；滇軍每師年給一百二十萬元軍餉，川軍每師只八十萬元，兵同餉異，待遇懸殊，川軍處處受到歧視；滇軍雖說改編爲一師一旅，但合督署警衞團、兵工廠衞廠營等計之，仍符兩師之數，而川軍必須由五師裁至三師，滇軍反客爲主，因此川軍官兵人人痛恨羅佩金，久想同滇軍一拼，幾至於壓抑不住，戰禍遂有一觸卽發之勢[67]。羅佩金對劉存厚甚爲疑忌，以其有野心且實力爲川軍中最大，故曾多次向段祺瑞請調劉存厚入京，以滇軍將領劉雲峰接替第二師師長一職。段雖佯許，但卻密電劉存厚謂：「羅督電請更換川中各師長，該師係委劉雲峰接任。萬一交代時，以桑梓爲重。」[68]這顯然是挑撥川、滇兩軍惡感，其目的在造成川、滇、黔的內鬨，西南各省的分裂，以利其武力統一政策之完成。劉存厚對羅懷恨更甚。民國六年三月，羅佩金召集各軍將領到成都開會，會議的中心問題是縮編川軍，並說明北京政府的裁兵計劃。當天晚上劉存厚邀宴川軍各師將領和代表，會談對策，決定由川軍五師長聯名電達中央，反對羅的裁兵計劃[69]，羅、劉的關係更爲緊張。當會議裁軍之初，戴戡與財政廳長黃大暹力言羅若決心裁軍，財政廳無論如何困難，亦將剋日籌集裁兵費用；又言川軍第二師劉存厚駐成都，最爲桀驁難制，第四師陳澤霈部極爲冗雜，宜先裁汰，如有反抗，當合滇、黔軍解決之[70]。陳澤霈原爲羅之舊屬，以佩金之力方才得爲第四師師長，但在這次五師長聯電反羅事件中，陳不但比附劉存厚，且親自草擬電稿；羅佩金憾澤霈賣己，遂決定先從武力解決第四師開始。

民國六年四月十三日，陳澤霈於往見羅時被扣；十四日晚，羅下令撤去陳的師長職務，命第七旅旅長盧師諦接管該師；十五日晨，羅以新任盧師長行佈達式爲名，集合第四師在省

---

66 謝本書「西南軍閥形成的重要標誌」，頁二一一。

67 鄧錫侯、田頌堯「一九一七年成都羅劉、戴劉之戰」，全國文史資料選輯，第三十輯，頁三二一～三三三。

68 陳天貴「護國戰役親歷記」，頁二〇三。

69 李樂倫「護國之役後四川的動亂局面」，頁九五。當時第五師師長熊克武派但懋辛代表到成都開會，但懋辛以未獲授權沒有簽字，劉存厚等仍將熊的名字列入電稿，發往北京。劉並要求熊部在將來發生倒羅戰事時，能保持中立。

70 周鍾嶽「惺庵回顧續錄」，頁一六七。

旅、團、營各級軍官於皇城督署廣場，乘機全部拘禁，士兵繳械遣散[71]。劉存厚深感不安，乃收編第四師被裁士兵，準備決戰；同時並在成都城內構築工事，佈置衞哨，與滇軍相對峙。此時成都城內劃分爲三區，黔軍駐地爲中立區，群衆通行無阻，但滇、川兩軍區域則交通斷絕，哨線延伸，戰火隨時都可能爆發。十七日，劉存厚在鳳凰山召開川軍高級軍官會議，會中一致決定團結驅羅。十八日傍晚六點，滇軍第二十一團由灌縣新都派兵二連，押解遣散川軍第四師之槍械彈藥，由成都新西門入城，劉軍乘機截奪，人槍一併扣留，戰事遂以爆發[72]。「劉羅之戰」從四月十八日打到二十四日，前後共七天，造成成都居民生命財產很大的損害。滇軍爲了防止川軍利用民房伏擊，乃縱兵焚燒皇城督署周圍民房，號曰「亮城」，滇軍旅長「王秉鈞在督署被圍時，不預先通知人民遷移，就放火焚燒皇城邊的民房，人民生命財產，受到嚴重的損害。其營長李正芳任意捕人，將善良男女老少也帶上城牆，用刺刀戳死，推到城下，眞是民怨沸騰，哭聲震天」[73]。劉存厚部川軍爲諉罪滇軍，亦派士兵數百人冒爲滇軍，夥同地痞流氓分頭放火，搶劫財物[74]。滇、川兩軍互有進退，彼此都有嚴重傷亡，經過成都紳商及英法日三國領事的調停，雙方簽訂停戰條約；北京政府亦電令雙方停戰，免去羅的督軍職以及劉的川軍第二師師長職，並派王人文等來川查辦。羅佩金乃將督軍印信送交戴戡，並於二十四日率滇軍由東門退出，次日劉存厚則率川軍由西門退出，「劉羅之戰」遂告結束。

在劉羅之戰中，獲益最大的是戴戡，羅出走後，戴一人身兼四川督軍、省長、軍務會辦三職。戴戡與劉存厚本有約定，倒羅後戴將會辦軍務一職予劉，此時劉存厚要求戴戡履約，戴卻認爲劉存厚查辦案未了，怎麼能談軍務會辦，有意推卸。劉被欺，極爲憤怒，乃派人將當初居間聯繫劉、戴倒羅的戴部軍需課長魏某刺殺以泄憤，劉、戴的衝突遂表面化[75]。戴一面檄調川東黔軍集中成都，一面與滇軍聯繫，約定互相援助，對付川軍[76]。劉存厚雖然率部退出成都，但仍駐城外鳳凰山，且城內北較場尚留駐二營部隊，堅不撤退，戴感覺如芒刺在背，決心武力解決。六年七月一日，張勳扶持溥儀復辟，並諭令劉存厚為「四川巡撫」。戴以各省均以原督軍為巡撫，獨四川例外，心頗不安，於是一面陳兵戒備，一面於七月二日通電討伐張勳，同時密電唐繼堯、劉顯世謂：「惟劉存厚得任四川巡撫，態度雖尚未明，……若果甘心附亂，亦惟有合滇軍力，先予痛剿，免礙進行。」[77]七月四日，戴率所部黔軍遷入皇城，並約劉至督署參加軍事會議，劉派代表參加。戴要劉通電表明態度，劉則謂要我表明

[71] 隗瀛濤等著，四川近代史，成都，四川省社會科學院出版社，一九八五年十一月第一版，頁六三五～六三六。

[72] 佚名「劉存厚叛亂始末記」，近代史資料，一九五八年第六期，頁九三。一說滇軍運軍械過劉軍防地時，劉軍一面盤查一面用電話向劉請示，劉回電准行，滇軍兵士負氣言：「我怕不准行哪也要准行！」於是兩方兵士互相詆毀，竟至開槍，戰禍遂起，見佚名編，丁巳滇川軍鬨紀錄，臺北，文海出版社，無出版年月，頁九一。

[73] 金漢鼎「唐繼堯圖川和顧品珍倒唐的經過」，頁八一。

[74] 謝本書，唐繼堯評傳，頁七二。

[75] 楊兆蓉「辛亥後之四川戰記」，頁五一～五二；李樂倫「護國之役後四川的動亂局面」，頁九七。

[76] 杜叔機「護國戰爭中北路黔軍作戰經過及入川失敗始末」，頁一〇五～一〇六。

[77] 「為劉存厚於張勳復辟後態度不明致唐繼堯、劉顯世的密電」，雲南檔案史料，第二期，頁二六。

態度，你先撤去電局檢查人員。戴以劉態度曖昧，決定對劉用兵，七月五日晚，「劉戴之戰」遂正式爆發。戴先期封鎖電局，以劉存厚附逆通電聲討，砌成劉之罪狀（劉則從不承認，並謂已於七月四日通電討逆，但因電局爲戴控制，遂未能電達各方）；並急電唐繼堯、劉顯世，謂劉存厚「甘受僞職，刻已舉兵圍攻成都，戡誓死不降逆，不叛國」[78]。唐繼堯在此電上批語：「飛令滇軍合攻」，劉顯世也準備派三個梯團入川，援助戴戡，形成滇黔軍合力對抗川軍的態勢。當日黔軍曾與滇軍有約，共同對付劉存厚，至此則迭電滇軍求援。然而羅佩金一方面恨戴戡先前在「劉羅之戰」中違約，坐收漁人之利；另一方面也以爲黔軍可支持相當時間，因此羅對戴戡文電堅決而行動遲緩，藉以洩忿並亦欲坐收漁人之利。但是困守皇城的黔軍堅持了十多天，先勝後敗，卻始終未見援軍；黔軍人數少，傷亡重，糧彈匱乏，士無鬥志，無法堅持。於是在省議會和英法領事的調停下，戴戡交出督軍、省長、軍務會辦三顆印信給省議會，並於十七日率軍突圍而出；但是半路遭川軍攔擊，黔軍潰散，戴戡自戕，「劉戴之戰」以劉存厚勝利而告一段落。

成都巷戰結束後，劉存厚更聯合川軍第一、二、三師與滇、黔軍在川南繼續作戰，意欲壓迫滇、黔軍退出四川，這是劉羅、劉戴之戰的延續發展。唐繼堯對年來劉存厚的行爲早已不滿，而滇軍若被壓迫回滇，失去了四川地盤，那對雲南更是利害相關。於是唐除了嚴令羅佩金剋期反攻外，更藉討伐復辟與「靖國」之師，並謂劉存厚甘受僞命，爲害川中，決定親自督師入川，乃通電各省曰：「滇川唇齒相依，休戚與共，……援以靖國之衆，先爲卹鄰之舉。滇軍現已次第向敘（府）、成（都）進發，統一指揮，不可無人，繼堯爲救國計，不得已決定親出督師，借資統馭。」⑲貴州劉顯世亦與唐繼堯採同一步驟，以王文華為黔軍總司令，率軍入川。此後西南局勢一變，就如同李根源所說的：「川事結果如是，西南局面破矣。」⑳自護國之役以來，川、滇、黔三省合作對抗北方的局面就此打破，而四川也演變為南北之爭的主戰場。

第二節　靖國之役

一、靖國源起

唐繼堯與「靖國」之師，其直接因素當然是為了討伐張勳復辟。早在民國六年五、六月間，因府院之爭釀成督軍團叛亂之時，唐氏即迭電各方，要求維持共和，謂「（繼堯）不解黨見派別為何，只知擁衞共和，效忠民國。如有甘心破壞，危及元首國家者，義不共戴，惟有整率三軍，厲秣敬待。」㉑又謂「繼堯憂時痛國，無涕可揮，惟耿耿寸衷，祇知以盡忠民

⑱「為劉存厚圍攻成都致唐繼堯、劉顯世電」，同前，頁二六～二七。
⑲「先討偽官肅清鄰難報明副總統各處電」，會澤靖國文牘，卷一，頁二五～二六。
⑳李根源「書丁巳川事」，曲石文錄，卷二，轉引自謝本書，唐繼堯評傳，頁八一。
㉑「呈北京大總統並分勸皖魯各省籌議解決電」，會澤靖國文牘，卷一，頁九。

國，擁護元首，維持共和立憲爲唯一主義。」82並曾致電川軍劉存厚等人，要求共釋前嫌，一致對外，電文曰：「滇川不幸，致有鬩牆之爭，……邇者皖事發生，奉直陝豫群相附和，以憲法不良爲藉口，以暴民專制爲號召，實則不慊於民黨，不甘於共和，時思破壞。……西南數省與國休戚，滇川尤唇齒相依，允宜盡解前嫌，釋戈禦侮。」83另一電文曰：「滇川兵力地勢，尤居要衝，正宜同心禦侮，豈可再生內訌。所望兩軍將領，一律盡釋前嫌，共圖攜手，以維大局。」84唐氏甚且針對當前情勢，擬定了出兵計劃，分爲兩案：（甲）以滇軍主力合駐川滇軍及川軍一部，由重慶東出三峽，進攻荆襄；以川軍一部合駐川黔軍攻陝西；以兩廣兵力及駐粵滇軍攻贛閩；湘黔二省合力攻岳陽，會師武漢。（乙）以滇軍主力及駐川滇軍一部防荆，相機進攻；以川軍一部合駐川黔軍防陝西；兩粵仍攻贛閩85。除了分電西南相關各省外，唐氏也通告駐川滇軍及駐粵滇軍先事準備，取一致行動。唐繼堯認爲「我西南舊侶，捍衞國家，責無旁貸」86，可以清楚說明唐氏擁護共和的決心與態度。唐氏身經辛亥及護國二役，有再造共和之功，當然不容艱苦締造的共和亡於北方武人之手，故其於張勳復辟後立即宣佈靖國討逆，這也是可以想見的。

然而唐繼堯更深的考慮，可能更在於當時四川的情勢。自劉羅之戰，滇軍敗退川南後，唐繼堯就有出兵川中之念，惟因師出無名而不果。但是當張勳復辟，尤其是任命劉存厚爲四川巡撫的僞命發出後，唐繼堯出兵川中的機會終於到來。唐致電岑春煊說：「前之所以審愼者，以師出尙無名耳。頃接戴電，劉已叛受僞職，則以武力解決，亦甚正當，刻已著手進行。」87及至劉戴之戰爆發，戴戡敗死，川軍復聯合對滇黔軍作戰，基於情勢的必要，唐繼堯乃通電「躬率三軍，剋日由滇省出發」[88]，宣稱將率師北伐，討平復辟；但因「師行在即，而川變譬耗適至，……自不能不以靖國之軍，先盡卹鄰之誼。……川省為義師必經之地，倘內亂未弭，則後顧多憂，故思惟北征，宜先靖蜀。」[89]於是籌組「靖國軍」，自任總司令，發表顧品珍、趙又新、庾恩暘、黃毓成、張開儒、方聲濤為靖國第一軍至第六軍軍長，以羅佩金為第一、二兩軍總司令，唐氏自兼三、四兩軍總司令，以葉荃為第五、六兩軍總司令，並聲討劉存厚犯上作亂，勸其移師北伐，否則將親率三軍，弔民伐罪[90]。唐的入川行動最初受到代總統馮國璋的制止，唐只好暫時停止軍事行動，聽候北京政府調和（詳見前節），然而所謂的調和只是徒托空言。唐繼堯對段祺瑞等人早有不滿，先是護國之役後，黎元洪繼任大總統，段為國務總理，「（馮）國璋由副貳以覬大位，（陸）榮廷亦得兩粵，獨（唐）繼堯功

[82] 「再呈北京大總統並通告全國電」，同前，頁一〇。
[83] 「致成都劉師長等釋戈禦侮電」，同前，頁四。
[84] 「致成都戴督軍劉師長等盡釋前嫌共圖攜手電」，同前，頁六。
[85] 「復敍府羅將軍激勵將士嚴守紀律電」，同前，頁一六。
[86] 同前。
[87] 「唐繼堯以劉存厚補授偽職滇軍入川有名致岑春煊的密電」，雲南檔案史料，第二期，頁三二一。
[88] 「馳檄討逆通告全國電」，同[81]，頁二五。
[89] 「以出征日期軍行道路報明副總統各處電」，會澤靖國文牘，卷一，頁二八。
[90] 張惠昌、陳祖武「護法之役川滇黔軍閥進行的權力鬥爭」，西南軍閥史研究叢刊，第一輯，成都，四川人民出版社，一九八二年八月第一版，頁三八五。

高不賞，祺瑞使人賜勳刀，猶誡以少年去驕。未幾，繼堯所舉教育總長王九齡過滬，竟發其運煙事，抵九齡罪，下之西獄。祺瑞左右為謀，傾險若斯，……又未幾，而蜀難作，皆所以制繼堯」⑼，唐氏認為段對於西南相逼日甚，遂有與之一拼的決心⑽。

四川對於雲南的重要性不可言喻，而唐繼堯對於四川亦抱志在必得之心，因此北京政府對四川的處置就極為唐氏所注意。早在劉羅之戰後，滇軍將領就有以唐氏為（滇川）巡閱使，以統率在川滇軍之議⑾。唐繼堯的秘書長由雲龍曾致電雲南駐京代表由幼先，說明唐氏的態度：

> 遍聞段有調吳光新帶兵入川及馮已任命周道剛代理川督之說。果爾則必兵連禍結，牽動大局，殊非國家之幸。弟意中央能明正劉攻戴叛亂之罪，特派督座（指唐繼堯）赴川查辦或以巡閱使名義入川調和，不難迎刃立解。此後督座卽連合滇、川、湘、黔，一致擁護中央，均可辦到。倘必以強力脅迫滇軍，不伸公理，徒挾成見，則滇、黔惟有背城借一，以求得立足之地。⑼

唐繼堯亦曾致電由幼先曰：「中央苟顧持大局，推誠相與，應速明白表示，果處分悉當，不惟川事堯可擔任完滿解決，此後並可力顧統一，共維國是。至表示之標準，陸例具在，不煩遠引，若只虛語牢籠，陰謀暗算，則實逼處此，勢難服從。」⑿此處所謂「陸例」，卽是指民國六年四月十日北京政府任命陸榮廷為兩廣巡閱使，並根據陸的請求以陳炳焜為廣東督軍，譚浩明為廣西督軍一事⒀。也就是說，唐繼堯希望北京政府亦能授他一個滇川（甚或滇川黔）巡閱使的名號，使其得以名正言順地入川查辦，並眞正地將四川置於他的掌握之中。但是段祺瑞素來瞧不起唐氏，認爲唐不過是豎子暴得大名，常思裁抑之，怎可能將四川地盤拱手讓唐？而且段也想控有四川，進圖西南，除了任命川軍第一師師長周道剛暫代督軍外；更於六年八月六日任命其妻弟吳光新爲長江上游總司令兼四川查辦使，率北軍入川查辦，象徵北方勢力再度入川。段之輕視唐氏以及其對西南之咄咄相逼，自然引起唐的反抗，遂決定兵戎相見，武力反段。事實上就目前可見的資料來看，自段氏被免職，尤其是在復辟事發之後，唐的各種文電中稱段皆爲「段總司令」（復辟事發，段組討逆軍，自任討逆軍總司令），從未提及「段總理」，很可以看出唐的態度。所以後來唐氏決心反段，聲稱「決議自主，不承認非法內閣」⑰，「已決心自主，不認非法內閣之命令，自行戡定川亂」⑱，其實就是唐氏的一貫主張，具有很大的眞實性。八月十一日，唐繼堯通電擁護約法，除了闡明護法四義外，

---

⑨① 鄧之誠「護國軍紀實」，頁一四四。繼堯堂弟繼禹，亦牽涉到運煙案，後乃改名唐繼虞。

⑨② 「唐繼堯請李烈鈞告知粵中進行確情的密電」，雲南檔案史料，第二期，頁三二。

⑨③ 「滇軍將領韓鳳樓等對處理川事之主張電」，四川軍閥史料，第一輯，頁二八九。

⑨④ 「由雲龍致由幼先，請向當道要人疏通，中央如能派唐繼堯以巡閱使名義查辦川事，則可連合滇、川、湘、黔擁護中央的密電」，雲南檔案史料，第二期，頁三〇～三一。

⑨⑤ 「唐繼堯請由幼先向梁啓超等人解釋願援陸榮廷之例使川事完滿解決，共維國事電」，同前，頁三二。

⑨⑥ 陸君田、蘇書選編著，陸榮廷傳，南寧，廣西民族出版社，一九八七年九月第一版，頁二一七。

⑨⑦ 「唐繼堯決議護法，請托孫文促使熊克武等與滇、黔一致共禦吳光新致張耀曾的密電」，雲南檔案史料，第二期，頁三三。

⑨⑧ 「決心自主復上海張鎔西等電」，會澤靖國文牘，卷一，頁三六。

並謂「國家不可一日無法，在憲法未成立前，約法爲民國惟一之根本法。……（繼堯）願悉索敝賦，勉從諸公之後，以擁護約法者，保持民國之初基於不墜」99，首開西南各省護法之先聲，而唐繼堯的「靖國」事業也與「護法」相結合。

二、對護法的態度

唐繼堯對護法抱持的態度，是既不積極反對，也不眞誠擁護，而是將其做爲與北方對抗的一種憑藉；並且隨著時局的變化，唐繼堯的態度也有很大的轉變，這些都必須和當日的西南局勢相配合，方才得以探索出唐氏態度轉變的關鍵。

民國六年七月，孫中山因不滿段祺瑞毀法行爲，乃以護法爲號召，於十七日抵達廣州，隨卽電邀國會議員南下廣州參加護法運動，並派專人北上迎接。在孫南下護法的過程中，唐繼堯的確起了很大的策應作用。姑且不論唐的眞正動機，在護法軍政府成立前後，唐的若干表現是深得孫中山的賞識，這也是孫積極爭取唐加入軍政府的重要原因之一。在張勳復辟事件發生後，唐繼堯曾致函孫中山說：「救國存種，夙志胥同，……所冀川事早定，便卽並驅中原，掃蕩廓淸，堯不敏，願從執事之後」100，表明了唐氏的態度。七月十七日，就在孫到達廣州的同一天，唐繼堯卽發出通電，不承認段祺瑞內閣的合法地位，這是西南各省公開反對段祺瑞內閣的第一聲101。八月十一日，唐更通電擁護約法，不但打擊了段祺瑞的氣勢，也提高了孫護法的聲望。這些作爲不但對孫中山的護法事業起了積極的作用，也使得孫對於唐寄予深厚的期望，認爲唐曾爲同盟會員，參加過辛亥革命，又在護國之役中立下「再造共和」

的功勳，更重要的是唐握有西南最強大的軍力，若能爭取他的加入，則對護法事業將有莫大之助益。因此孫中山在籌建廣州軍政府時，對於軍政府首腦的設置，據駐粵滇軍將領崔文藻致唐繼堯電文中說：「原議設正副統帥各一名，中山爲正，我公（指唐繼堯）副之，後因考慮到軍政府設在廣州，而桂系陸榮廷對粵有很大影響，在軍事上也有一定實力，才改爲設副統帥二員」，「此種辦法純爲敷衍幹老（指陸榮廷）而設」⑩，可見孫對待唐、陸二人是有所區別的。八月十八日，孫中山在黃埔公園歡宴南下國會議員，並商討召開國會問題。其時到粵的國會議員已有一百三十餘人，雖未足法定人數，但可先開非常會議。二十五日，國會非常會議在廣州開幕，國會議員一百二十餘人出席。三十一日，國會非常會議第三次會議通過「中華民國軍政府組織大綱」十三條，規定置海陸軍大元帥一人，元帥三人，在臨時約法效力未完全恢復前，中華民國行政權由大元帥行使⑬。九月一日下午二時，非常國會選舉孫

⑲「闡明四義擁護約法通告京內外電」，同前，頁三七。
⑩「覆致孫中山」，同前，卷七，頁九。
⑪謝本書，唐繼堯評傳，頁八八。
⑫「崔文藻致唐繼堯電」（六、八、十一），未刊檔案，轉引自何玉非，「談護法中的唐繼堯」，雲南檔案史料，第十七期，一九八七年九月，頁五四。
⑬廣州文史資料研究委員會編，廣州百年大事記（上），廣州，廣東人民出版社，一九八四年十二月第一版，頁一五八～一五九。

中山為軍政府大元帥，隨後選出唐繼堯、陸榮廷為元帥[104]。九月十日，孫在廣州就任中華民國軍政府大元帥職，宣告軍政府成立，恢復臨時約法及擁護國會，「護法運動」就此開始。

然而唐繼堯、陸榮廷卻皆不肯就元帥職。陸榮廷向來視兩廣為其地盤，現在孫南來廣州建立軍政府，這不但侵入了其地盤，而且軍政府又在督署之上，這是陸所不能容忍的。在軍政府尚未成立前，陸榮廷即曾向國會議員表明他的態度：「對於大局，力主黃陂（黎元洪）復位為合法，另舉總統所不贊同。對於在粵組織政府，主由西南各省派全權代表，立一會議機關。以後進行各事，均由此機關發動。對於國會事，主暫緩開會，俟軍事得手後，集會於武昌為當。」[105]陸榮廷的態度，恰與孫中山的護法主張相反，這也說明了陸始終不與孫合作的原因。所以陸榮廷在當選為元帥後，隨即致電國會及在粵諸名流曰：「方今國難初定，應以總統復職為先務之急，總統存在，自無另設政府之必要，元帥名稱，尤滋疑議，易淆觀聽。……此舉實不敢輕為附和，深願國會議員諸公，愛國以道，審慎出之。」[106]同時桂系之粵督陳炳焜亦通電聲明，對於廣州開非常國會及組織軍政府之舉概不負責。孫見桂系始終不能合作，就寄望於唐繼堯。唐遠在雲南，和孫沒有直接的利害關係，故唐對孫的態度較桂系緩和，但是孫、唐之間仍有種種矛盾，使得唐始終未就元帥職。這些矛盾，大體上表現在五個方面：

(1)總統問題：孫中山南下之初，本欲自稱臨時大總統，在孫認為黎已去職，而馮、段則同惡相濟，故其聲討北京政府是連馮國璋、段祺瑞一起聲討。然而孫的這種作法首先就遭到若干黨人的反對。章太炎記載說：「孫公初以失位觖望，聞中央有變，輒喜，故與余輩異情。石屏始終謂孫公不可居首長，余亦不能慊。……（南下廣州後）孫公尚欲稱臨時大總統，余謂宜且稱攝大元帥。石屏時亦移書，勸孫公勿自尊。……余勸孫公遙戴黎公以存國統，使人不能苟與賊和，且示無自尊意。爲大元帥作宣言書，稱願與全國共擊廢總統者。孫公雖貌從，情不順也。」[107]此雖爲章氏一隅之見，亦可從中看出孫對護法的若干見解。然而唐的觀點卻與孫有異，唐認爲破壞約法者乃段祺瑞，故其始終不奉段氏非法內閣僞令，但是唐繼堯認爲馮國璋乃依法代理，其過程是合法的，故其仍奉馮代總統爲正統。唐氏在通電中迭謂「所幸河間（指馮）入京就職，於法律事實尚屬合宜」[108]，「河間代職權，本屬法律所許」[109]，很清楚表達了唐的信念。這是在總統問題上雙方的歧見。

(2)　孫中山南下護法之時，有若干不明眞相或是別有用心之徒，認爲孫是來「爭領袖」，自我爲首長的。如當時政學會的鉅子楊永泰就曾親自具名在報上發表文章，攻擊孫中山，謂：「孫中山要坐轎子，不得人同意，自己坐上，硬要人抬，哪有此理？」[110]這可以視爲當日一

---

104 尚餘一元帥名額，原本預定爲率海軍第一艦隊南來之海軍總長程壁光，因程派代表向議員表示有不願就任之意，遂從緩議，見吳宗慈「護法計程」（上），轉刊於革命文獻，第四十九輯，頁四二〇。

105 吳宗慈「護法計程」（上），頁四一七。

106 莫汝非「程壁光殉國記」，轉刊於革命文獻，第四十九輯，頁三八〇。

107 章炳麟，民國章太炎先生炳麟自訂年譜（即太炎先生自定年譜），臺北，商務印書館，民國六十九年七月初版，頁三〇～三一。

108 「復南昌李督軍電」，會澤靖國文牘，卷一，頁四〇。

109 「復北京財政部梁總長電」，同前，頁四四。

110 丁超五「護法時期追隨中山先生瑣記」，文史資料選輯，一九八五年第三輯（總一〇三輯），頁七三。

部份人士反孫的眞實態度。而且唐繼堯自護國之役後開始膨脹其地位，自認爲「再造共和」之功可與孫「首創共和」之功分庭抗體（詳見前節），這是唐不願屈居孫之下的根本原因，故而唐始終不願就元帥一職。

(3) 唐繼堯是一個崇尙實力的人物，他視軍政府僅僅是個空殼子，而「雲南地處邊陲，孫中山鞭長莫及；自己位居聯帥，犯不著俯首聽人」⑪，以唐繼堯此時的實力、地位，當然不願屈從毫無實力的孫之下。孫曾爲川中事致電唐氏曰：「（前略）軍府總籌全局，並無成見」，唐繼堯卻親筆批語：「何配統籌全局！」⑫後來孫中山在辭去大元帥的通電中說：「文忝在手造民國之列，……爲護法討逆倡，使吾國及友邦之人咸曉，……凡以存民國之正氣於天壤間而已！自是厥後，粵、桂、滇、黔、湘、川莫不一致宣言護法，始以恢復非法解散之國會爲共同之目的，於是地方之爭，一變而爲國會之爭。軍政府雖無天地之憑藉，而此志已範圍乎六省」，唐繼堯在此處批上「無恥已極」四字⑬。唐氏批語雖太過激越，但很可以看出唐的眞實態度，那就是孫根本毫無實權，軍政府只是個「空頭政府」，因此唐繼堯認爲孫所謂「統籌全局，範圍六省」，只是誇言大話，不足爲聽。

(4) 唐繼堯自視極高，向以東大陸主人自命，他是秀才出身，日本士官學校畢業，身任川滇黔三省聯軍的統帥，現在要他與陸榮廷並列元帥，而陸則是土匪出身，唐認爲這和他的身份不合，故不願就任⑭。

(5) 唐的一些幕僚也起了推波助瀾的作用，如鍾動反孫最力，他認爲孫中山是「孫大炮」，只會鼓吹，沒有實力，勸唐不要與孫合作；王有蘭是政學會成員，也勸唐不要就元帥職，這些幕僚多少會影響唐的態度[115]。

因此唐對護法的態度，可以說是一直保持若卽若離的狀態。唐在孫成立軍政府、選舉唐繼堯爲元帥的消息傳來之後，在其派往廣東聯絡者九月十二日發回的電報上批道：「中山舉動，本嫌唐突。旣已發表，似勿庸積極反對。有彼（指軍政府）在，對內對外亦有一種助力；將來取消，亦有一番交換。擬將此意，密告陸（榮廷）、龍（濟光）、陳（炳焜）、譚（浩明）諸人，以免內部太紛歧，反授人以隙。」[116]也就是說，唐繼堯的眞實態度是將軍政府做爲一種對外對內的助力，憑藉它外抗段的武力統一政策，內則結合西南各省爲一大團體，尤其重要的是唐可藉護法之名，行靖國之師，名正言順地揮軍入川，因此「勿庸積極反對」。擁護約法既符唐之初志，廣州軍政府與雲南亦無直接利害關係，且將來若全國統一，又可有「一番交換」，獲致若干權益，那又何樂而不爲呢？因此唐氏僅通電懇辭元帥職務：「惟元帥一職，雖悉國會推舉，自維才望無似，不欲冒君子上人之戒」[117]，而置全力於川中的經

[111] 龔師曾「我所了解的護法運動」，文史資料選輯，一九八五年第三輯，頁五〇。
[112] 電文及批語皆見「孫文爲任命石青陽軍職作解釋致唐繼堯電」，雲南檔案史料，第一期，頁五七。
[113] 「孫文向國會非常會議辭大元帥職的通電」，同前，頁六二。
[114] 龔師曾「我所了解的護法運動」，頁五〇。
[115] 同前。
[116] 唐繼堯在徐之琛密電上的批語，未刊資料，轉引自謝本書「唐繼堯評傳」頁九二。
[117] 「唐繼堯懇辭元帥職務致孫文密電」，雲南檔案史料，第一期，頁四三。

營上。其後孫中山曾迭電唐繼堯，請唐速就元帥職，唐卻始終不爲所動。就目前可見的資料來看，孫每次致電唐氏幾乎都稱「唐元帥」，而唐自始至終只稱呼孫爲「孫中山先生」，唐不欲屈居孫下的形勢已經很清楚了。孫中山看清了這個情勢，於是爲拉攏唐繼堯，還計劃加委唐爲川、滇、黔三省靖國軍總司令⑱，並派軍政府秘書長章太炎攜元帥印赴滇。經過一番交涉後，唐允收下元帥印，但仍拒絕就職。十月二日，章太炎致電孫，謂唐「決心北伐，於軍政府事亦贊同一致，絕無異論」⑲，其實唐的眞意是全力圖川，川中混戰遂以爆發，這些將在下文中敍述。

三、粤局暗潮

廣州軍政府於六年九月成立後，基礎頗爲脆弱。唐、陸兩位元帥拒不就職，六部總長（財政唐紹儀、外交伍廷芳、內務孫洪伊、陸軍張開儒、海軍程璧光、交通胡漢民）除了張開儒延至七年二月宣佈就職外，其餘五位總長皆遷延觀望沒有就職，而由次長代理部務；參謀總長李烈鈞也不到任，僅憑孫中山獨力撐持，自難有所作爲⑳。由於孫得不到桂系軍人的支持，而滇唐又置全力於四川，對粤僅採觀望態度，故軍政府事實上只有依靠海軍和駐粤滇軍的力量支持。海軍南下護法在政治意義上影響深遠，但海軍南下艦隊僅十一艘艦隻，總噸位不過一萬三千餘噸，且海軍陸戰隊未能隨艦南下，實力大減；而駐粤滇軍倒是一支不容忽視的武裝力量。駐粤滇軍乃李烈鈞護國二軍改編而成，張開儒部編爲滇軍第三師，方聲濤部編爲滇軍第四師，由於歷經護國之役，所部官兵充滿革命精神，高級將領如李烈鈞、張開儒、方聲濤等均爲革命黨員出身，是當日廣東各軍中擁護孫中山最力者。孫在致唐繼堯的電文中，曾欣慰地說道：「滇軍在粵，方部討龍，張部擁護軍府，足慰尊注。」[121]北京政府接獲的密報也認爲孫中山在廣州的軍政府所憑靠的武力，只有滇軍張開儒、方聲濤兩師及粵軍林虎一旅，而且實際上僅張、方兩師「可資號召」[122]。桂系軍人對於這支部隊甚爲嫉視，乃在餉項、軍械等方面處處限制，並力謀分化，以期爲桂系所用。

如前文所述，此時唐繼堯正力圖經營川中，其對粵局，是既無暇也無心力涉入，所以基本上唐的態度是力結桂陸，不積極反對軍政府，儘量不捲入廣東混亂的局勢中。在致張開儒的密電中，唐繼堯道出他拒任元帥職的原因：「此間所謂組織軍府，非桂粵當局所願，恐因此愈失其同情，轉多窒礙，故決然辭去。」[123]也就是說，唐對於粵局考慮的重心是陸榮廷而

---

[118] 謝本書，唐繼堯評傳，頁九二。

[119] 廣州近百年大事記（上），頁一六一～一六二。

[120] 陳長河「護法期間孫中山與唐繼堯的矛盾鬥爭」，近代史研究，一九八四年第二期（總二十期），頁二三二。

[121] 「孫文表明對南北和戰的態度致唐繼堯的密電」，雲南檔案史料，第一期，頁五八。

[122] 「馬鳳池密報」，近代史資料，一九七八年第一期，轉引自孫代興，「論駐粵滇軍」，西南軍閥史研究叢刊，第五輯，廣州，廣東人民出版社，一九八六年十月第一版，頁一七〇。

[123] 「唐繼堯致張開儒密電」，未刊資料，轉引自陳長河，「護法期間孫中山與唐繼堯的矛盾鬥爭」，頁二三一。

非孫中山。唐繼堯認為「粤局紛亂，滇軍以不陷入漩渦為是」[124]，這個態度，也影響了後來唐對駐粤滇軍的種種處置。當唐組靖國軍時，張部改編為靖國滇軍第五軍，方部改編靖國滇軍第六軍，不久方聲濤任征閩靖國軍總指揮，率第八旅及新編第九旅出征，駐粤滇軍僅存第三師及第四師的第七旅一部[125]。民國七年二月，張開儒通電就任陸軍總長職，並派兵監督廣東的稅收機關，以確保軍政府的財政來源。張對軍政府採擁護態度，而張的秘書長兼軍府陸軍、交通兩部次長崔文藻則表現得更為積極。崔乃張的親信，在軍府中身兼數職，表現極為活躍，他甚至計劃擴建一支直屬大元帥府的軍隊，並且已向大元帥府領取徵兵費用，委任各級幹部，開始著手進行。當時有人認為崔鋒芒太露，恐遭不測，要其設法避難，崔則以「革命黨人不怕流血犧牲」應之[126]。桂系早有意誅除張、崔二人，但因駐粤滇軍實力仍在，桂系軍人不敢輕舉妄動，乃一面向唐繼堯醜詆張開儒「自任軍政府陸軍總長以來，舉動莫測」[127]；另一面則積極分化滇軍。適逢此時政學系要角李根源在陝西省長任上被逐出，陸榮廷、莫榮新、岑春煊等人乃密謀策劃，準備利用李根源來奪取駐粤滇軍兵權，遂請李南下。李到廣州後，先往晤張開儒，但因對是否擁護孫中山這一關鍵問題上意見不協，而無收穫。時駐粤滇軍將領大多為李根源於清末總辦講武堂時的學生，乃於西濠酒店歡宴李根源，第七旅旅長朱培德與張開儒有矛盾，遂議舉李根源為駐粤滇軍總司令，大多數將領皆贊同此議，粤督莫榮新也表支持，但張開儒卻未曾與聞。面對這種狀況，唐繼堯的決定是撤換張開儒。唐對於桂系，希望和平相處，共同對外，當然不願為張開儒一人而破壞滇桂關係；而且唐對張、崔的若干作為也確實有不滿之意，尤其張、崔對孫中山的靠攏，使唐感覺他本人對滇軍的指揮權受到威脅；再加上大多數將領都支持李根源，唐乃順水推舟，以張開儒已任軍政府要職爲藉口，撤去張的第三師師長職務，並且撤銷張兼任軍長的「靖國第五軍」番號，合併三、四兩師爲「靖國第六軍」，任命李根源爲軍長，指揮全部駐粵滇軍[128]。此時北洋軍突然潛越大庾嶺襲佔南雄縣城，張乃趕赴韶州，調集所部抗拒北軍。李根源乃趁此時以粵贛湘邊防軍務督辦（粵督莫榮新所委）、駐粵滇軍軍長名義，率部分軍隊進駐韶州，撤去張開儒第三師師長及南韶連鎮守使職。張由前線返韶州，李拒張入城，也拒絕會面。當五月十二日張返抵廣州時，立即被莫榮新逮捕，而崔文藻已先被槍決，至此，駐粵滇軍指揮權遂落入李根源手中[129]。

駐粵滇軍爭奪事件結束後，乃有改組軍政府之事發生。軍政府自成立以來，即遭受西南

124 唐繼堯在鄭開文來電上的批語，見雲南檔案史料，第十九期，一九八八年五月，頁三九。

125 駐粵滇軍總司令部、督辦粵贛湘邊防軍務署參謀處編纂，駐粵滇軍死事錄，民國七年十一月，頁九～一〇。駐粵滇軍內部仍以第三、四師稱呼。

126 孫天霖「護法期間駐粵滇軍內部矛盾見聞錄」，雲南文史資料選輯，第二輯，頁九四。作者在另一文中亦有同樣的記載，見氏著「駐粵滇軍內部矛盾見聞」，文史資料選輯，一九八五年第三輯（總一〇三輯），頁六〇～六二。

127 「楊晉致唐繼堯密電」，未刊資料，轉引自孫代興「論駐粵滇軍」，頁一七一。

128 孫代興「論駐粵滇軍」，頁一七二。

129 孫天霖「護法期間駐粵滇軍內部矛盾見聞錄」，頁九五。當日桂系、政學系爲入張於罪，曾誣張密令所部向韶州撤退，據作者說絕無此事。另外張部在前線對敵時，曾電請粵督莫榮新補充物資，莫皆不理，張乃憤然電崔文藻，末尾有「不如投降干木（指段祺瑞）」之語，此電被登載於報上，乃授人以柄，莫榮新遂以此爲藉口拘捕張開儒。

實力派的忽視，很難有所作爲，於是各方人士遂有聯合西南各省成立統一組織的醞釀。唐繼堯曾於民國六年十一月致電孫中山、陸榮廷等，認爲西南局勢日益發展，「對內對外應行籌議者甚多，必有聯合之機關，庶主張得以一致，……非此實不足鞏固西南」，力主在粤成立軍事聯合會[130]。孫中山或許有見於西南各省聯合之必要性，亦通電贊成，謂「宜卽時發起西南聯合會議，務期聯合西南各省爲一大團體，兵家所謂先援不可勝者是也。」[131]此議最初雖曾歷經波折，但在各方人士大力推動下，終於在民國七年一月十五日，於廣東督軍署成立「中華民國護法各省聯合會議」，並於二十八日以「護法各省區將帥」的名義，正式公佈了「護法各省聯合條例」。唐繼堯爲示推重陸榮廷，乃建議由陸主持聯合會議[132]。各省聯合會議具有以下幾個特點：⑴各界要人均由本人或推派代表參加，卽孫中山亦知大勢所趨，擬派胡漢民與會，從中操縱，這種情形視軍政府成立時的備受冷落，可謂冷熱互異；⑵此會成立宗旨著重與北方議和，因此公推岑春煊爲議和總代表，伍廷芳爲外交總代表，與軍府的護法立場完全相反；⑶就成員地位而言，表面上幾近平等，無軍政府大元帥制的高下之分，因之與會者莫不爭相競赴[133]。聯合會議一成立，孫中山的大元帥更加形同虛設，孫乃與章太炎等人極力反對，「以爲於約法無根據，指爲督團之第二，事遂中梗」[134]。聯合會議雖因無法律上之依據，且不能獲得外人的承認而告夭折，但它也確實伏下了日後軍政府改組之契機。聯合會議失敗後，桂系及政學系議員乃思利用非常國會之合法性，而予以改組軍政府。國會部份議員也暗主與北方妥協，乃謂陸榮廷爲岑春煊舊部，不似孫中山與陸不能合作，致使護法目的不能速達，主張改選岑爲總裁而排斥孫；多數議員爲此言所惑，軍政府改組案遂以成立[135]。民國七年四月二十九日，非常國會通過「軍政府組織大綱修正案」；五月四日，孫中山向非常國會辭去大元帥職，並通電謂：「顧吾國之大弊，莫大於武人之爭雄，南與北如一丘之貉，雖號稱護法之省，亦莫肯俯首於法律及民國之下。」[136]二十日，唐紹儀、唐繼堯、孫中山、伍廷芳、林葆懌、陸榮廷、岑春煊七人被選為政務總裁；六月五日，岑春煊被推為主席總裁，此後軍政府名稱不變，然前此之大元帥制一變而為七總裁的會議制。岑春煊一切聽命於桂系，因此改組後的軍政府乃為桂系所控制。在軍政府改組後，曾經屢次堅拒擔任元帥職的唐繼堯和陸榮廷，很快都宣佈就總裁職，這種前後殊異的表現，是很耐人尋味的。

軍政府改組後，桂系與政學系合作密切。而李根源在桂系的支持之下，野心逐漸龐大，不願再受唐的支配，遂演成駐粵滇軍的分裂，也造成滇、桂的交惡。李根源接掌駐粵滇軍後，滇軍幹部對他逐漸起了反感。有些幹部認為李根源一貫以權術待人；有的說李以個人的恩怨

[130] 「唐繼堯力主在粵成立軍事聯合會致孫文陸榮廷等徵求各方意見電」，雲南檔案史料，第一期，頁四八。
[131] 「孫文建議發起西南聯合會議致唐繼堯陸榮廷電」，同前，頁四七。
[132] 陳長河「護法期間孫中山與唐繼堯的矛盾鬥爭」，頁二三二～二三三。又見莫汝非「程璧光殉國記」，頁三八九～三九一。
[133] 黃益謙「陸榮廷與廣西」，政大歷史研究所碩士論文，民國七十五年六月，頁一五三～一五四。
[134] 程璧光致唐繼堯的電文，轉引自陳長河「護法期間孫中山與唐繼堯的矛盾鬥爭」，頁二三三。
[135] 吳宗慈「護法計程」（上），頁四六九。
[136] 「孫文向國會非常會議辭大元帥職的通電」，雲南檔案史料，第一期，頁六二。

親疏爲進退，不能開誠佈公；而李在部屬中蓄意挑撥彼此情感，以利其個人統御，更加深了李根源與滇軍將領間的內在矛盾[137]。李根源以駐粵滇軍做爲其政治資本，將龐大的軍餉拿去作政治活動費，積極從事各項活動，因而被人稱之爲「軍政府岑春煊的保鑣人」[138]。李根源在桂系支持下，大力擴充部隊實力，逐漸有脫離滇系的趨勢。唐繼堯有鑒於此，乃運用各種手段加強對駐粵滇軍的控制。唐派其弟繼虞來粵視察，與第三師師長李天保稍有接觸，李根源竟立即免去李天保之師長職，粵督莫榮新亦免去李天保的南韶連鎮守使兼職。駐粵滇軍官兵多爲李天保抱不平，而唐繼堯與李根源的關係迅速惡化，唐決心撤換李。同時唐繼堯已因南北議和與湘西地盤問題，和陸榮廷有了嫌隙[139]；如今桂系公然支持李根源，更引起唐的不快，唐於是轉向擁護孫中山，堅持護法主張，加緊聯絡李烈鈞，企圖借助護法派的支持而奪回駐粵滇軍的控制權。駐粵滇軍將領朱培德、張懷信等人也因對李根源不滿，駐粵滇軍遂分化爲擁唐、擁李兩派。唐繼堯乃於民國九年二月十日正式下令免去李根源的駐粵滇軍軍長職，任命李烈鈞接任駐粵滇軍總司令。李根源拒不受命，駐粵滇軍遂正式分裂。岑春煊、莫榮新以軍政府首長及粵督之名義，命李根源繼續統率滇軍，引起兩派滇軍的激烈戰鬥。擁唐滇軍因受桂軍威脅，乃由李烈鈞、朱培德等率領退入湘南；擁李滇軍則改編爲「海疆軍」，由李根源率領於九年三月移駐海南島。駐粵滇軍從此遂一分爲二[140]。

此後唐繼堯乃與桂系及軍政府決裂，轉向與孫中山合作，在護法和反對岑、陸等方面，雙方都取得一致的默契；後來在國會移滇等問題上，唐繼堯也有很好的表現。尤其是民國九年陳烱明率粵軍回粵，爆發粵桂之戰時，唐繼堯更起了關鍵性的作用。正當粵桂之戰進行得如火如荼之時，唐繼堯與劉顯世派李烈鈞率軍三十營自黔入桂，予桂軍以措手不及的打擊，分散了陸的兵力。唐繼堯更以強硬的口吻向陸榮廷發出通電，「請其撤駐惠桂各軍，並將粵省軍權仍還於粵人，以遂粵人之主張，如是，當動令陳炯明罷兵，否則不能坐視」❶❹❶。滇黔的出兵不僅使唐報了一箭之仇，也是陸在粵桂之戰中失利的一個不可忽視的因素。所以唐繼堯在孫中山重建護法基地的過程中，還是有他一定的貢獻。

四、川中混戰

川中是滇軍必爭之地，也是靖國戰爭的主戰場。在唐繼堯宣佈靖國護法之刻，正是川軍第一、二、三師聯合對抗滇黔軍之時。起初滇黔軍處處失利，已退至川南邊界，再退一步即回滇境，形勢危迫。唐繼堯乃一面嚴令諸將領反攻，不准再退，另一方面則以滇黔聯軍總司令的名義，設行營於貴州畢節，就近指揮❶❹❷。當日滇軍在川共六十營，黔軍在川有十餘營，

---

❶❸❼ 孫天霖「護法期間駐粵滇軍內部矛盾見聞錄」，頁九七～九八。

❶❸❽ 同前，頁一〇〇。

❶❸❾ 鄒曉辛「南北議和中的唐繼堯與劉顯世」，西南軍閥史研究叢刊，第五輯，頁二〇六～二〇七。

❶❹⓪ 孫代興「論駐粵滇軍」，頁一七五。

❶❹❶ 「唐繼堯迫陸讓粵」，晨報，民國八年九月五日（日期疑有誤），轉引自鄒曉辛，「南北議和中的唐繼堯與劉顯世」，頁二〇八。

❶❹❷ 荆德新「唐繼堯圖川的破產」，西南軍閥史研究叢刊，第五輯，頁一九一。

滇黔聯軍合計共有兵力四萬餘人[143]。如此兵力不可謂不少，且滇黔軍皆有光榮傳統，護國之役更是以寡擊衆，何以此時竟至敗戰連連，不堪一擊？據當日滇軍團長金漢鼎的記載，當時滇軍內部已經隱伏著敗徵，入川滇軍的中上級軍官用士兵的餉銀買鴉片，帶到四川圖利，士兵迭有怨言；再就是官兵常接到家書，述說家鄉種種苦難，官兵因之無心戀戰；再次則是滇軍上下精神渙散，士氣低落，指揮官煙癮大，士兵感染者也不少[144]。此外，川人對滇軍的惡感也是一個原因，據唐的參謀長庾恩暘報告說：「滇川惡感，醞釀甚深。所有兵匪團警以及男婦老幼，均一致仇視滇軍，堅壁清野使我軍糧秣無從籌備，亦無從購買。甚至滇軍所到之處，投毒物或（其）他之混濁物於井中，使井水亦無所得食。仇視之情可見一斑。」[145]這確實是滇軍所遇到的一大難題。唐繼堯懲前之失，乃決定採取聯川制北的策略，也就是先打出護法的旗幟，分化川中各軍，使川中之爭由主客之爭一轉而爲南北之爭，護法與違法之爭；然後再以「川人治川」拉攏川軍，並示滇無心於川，果然這個策略收到很好的效果。當時駐重慶川軍第五師師長熊克武原爲國民黨人，態度親近南方，當唐氏號召護法靖國時，熊氏已有意響應。滇軍乃以四川督軍一職許熊，約其出兵助滇，並允將滇軍數年所佔領截收的自流井鹽款，以後讓與熊部提收作爲條件[146]。唐繼堯並致電熊克武曰：「川與滇黔糾紛之事，川滇黔自了，庶保全西南團體，免致演成川與滇黔對抗之局，則北軍坐收漁人之利，西南局勢破壞，川亦必無幸矣。」[147]又謂：「（繼堯）此次提師入川，志在卹鄰救難，得與川中同志攜手偕行，共圖挽救大局之計。亂事平定，即當以川事讓之川人處分，絕不越俎代庖。」[148]於是熊克武乃在滇黔軍攻克重慶，吳光新北軍退出四川後，於民國六年十二月二十三日通電護法，加入靖國軍。二十四日，滇、黔、川三省響應護法之軍隊，議定組織三省靖國軍總司令部，推唐繼堯爲總司令，唐乃通電宣佈就職。二十九日，孫中山致電唐繼堯，贊同其爲川滇黔三省總司令，這可算是軍政府所給與的承認[149]。此後三省聯軍乃併力反攻，而是時北京政府任命劉存厚爲四川督軍，四川政局遂由驅滇一變而爲南北之爭。民國七年二月，劉存厚退出成都，撤向川陝邊區，聯軍進入成都，靖國之役基本上是結束了。

第三節　出亡經緯

一、川局的變化

[143] 孫代興「論靖國戰爭」，西南軍閥史研究叢刊，第三輯，頁四一七～四一八。

[144] 金漢鼎「唐繼堯圖川和顧品珍倒唐的經過」，頁八八。

[145] 「庾恩暘報告駐昭通所得川中之確情，建議唐繼堯滇軍入川應愼益加愼」，雲南檔案史料，第二期，頁三五～三六。

[146] 孫震，八十年國事川事見聞錄，臺北，四川文獻研究社，民國六十八年一月初版，頁六一。

[147] 「致重慶熊鎮守使周師長等詳論西南關係電」，會澤靖國文牘，卷二，頁三〇。

[148] 「再致熊鎮守使周師長等聲明大義非圖權利電」，同前，頁三一。

[149] 周開慶編，民國川事紀要，頁二〇四。

民國七年是滇軍擴張的全盛時期，也是所謂「大雲南主義」的全盛期⑮。根據記載，當時唐繼堯所指揮的靖國軍，所及區域達八、九省，而人數則有二十餘萬人，「聲威遠播長江、黃河以北，蓋護國以來所未見也。」⑮然而何以兩年後唐氏竟被迫出亡，流落香江，恐與四川局勢的變化有密切的關係。

當川滇黔聯軍進克成都後，有若干跡象顯示唐繼堯似乎已將四川視作其外府，這可以從四川的善後問題來看。善後問題中，當然最主要的是督軍、省長的人選問題。七年二月二十五日，唐繼堯以聯軍總司令名義直接任命熊克武為四川督軍兼省長，並促其速赴成都就職。為此，孫中山曾向王文華抱怨說：「錦帆（指熊）資望，誰曰不宜，但蓂帥（指唐）獨行己見，又未見就元帥之職，遽以滇督地位，任命川督，稍挾征服之威，足生反應之患。況軍民分治，實為今之要圖。」⑮唐以三省聯軍總司令任命四川督軍、省長，的確有些名不正、言不順，故熊始終未就唐所委的督軍、省長，但由此也可看出唐對四川的企圖心。在川省人員安置上，唐繼堯與孫中山之間有若干矛盾，最主要的因素是由於孫自認為軍政府乃法統所在，其有權加委各級官員；而唐則以為四川乃其禁臠，不容他人染指，且川情複雜，往往有粵中所不知者，因此不希望孫插手。唐甚至認為「如孫再隨意發表，則亂川亡國，皆粵之罪，此間不負責也」⑮。並致電孫中山說道：「川、粵相距窵遠，恐我公未能盡悉內容。以後川省用人，尚乞先行密商熊督，俾免窒礙。」⑮孫中山莫可奈何，只好致電唐繼堯說：「川粵遠隔，消息每多阻滯，主持西部，專賴執事。以後關於此等情事，尚望就近斟酌辦理；並隨時電告。」⑮這也就是說孫間接承認了唐繼堯對四川的盟主權。孫、唐之爭告一段落後，唐與熊克武的矛盾又跟著發生。

　熊克武的立場雖偏向南方，但其似乎對唐繼堯頗有戒心。最初唐本想籠絡扶植熊，遂委任熊克武爲四川靖國各軍總司令和四川督軍兼省長；但熊只願就四川靖國各軍總司令一職，卻不願就督軍兼省長一職。唐在當初曾宣告要「川人治川」，但事實上這只是一句宣傳口號。唐曾打算委王文華（黔）爲重慶鎮守使、顧品珍（滇）爲敍瀘鎮守使、葉荃（滇）爲夔萬鎮守使，趙又新（滇）爲四川軍務會辦，但熊克武以不符「川人治川」原則爲藉口一律不予承認，這就大遭唐繼堯所忌[156]。唐乃以北伐爲名，將熊克武所屬川中民軍編爲八路，任命黃復生等四人爲援鄂第一至第四路軍總司令，石青陽等四人爲援陝第一至第四路軍總司令，這些軍隊直屬於聯軍總司令，以削弱熊的實力。唐繼堯爲了更進一步控制四川，乃以商討北伐爲名，決定於七年九月在重慶召開滇、川、黔、鄂、豫五省聯軍會議。

---

150 Donald S. Sutton, *Provincial Militarism and the Chinese Republic: The Yunnan Army*, 1905-25, P.229.

151 唐繼堯，頁九三。

152 同註149，頁二一〇。

153 唐繼堯在孫文來電上的批語，見雲南檔案史料，第一期，頁六〇。

154 「唐繼堯爲任命石青陽軍職問題覆孫文元電的密電」，同前，頁五六。

155 「孫文覆唐繼堯支電的密電」，同前，頁六一。

156 荆德新「唐繼堯圖川的破產」，頁一九四。

在重慶會議中，唐繼堯提出了由他與劉顯世兩人共同先行簽字的「滇、川、黔三省同盟計劃書」，這個計劃書的內容可歸納為三點：⑴川東南財富之區，悉作滇、黔兩軍防地，僅以面積計算，已佔全省三分之二；⑵四川所有鹽稅、關稅、煙酒等稅，概充聯軍軍餉；⑶四川兵工、造幣兩廠，統歸聯軍支配管轄[157]。熊立即表示無權處理，拒不簽字，熊表示：「這樣重大事件要經省議會通過，我作不了主，即使我個人同意也沒有用。」[158]結果會議遂不歡而散。唐在會議結束後，於十月十一日抵達瀘州，召集滇軍團長以上軍官會議，要大家積極整訓部隊，服從命令，準備倒熊。等到唐回到雲南後就積極進行倒熊，他一方面分化熊的內部，許熊氏部將呂超以高位；另一方面則利用黃復生、顏德基、盧師諦、石青陽等與熊不合的民軍領袖，以及與熊發生權力傾軋的楊庶堪，聯合倒熊[159]。

當時四川情勢隱然分為兩派，一方為熊克武、劉湘等聯合而成的川軍驅逐客軍聯盟；另一方則為川中國民黨人楊庶堪、呂超、石青陽等，與滇黔軍聯合組成的倒熊同盟。先是自民國七年驅逐劉存厚後，滇黔軍即佔據川東、川南一帶，而這些地方皆為四川富庶之區，滇軍且有一團兵力駐成都城外監視督署，這些情勢早已引起四川軍人不滿，容易結合形成聯盟。至於倒熊同盟方面，原先熊克武與楊庶堪均為國民黨人，但此時廣州軍政府改組，熊與陸榮廷、岑春煊相結；楊則遵奉孫中山命令，在楊號召下，呂超及石青陽等與楊採一致步調，熊、楊二人積不相能，形成分裂。唐繼堯也因與岑、陸衝突，脫離桂系控制之廣州軍政府，遂欲在川、滇、黔三省另樹一幟。孫中山眼見廣州軍政府為桂系控制，南方護法基礎被破壞，亦將注意力轉移至川、滇、黔方面之經營。此時熊克武與桂系相結，熊氏不去則西南三省護法之局無法展開。孫中山乃於九年三月十七日致電唐繼堯，共謀倒熊運動之推行[160]。於是在各方配合下，入川滇黔軍遂與川省國民黨人結成倒熊同盟。

九年五月十日，川戰爆發，熊部以驅滇靖川、統一四川爲號召，倒熊同盟則以倒熊護法爲號召。戰事初起，熊部佔優勢；但不久熊氏部將呂超加入倒熊軍，戰局逆轉，滇黔援軍續至，倒熊聯軍力量大增，熊部退至川北一帶。呂超則於七月率軍進入成都，就唐氏所委滇黔川三省聯軍副元帥兼川軍總司令兩職。熊克武、劉湘率部退至川北後，倒熊聯軍仍進逼不已；且川北又爲缺糧地區，山多地瘠，大軍雲集，軍民均陷於饑餓狀態，情勢十分危殆。於是熊、劉乃聯電退守漢中的劉存厚，請求援助。劉存厚遂在漢中組織靖川軍，並與熊克武、劉湘約定，在戰事未決勝負之前，劉（指存厚）、熊二人皆不做四川督軍[161]。八月，劉存厚結合熊克武、劉湘等部揮兵回川，驅滇同盟正式形成，靖川軍攻勢凌厲，進展順利。十一月，終將滇黔軍逐出四川，四川境內客軍肅清；而滇軍被驅回滇後，迅即發生顧品珍倒唐事件。

二、倒唐與出亡

[157] 「重慶聯軍會議前後」，四川軍閥史料，第二輯，成都，四川人民出版社，一九八三年第一版，頁四〇。

[158] 熊克武「四川護法期間內部分裂與滇唐入侵」，同前，頁一七。

[159] 金漢鼎「唐繼堯圖川和顧品珍倒唐的經過」，頁九三。

[160] 周開慶，民國川事紀要，頁二四八。

[161] 周開慶，民國四川史事續集，臺北，四川文獻研究社，民國六十五年十二月初版，頁七五。

滇軍自從在四川戰場全線潰敗後，第二軍軍長趙又新死於瀘州城外，第一軍軍長顧品珍遂率部退到貴州畢節整補。入川滇軍遭受這次大挫敗後，士氣低落，思鄉情切；而第一軍軍長顧品珍原來就不滿唐繼堯強驅滇軍入川混戰，此時在四川已無立足點，又得到熊克武的鼓動，遂以「士兵厭戰」爲理由，準備率部回滇，驅逐唐繼堯[162]。其實滇軍自從民國五年出征以後，久戍不歸，官兵已深有怨言；而屢次參與川中混戰，更磨損滇軍原有的革命精神。唐繼堯的表弟鄧泰中即曾於四川戰場上致電唐氏，表達個人不滿之情，電文說：「公護法，獨不護我軍，可痛可哭。今戰事吃緊，眞有強龍難壓地頭蛇之感，大事已矣，公其何以對吾滇父老。」[163]而根據滇軍將領金漢鼎的記載，當時滇軍中上級軍官如楊蓁、鄧泰中、范石生等都對唐繼堯不滿，因此當日部隊情緒浮動應是可信的[164]。

顧品珍對唐繼堯的不滿是日積月累的，尤以顧在四川戰場時發生的一些事，更增加其不滿的情緒。這些事情大略有以下幾點：(1)羅劉之戰後，顧從成都移駐資中，護國軍銀行行長隨行。到達資中後，滇軍旅長王秉鈞聞訊派兵去搶鈔票，顧氣極，急電北京段祺瑞將王撤職，派田鍾谷任旅長。顧事先未向唐繼堯請示，唐責顧專擅，加以申斥，顧唐間的矛盾自此開始。(2)唐聞滇軍從自流井撤退，大爲震怒，嚴電顧反攻，否則軍法從事。(3)唐的親信李友勳被顧撤職，范石生因生活腐化也被撤職，兩人對顧有怨言，回滇後不免向唐說些閒話，唐、顧間的矛盾又加深。(4)重慶會議時，某日唐大宴賓客，適顧有事提前去和唐商量，到鎭守府，大門守衛的佽飛軍（唐的警衛軍）對顧搜身，顧受此侮辱乃乘轎回住所。開宴時唐以電話一再邀請，顧仍堅持不去，彼此鬧得很不愉快。(5)倒熊之役發生時，顧因遭川軍圍攻，曾經發出「宥」電，指斥唐處置狂妄，挑起戰禍，陷滇軍第一軍於重圍[165]。因爲這些緣故，顧品珍此時的處境相當艱難。這次戰役不但損兵折將，而且丟掉了唐向來視爲外府的四川，「宥」電指斥唐繼堯，墨迹猶新，唐對其能否釋懷，這些都是顧品珍必須考慮的。

除了顧品珍本身及其將領對唐的不滿外，外來的分化與援助也是很重要的因素。顧品珍與熊克武頗有交情，在倒熊之前，熊爲了分化滇軍，曾約顧品珍密商。熊分析唐久踞雲南，驕傲自大，政苛民怨，勸顧保存實力，時間一到，率久戍思歸的將士，回師昆明，取唐繼堯而代之易如反掌。熊並且願意擔負三十萬元的餉款和械彈的補充[166]。北京政府及政學系諸人皆樂見唐繼堯倒台（按：顧品珍與政學系人交情匪淺），據說顧品珍曾透過政學系作中間人，從北京方面得到開拔費二十五萬元[167]。而北京內閣總理靳雲鵬在知悉顧品珍撤防回滇時，曾覆電獎譽有加，稱爲血性男子、愛國軍人，並令川軍妥爲接洽，助以餉械，力促顧氏回滇倒唐[168]。

---

[162] 謝本書，唐繼堯評傳，頁一三〇。

[163] 「鄧泰中對唐繼堯圖川慘敗深表不滿之密電」，雲南檔案史料，第四期，頁五〇。

[164] 同註[159]，頁九七、九九。

[165] 同前，頁八二～九四。

[166] 嚴嘯虎「國民黨改組前四川國民黨派系爭奪戰」，四川文史資料選輯，第五輯，頁五〇～五一。

[167] 詹秉忠「護法期間唐繼堯與孫中山的矛盾及其演變」，全國文史資料選輯，第三十輯，頁一一四。

[168] 唐繼堯，頁一〇四。

當唐繼堯獲知顧品珍將率師回滇時，曾派周鍾嶽往視顧部，顧力言無他意，表示始終擁唐。唐乃任命顧品珍爲雲南東防督辦，試圖穩定局勢。顧品珍乃一方面宣誓就任東防督辦，一方面又率軍向昆明進發。此時恰好駐昆明的葉荃第八軍因不滿唐氏，倒戈反唐，唐乃調集省城親衞諸軍往剿葉荃部，越追越遠。顧品珍等趁此時省城空虛，通電舉兵倒唐。唐繼堯乃召集緊急軍事會議，「一面飛電檄調前敵各軍來省應援，一面籌備作戰計畫」⑯⑨，準備武力解決。沒想到唐繼堯最倚信的楊蓁、鄧泰中竟也倒戈，與顧部旅團長聯銜請唐下野。就在這外援不及、內部分裂、軍心動搖之時，唐決定出走，乃通電辭職；並於民國十年二月八日天未明時，率親信及衞隊百餘人離開昆明，乘滇越鐵路火車向南出走，亡命海外。臨走前並且表示：「過一兩年後，我們再回來跟他們見個高低。同時還要請滇中父老兄弟，慢慢的評斷評斷，看看究竟誰是誰非，誰善誰惡。」⑰⓪這一天恰好是農曆春節，顧品珍很順利地進入昆明，並以滇軍總司令的名義控制雲南，而唐繼堯則開始踏上流亡的旅程⑰①。

⑯⑨ 同前，頁一〇六。
⑰⓪ 李宗黃，李宗黃回憶錄，第二冊，頁二九六。
⑰① 當時昆明民間流行一幅春聯：「兩個洋芋辭舊歲，一棵白菜迎新年」，唐是會澤人，會澤盛產洋芋，兩個洋芋指唐及其堂弟繼虞；一棵白菜指顧，顧是昆明人，昆明盛產白菜。見謝本書，龍雲傳，成都，四川民族出版社，一九八八年六月第一版，頁四七。

第五章　回滇與覆亡

第一節　二次回滇

唐繼堯自辛亥革命後已是西南的實力派，護國討袁成功後，聲望更是如日中天，其後滇軍分入川、粤，使他的勢力擴及西南各省。然而顧品珍的倒戈，卻使唐氏為之手足無措，最後且被迫出亡。對他而言，這是一生中最慘重的打擊，同時也反映出滇軍內部的凝聚力不夠穩固。面對這次教訓，唐繼堯自然要為他的未來出路做慎重的衡量。

當唐繼堯離滇前夕，曾做了下列處置：(1)前敵各部隊撤向蒙自集合；(2)自率衞隊佽飛軍赴蒙自；(3)總參謀長趙鍾奇仍留司令部，以維持部內秩序；(4)省防司令秦光第、憲兵司令李天保、講武學校校長劉國棟負責維持昆明的治安；(5)電令各衞戍司令官，維持其轄區內之安寧❶。二月八日，唐在佽飛軍大隊長龍雲的護送下抵達蒙自，時第二衞戍區司令兼蒙自

❶　山縣初男，秘境雲南，東京，中文館書店，昭和十九年一月二十日，頁二四八～二四九。作者為唐繼堯之日籍軍事顧問，也是日本駐雲南武官。

道尹李友勳擁護唐繼堯，唐遂在此留駐數日。唐氏認爲此行遠赴香港，沿途經法屬安南等地，若軍隊隨行將被法人繳械，而雲南也需要留下自己的親信，以便將來配合行動。因此乃將佽飛軍改編爲親衞第十一團，委龍雲爲該團團長，與李友勳同駐蒙自，做爲將來回滇的據點❷。唐繼堯將軍隊交付李友勳、龍雲後，續向安南進發。抵老街時，雲南各界派代表十人來此恭送，設宴爲他餞行❸。雲南代表並表示：「雲南各界仍將繼續唐氏之主義，並希望能見到唐氏就軍政府總裁職。」❹原本唐繼堯離滇赴港時，打算乘此餘暇遍遊歐美，藉以考察各邦政治得失，以備他日之用；但此時粵中政局有變，遂使唐氏暫時中止出國的計劃。在他致雲南各界的電文中，說明了這一情況：「當離滇之初，本擬周歷名邦，藉覘大勢，竊不自揣，欲一探其國家盛強之原，與夫政治，異日苟有一得之愚，或可以補積年之過。乃舟過香港，卽爲國會軍府暨粵中當局諸公以及地方團體堅招入省，幸承勉勖殷，情意肫摯，……故擬暫住此間，竭其智能以爲軍府及西南各省之助」❺。

先是，民國九年八月陳炯明率粵軍回粵，桂系勢力被逐出廣東；十一月二十五日，孫中山重返廣州，宣佈重組軍政府，繼續護法。對於唐繼堯被逼出亡，最初孫中山因鑒於唐氏以往的作風，對他並不友善。據唐氏部屬李宗黃的回憶，唐繼堯於出亡後曾有意到廣州就總裁職，但卻因孫的態度而遲遲其行❻。孫中山也曾告訴唐的代表李小川說：「蓂賡從來就不服從我，他有權有勢時總是和我相左，現在會服從我嗎？」❼李宗黃後來亦到廣州爲唐做說客，孫卻對李說：「蓂賡這個人頭腦太舊，軍閥習氣太深。他一方主張護法，一面主張聯省自治，目的就在於割地自雄。他的所作所爲，跟北洋軍閥又有幾大的差異？」❽李小川等人乃就各種利害向孫力言，認爲唐雖出亡，但在雲南仍有其潛勢力，若以禮對待唐，爭取唐的合作，不但可藉此牽制顧品珍的動向，將來還可以調出唐的部隊與粵軍合力解決桂系，統一西南，那北伐就有力量了❾。聽了這番話，孫中山爲之所動，再加上李宗黃動員軍政府、國會各要人向孫勸說，孫乃決意接納唐氏，因於民國十年三月四日，與唐紹儀、伍廷芳聯名電邀唐來粵共商大計。軍政府一方面在粵籌備歡迎，另一方面則派代表先期駐港專候。三月九日上午，唐繼堯由海防乘船抵港，已有粵中代表胡漢民、汪精衞、張繼等人在場歡迎。略事休息後，於下午一時赴九龍，搭專車到粵；至四時五十五分，專車抵廣州大沙頭站❿。此時孫中山、伍廷芳、唐紹儀三總裁及粵中各要人皆在站迎候，並於軍政府舉行盛大的歡迎會，爲唐洗塵。

❷ 謝本書，龍雲傳，頁四七。
❸ 「東京日報載唐繼堯一行抵越南河內時情形的消息」、「滇省代表爲報告赴老街設筵歡送唐繼堯赴香港情況致顧品珍電」，雲南檔案史料，第八期，頁一八～一九。
❹ 山縣初男，秘境雲南，頁二五〇。
❺ 「唐繼堯舟過香港，爲國會、軍府所留致雲南議會、顧品珍、周鍾嶽等電」，同註❸，頁一九。
❻ 李宗黃，李宗黃回憶錄，頁二九六～三〇三。
❼ 田布衣（即丁中江）「唐繼堯出亡廣州經緯」，春秋月刊，九卷二期，民國五十七年八月一日，頁一一。
❽ 同❻，頁三〇五。
❾ 同❼。
❿ 香港報及廣州晨報的報導，見佚名編，唐會澤蒞粵歡迎盛況紀略，頁二～四。

根據唐的隨從詹秉忠回憶說：「唐到廣州，孫中山特別穿著衫子馬褂中國舊裝，與唐歡宴。一見唐就說：『你來了，與我合作，我有辦法。』言下情誼款至，足見孫中山偉大無私、與人爲善的崇高風格。唐繼堯當然深受感召，表示服膺三民主義，誠實擁護孫中山的革命主張，絕無二心。」⓫在歡迎會中，孫中山首先致詞，謂唐離滇來粵，「軍政府乃得唐公來規劃一切，此西南之成功也。……昔爲雲南獨有之唐公，今後則爲中華民國共有之唐公，此中華民國之大成功」⓬。唐繼堯致答詞則謂此次所以毅然離滇，是因爲：「⑴不忍糜爛桑梓；⑵不肯爭權奪利；⑶此次政變原係受人挑撥，久當自明。本此三者，故迅速率部離省，……乃抵此間，承諸君之要留獎勉，怦然悟今尚非偷閒之時，遂亦決隨諸君之後，以貫徹辛苦經營之護法事業」⓭。根據李宗黃的記載，某晚李陪同唐繼堯赴粵秀樓孫中山夫婦晚宴，席中孫言其行將老矣，而唐則正是其理想中的繼任人選，並謂以孫的三民主義、國民黨，加上唐的軍隊，必能直擣幽燕，掃除北洋軍閥，完成新中國的實現。唐繼堯聽後極表感奮，答道：「承先生隆情高誼，屬望殷切，今後謹當竭盡所能，助先生一臂，庶幾無負先生的囑託。」⓮唐繼堯在最失意時能得孫之熱誠接待，且以繼承人之位託付，這等於是將唐帶到另外一個新天地中，畫出一幅燦爛的遠景，因此這一刻唐對孫的感念是無庸置疑的。同時軍政府總裁孫中山、唐紹儀、伍廷芳決定堅留唐氏在粵執行總裁職務，共維大局，「蓋以軍政府總裁法定人數至少須有四人負責，始生效力。若唐公去粵，則缺去一人，其影響於政務會議者甚屬重要。」⓯唐氏也欣然應允，留駐粵中。一時「孫唐攜手」、「孫唐合作」之呼聲甚囂塵上，西南局勢似乎顯露了一線曙光。

然而這次「孫唐合作」還是失敗了，西南局勢不久再次分裂，這要從廣東、雲南以及唐繼堯三方面來分析。在廣東方面，孫中山雖然藉陳烱明粵軍之力得以回粵重組護法軍政府，但陳對孫陰有異志，廣東政局正在醞釀暗潮。據顧品珍派赴廣東的代表黃毓成在給顧的信函中，報告了當時粵中情形：

孫、陳間本極齟齬，惟因利害共同，萬不可決裂，故表面上極為敷衍。孫志全國，陳僅粵省，孫欲擴大，陳則於軍、財權絲毫不予以通融。（孫）且也〔已〕新更黨綱，仿佛哥老，凡入黨者，皆用手印，犧牲自由，獻身主領，逼人為之，陳極不願。總之，孫有舊式黨魁的雄心，陳無相見肝膽之行事，忍無可忍，或因其他原誘，終必有潰決之一日。⓰

從這段記載很清楚地說明了當日廣東的局勢。陳烱明位列廣東省長，握有粵軍，儼然以廣東主人自居，唐繼堯此刻來到廣州對陳是一大威脅。因為唐雖失敗下野，但是雲南省內省外都

⓫ 詹秉忠「護法期間唐繼堯與孫中山的矛盾及其演變」，頁一一五。
⓬ 孫中山之歡迎詞，見唐會澤蒞粵歡迎盛況紀略，頁六。
⓭ 同前。
⓮ 李宗黃，李宗黃回憶錄，頁三一一～三一二。
⓯ 唐會澤蒞粵歡迎盛況紀略，頁二四。
⓰ 「黃毓成陳述廣東孫文與陳烱明、粵桂矛盾及唐繼堯的情況致顧品珍函」，雲南檔案史料，第八期，頁三四。

有效忠唐的部隊，倘若唐繼堯眞和孫合作，將效忠於他的滇軍調來廣東，那麼粵局將出現唐、陳分庭抗禮的局面，而孫中山也將藉此擴充其勢力。「臥榻之旁，豈容他人鼾睡」，於是陳乃多方分化孫、唐，並鼓動唐繼堯回滇發展，必要時甚至可支援唐回滇所需的糧餉械彈⑰。而軍政府另一總裁唐紹儀也以同宗長者的身份向唐繼堯陳說，要唐保持實力，切勿盲從孫中山而失卻重返雲南的機會⑱。這些話都是唐容易聽進去的，而此時孫又有改組政府，欲自任大總統之舉，唐對此事不表贊同，乃藉故離粵返港。

先是，孫中山自從遭政學系的排擠後，卽認爲合議制不良，所以在重建護法軍政府的同時，就決定建立正式政府，恢復總統制，以加速護法事業之進行。民國十年元旦，孫發表談話，認爲護法不能解決根本問題，主張「仿南京政府辦法，在廣東設立一正式政府，以爲對內對外之總機關。」⑲三月二十九日，孫就選舉總統事發表談話，謂：「此次費無數力，始得回粵；如不舉總統，西南無發展之望。我今次回粵，具破釜沈舟與粵共存亡之意。」⑳可見孫意志之強。四月七日，在廣州召開的國會非常會議通過「中華民國政府組織大綱」，並選舉孫中山爲非常大總統，孫乃於五月五日通電就職，同日並撤銷了軍政府。然而孫中山的作爲卻激起若干人不滿，首先湘軍總司令趙恆惕就連發四封通電，謂國會不足法定人數，選舉總統違法，聲明不承認非法選出之總統㉑。而國會中亦有部份議員不贊成，認爲「護法事業，其根本在合法。玆以不足大總統選舉法法定人數之國會議員，而選舉大總統，恐人將議其後。若不用大總統名義，出革命方式，任何名義，均可採用。」㉒唐繼堯也認爲西南揭櫫護法，自身不宜破壞約法，頗主愼重，以爲孫中山此舉乃爲「僉壬所惑」，「陰授意己派議員，組織總統選舉會，欲自爲總統」㉓。由於選舉大總統事造成國會內部分裂，議員星散，唐紹儀、孫洪伊等人均赴上海，唐繼堯見事無可爲，且粵中孫、陳暗鬥之政潮不斷擴大，唐不欲陷身其中，乃通電解除政務總裁及軍政府交通部長職，離粵返港，此後遂積極進行回滇的準備㉔。

就雲南內部而言，當顧品珍剛返滇時，滇人對他的感情還算融洽。因爲顧氏曾宣布軍民分治，整頓內政，不問外事，切合雲南人民的需要。而顧也確然有治滇之心，在返滇之初，已部軍隊已縮編爲兩旅，但對原在滇各部隊一律照舊，以安軍心㉕；並且倡言廉潔，嚴禁貪汚，以糾正奢侈之風㉖。不過，自從顧氏兼任省長後，一切措施卻大失民望。對於民政方面，

---

⑰ 田布衣「唐繼堯出亡廣州經緯」，頁一一二。
⑱ 同⑭，頁三一五～三一六。
⑲ 廣州百年大事記（上），頁二一八。
⑳ 同前，頁二二三。
㉑ 同前，頁二二四。
㉒ 吳宗慈「護法計程」（上），頁四七○。
㉓ 轉引自謝本書，唐繼堯評傳，頁一三二。
㉔ 唐繼堯，頁一一○。原文誤爲「參謀部長」，按軍政府參謀部長一職向由李烈鈞擔任，唐辭卸之職應爲「交通部長」。
㉕ 羅壽彭「記滇軍顧品珍所部由川回滇經過」，四川軍閥史料，第二輯，頁一九六。
㉖ 金漢鼎「唐繼堯圖川和顧品珍倒唐的經過」，頁一○○。

如市政、教育在先前本已有革新基礎，但顧執政後，卻加以推翻；又如各縣知事，多半委由軍人擔任，以致吏治日壞㉗。同時，顧品珍的軍事幹部並不完整，乃是拼湊在川滇軍第一、二兩軍而成，因此向心力不強，並未眞心擁護顧氏。而且，顧品珍度量太狹，如講武學校在唐繼堯時代招來的許多僑生和外省學生，顧都不願任用㉘；這一點不如唐繼堯之注重培養軍事幹部，而且有自己一手培植的部隊，向心力極強。特別是顧品珍所部自川回滇後，都以爲江山在手，多年辛苦遠戌在外，如今要好好享幾年清福，於是互相爭權奪利，誰都沒有勵精圖治的朝氣，這一來遂使顧品珍在滇人心中大失所望㉙。此外，在剿匪一事中，顧品珍更是舉措失當，大招滇人不滿。雲南自護國之役後，由於省內軍隊大部調出，匪患漸起。唐繼堯時代剿撫兼施，一面剿討，一面招撫，當時雲南巨匪楊天福、吳學顯等都被唐氏招撫到昆明，恩威兼施，所以在唐主政時，雲南匪患尚不嚴重。但是當顧品珍回滇主政後，一反唐之作法，決心徹底剿滅匪患，乃命楊蓁捕殺楊天福、吳學顯。結果楊被捕殺，吳則竄至迤南，嘯聚近萬人，以擁唐反顧爲號召；同時楊天福舊部也聚集數千人，聲言爲楊復仇，擾亂滇西。因此滇省一時匪患大熾，昆明附近都有匪蹤，行旅爲之裹足㉚。所以在十年八月，滇人以雲南旅省五十八縣同鄉會名義通電，用七項「大不可」痛責顧品珍，電文說道：「自顧君回滇而後，匪風較前十倍，民困益以加深，省城內外兵匪橫行，白晝刼人，無日無之。至於各縣匪勢尤張，農不敢赴田而耕，商不敢入市而貿，婦女被擄，學生被搶，呼天籲地，慘目傷心。顧君身爲軍人，而不能盡保護桑梓之責，尙欲兼綜庶政，黜陟百僚，威福自恣」㉛，要求顧品珍從速取消省長兼職。當日滇省有首童謠云：「山上只合種洋芋，不合種白菜。」山上是指五華山，歷年雲南主政者皆住五華山，洋芋是指唐繼堯，白菜指顧品珍。雖是童謠，卻已充分反映出顧品珍不勝其任，滇人仍懷想唐繼堯之意㉜。日本駐滇武官山縣初男認爲顧氏長於軍事而乏治平之才，其才幹不及唐氏㉝，這個評價可說是相當公允的。正因爲顧品珍治滇不得人心，滇中各界乃屢派代表赴港，請唐返滇，造成了唐氏回滇的良好時機。

再就唐繼堯個人而言，唐、顧原是日本士官同學，且爲把兄弟，顧一向爲唐的部下，又是唐極爲賞識的軍長。如今顧品珍倒戈反唐，唐繼堯認爲顧此舉是以下犯上，既違背綱常也違犯軍律，實屬大逆不道，每與人談及此事，必云：「不撲此獠，誓不爲人。」㉞唐的隨從詹秉忠記載稱，唐對顧報復心切，並曾對人表示無論誰當雲南督軍他都同意，惟獨顧品珍不可㉟。這種強烈的個人恩怨，是促使唐回滇的重要因素。此外，在唐氏來粵之初，當時大本

㉗ 同㉔，頁一一一。
㉘ 戢翼翹先生訪問紀錄，頁三三。
㉙ 田布衣「唐繼堯再度回滇主政」，春秋月刊，九卷三期，民國五十七年九月一日，頁二三。
㉚ 同前。又見唐繼堯，頁一一一；金漢鼎「唐繼堯圖川和顧品珍倒唐的經過」，頁一〇一～一〇二。
㉛ 「雲南旅省五十八縣同鄉會會員等請顧品珍從速取消省長兼職的通電」，雲南檔案史料，第八期，頁二八～二九。此電稿在滇無法發佈，乃託人帶至港滬發表時，爲當時雲南軍警督察處長韓鳳樓檢獲。
㉜ 吳宗慈「護法計程」(下)，刊於革命文獻，第五十一輯，頁五二九。
㉝ 山縣初男，密境雲南，頁二五一。
㉞ 符昭騫「唐繼堯回滇討伐顧品珍親歷記」，全國文史資料選輯，第十五輯，頁一三五。
㉟ 詹秉忠「護法期間唐繼堯與孫中山的矛盾及其演變」，頁一一五。

營有副元帥、陸軍部長和參謀部長三個職位，唐繼堯希望於三者之中能取其一。但後來軍政府改組，大元帥由大總統兼任，胡漢民等堅持不另設副元帥；陸軍部長又爲粵軍總司令陳炯明兼任，不容旁人染指；而參謀部長一向由李烈鈞擔任，唐、李係士官同學，且彼此交誼甚篤，唐亦不肯去李自代㊱。結果在新成立的政府中，唐只獲得交通部長一職，唐繼堯當然不會屈就，眼見粵中無發展之餘地，這也是促使唐氏回滇的一個積極因素。

民國十年夏秋之交，孫中山號召西南各省出師驅逐桂系，並趁機籌備北伐。此時留在雲南蒙自的李友勳、龍雲部因恐顧品珍對其不利，乃藉響應孫中山護法、討伐桂系的名義進兵廣西，很順利地攻克柳州，並以此爲基地，積極發展勢力，不到半年，這支部隊就擴大到七、八千人㊲。同時，原駐貴州畢節的滇軍胡若愚旅也積極擁唐，乃率部向廣西進發，準備和駐粵滇軍靠攏。這時的駐粵滇軍經分裂後，擁唐一派由李烈鈞、朱培德、楊益謙率領，一度參與川中混戰，支援駐川滇軍，後來因戰敗仍退回湘南，此刻奉孫中山號令，正對桂系發動攻勢。經過三個多月的戰鬥，終於平定廣西，驅逐桂系，孫乃計劃以兩廣爲根據地，準備繼續出師北伐。就在此時，唐繼堯決定回滇。是時唐的舊部在桂林方面有朱培德、楊益謙、胡若愚等部二萬餘人，柳州方面有李友勳、龍雲等部七、八千人。這些滇軍將領都是雲南講武堂出身，是唐一手培植的幹部，如能重新掌握這些部隊，便可大有所爲。唐繼堯曾多次與其旅港高級幹部商討今後的出路，其中唐的親信王九齡主張回滇最力，但亦有一部份人贊成響應孫的北伐。最後唐認爲孫實力有限，軍費來源枯窘，軍隊編制雜亂，軍力脆弱，餉械兵員補充不易，北伐難題尙多，不如先回滇驅逐顧品珍，然後以雲南爲根據地，再徐圖北伐，較爲穩當，於是決定了回滇之議㊳。唐對孫的北伐事實上並無信心，他認爲「孫之地位岌岌動搖，不早自謀，終必無幸」，並認爲孫之「所謂北伐，在謀地盤」㊴，這種認知堅定了唐氏返滇的決心。於是唐一方面派親信代表赴桂活動，聯繫各地滇軍將領；另一方面則交朱培德二十餘萬元，負責收買各將領，以擁唐回滇，事成之後並許昇任一級㊵。在一切運動成熟後，唐繼堯指示桂林的滇軍迅速脫離大本營，開往柳州，與李友勳、龍雲部靠攏。另外，唐並與陳烱明取得聯絡，陳答應若滇軍受阻，當以全力援助，「並確實擔任餉項」。爲此，唐樂觀地認爲，「孫無實力，我復確得陳援，殊不足慮」㊶，乃於民國十一年春，經西江往柳州進發。

此時，孫中山已知唐有意率滇軍回雲南，這對孫的北伐事業影響頗大。由於陳烱明不贊同北伐，故孫的北伐主力軍是由滇軍組成，若滇軍此時亦棄孫而去，北伐事業將徹底失敗。因此孫乃派龔師曾爲代表，至柳州勸唐一齊北伐，只要唐肯答應，要槍給槍，要餉給餉，要名義給名義。唐則表示要龔代他請假三個月，等他把雲南料理好，即經貴州出師北伐。唐在

㊱ 龔師曾述，姚肖廉記「孫中山先生與唐繼堯的關係」，廣東文史資料選輯，第二十五輯，頁二五六～二五七；符昭騫「唐繼堯回滇討伐顧品珍親歷記」，頁一三五～一三六。

㊲ 謝本書，龍雲傳，頁四八～四九。

㊳ 同㉞，頁一三六。

㊴ 轉引自謝本書，唐繼堯評傳，頁一三三。

㊵ 詹秉忠「唐繼堯回滇復辟活動二三事」，雲南文史資料選輯，第二輯，頁一四九～一五〇。

㊶ 「唐繼堯致張伯群等電」，未刊資料，轉引自謝本書，唐繼堯評傳，頁一三四。

給孫的信中寫道：「請以雲南為後方革命策源地，願先回雲南整飭戎行，及時簡撥精銳，督師馳赴廣州，惟先生命，效力北伐事業。」㊷孫見唐執意回滇，乃於民國十一年二月二十三日發佈「制止令」，譴責唐抗命回滇，並令滇、黔、桂各省當局嚴行制止。此時朱培德亦轉而通電討伐唐繼堯，並宣佈與唐脫離一切關係。唐的處境極為艱難，但事到如今，只有毅然決然，率師返滇。唐將剩餘的軍隊編為四個軍，分道向雲南進發，並派人至滇活動，聯絡唐氏舊部，以收內外夾攻之效。本來顧品珍所部兵力超過唐數倍，而且以逸待勞，在整個形勢上佔了優勢，但顧部太過輕敵，而內部又指揮不靈，將領間不和，擁兵自固；唐部則萬衆一心，都想打回雲南老家。加上法國暗助唐繼堯，在鐵路運輸和情報傳遞上給予協助，而唐氏運用吳學顯部土匪的策略又極其成功，終使唐氏戰勝了顧品珍。在天生關一役中，吳學顯所屬黃誠伯部突然出現在顧品珍總司令部前，顧措手不及，與參謀長雙雙遇難，顧部遂土崩瓦解，唐繼堯乃率部輕取昆明。十一年三月，唐氏返回昆明，重掌滇政，這就是唐繼堯的「二次回滇」㊸。

第二節　響應聯省自治

自民國六年南北分裂後，國內統一一時無望，於是主張聯省自治的聲音漸起。他們主張先從各省自治著手，制定省憲，組織省政府，實行自治；再由各省組成聯省會議，以省憲為基礎，制定聯省憲法，以完成國家統一㊹。聯省自治的主張提出後，獲致很大的迴響。此時北京政府為直系控制，力主武力統一；南方孫中山認為聯省自治只會造成軍閥割據，並不贊成。但處於南北之爭的省份，尤以受害最烈的湖南、四川，則想擺脫南北之爭，由自治而自保，這是聯省自治運動興起的時代背景。

唐繼堯之所以響應聯省自治運動，是很可以理解的。雲南雖然不是位居於南北之爭的省份，但由於護國之役以後年年出兵，滇省人民的負擔已達於極限。而且唐氏此次回滇，一方面由於實力耗損太多，急需休養生息，藉以收攏人心；另一方面此時貴州由袁祖銘主政（劉顯世已於民國九年被迫出亡），立場親北，而四川則藉自治之名，各軍分佔防區，形成割據的局面，唐很難再插手其中。因此閉關自治是他此刻最好的策略，聯省自治也是最能符合他的一時利益。所以雲南在唐繼堯返滇之初，基本上是採取收縮政策，這和先前的「靖國」時期以及稍後的「建國」時期所採行的擴張政策，有根本上的不同。

唐繼堯在回滇之初，「鑒於武力護法難達目的，時局解決，無根本辦法，乃順應潮流，提倡省自治以謀地方之福利，更進而聯合各自治省，組織聯省政府，以解決時局」㊺。此時孫中山在南方力倡北伐統一，吳佩孚在北方主張武力統一。唐既不贊同孫的北伐論點，更不

㊷ 龔師曾述，姚肖廉記「孫中山先生與唐繼堯的關係」，頁二五八。

㊸ 謝本書，唐繼堯評傳，頁一三五～一三六。

㊹ 李劍農，中國近百年政治史，下冊，頁五四七。

㊺ 唐繼堯，頁一一八。

甘心屈服於吳的武力統一之下，因此乃「順應潮流」，響應當時盛行的聯省自治運動以爲對抗。民國十一年五月二十日，唐氏通電各省主張聯省自治，電文謂：

> 此時救國之方，實無逾於聯省自治。……民治潮流復遍輸於宇內，計惟有實行自治，使地方有發展之機；並實行聯省，免國家有分崩之禍，內外互相維繫，權限各自分明。果自治之聯省愈多，國家之統一愈近，是所以消弭兵禍者在此，即所以建立國基者亦在此也。[46]

這是唐氏對聯省自治所抱持的主張，而這項主張落實到地方事務上，即是實行省自治。

唐繼堯二次回滇後，加快了民治的步伐，積極效法湖南省自治的榜樣，創立雲南民治實進會，並發表宣言[47]。然而這些都只是表象，在不妨礙唐的利益下，唐可以容許這些表象存在，可是一旦這些主張妨礙了唐的利益，那麼就無存在之必要。如滇省第三屆省議會曾議決了「雲南省憲法籌備處組織法」，準備籌組省憲起草、審查和總投票三個委員會，諮請省府定奪。唐繼堯躭心民治走得太快會危及他的統治權，乃以下列兩個理由：(1)省憲事體重大，尚需詳加研究；(2)國憲未成，省憲先定不免抵觸[48]，宣佈省憲從緩。隨後唐乃自組法制委員會，制定「雲南省政府暫行組織大綱」，做爲自治進行之標準。依組織大綱，於十一年八月一日實行改組省政府，規定「在民選省長未舉前，各界暫推舉唐氏爲雲南省長」[49]，然而一直到唐去世，民選省長始終未舉行。「雲南省政府暫行組織大綱」共二十二條，第二條規定省政府爲執行全省政務之最高機關，第三條則規定省長爲一省之最高級長官[50]，大綱沒有規定省長怎樣民選，任期如何，實際上等於是賦予唐氏「終身省長」的權利[51]。在二十二條條文中，有十五條是以省長唐繼堯的權限爲中心而做的規定，但沒有一條是用來制約省長的權限（第十三條「省長及省務員對省議會負責任」勉強可算，但此條文並無強制性），結果是「組織大綱」賦予唐繼堯無限制的獨裁權，賦予他絕對的權力㊿。這就是唐繼堯在雲南實行自治的眞實內容。

第三節　掙扎與沒落

唐繼堯在二次回滇後，倘若眞能閉關自治，不問外事，與民休息，不但滇人將蒙受莫大之幸福，唐繼堯的政權也將更延續若干時日。然而唐氏不此之圖，在雲南內部剛站穩腳跟後，又積極向外擴張，這些擴張行爲不但打破了唐氏「聯省自治」的神話，也一步步地將唐氏推向覆亡的邊緣。

㊻「主張聯省自治通電」，周鍾嶽文牘存稿，刊於近代史資料，一九八二年第一期，頁八一～八二。
㊼同㊸，頁一四八。
㊽荆德新「評唐繼堯的『聯省自治』」，西南軍閥史研究叢刊，第一輯，頁一〇九～一一〇。
㊾唐繼堯，頁一二〇。
㊿組織大綱全文見唐繼堯，頁一二一～一二二。
51謝本書，唐繼堯評傳，頁一五〇。
52鈴木健一「唐繼堯と雲南政權」，木村正雄先生退官紀念東洋史論集，頁四八九。

唐氏回滇之初，由於所率部隊乃多年流亡在外的零星殘卒，加上滇軍歷經顧品珍倒戈、唐氏出亡以及回滇這一連串波折，它所造成的滇軍大分裂，需要時間去撫平，唐乃致力於部隊的整訓和補充。同時爲了酬庸這次護駕回滇的幹部以及擴大自己的勢力，唐乃大肆擴軍，到了民國十一年年底，即擴建正規軍四軍，近衞團八團，加上分駐各縣的地方團隊，總兵力約十萬人[53]。爲了支付這些龐大軍費，唐氏的辦法是大開煙禁[54]。等到唐繼堯自覺勢力已豐，而省外的局勢有了變化，唐氏乃又回復到他以前的對外擴張政策，首先的目標是貴州。

在唐繼堯主政時期，他之所以能夠實行所謂的「大雲南主義」，其中最大的因素是由於貴州劉顯世的支持與配合。由於滇、黔對四川財賦有共同的需求，這也是他們合作的關鍵，事實上也證明他們合作得很融洽，因此在四川戰場上，常可看見滇、黔軍併肩對抗川軍的情景。然而這種合作的關係卻隨著民國九年黔軍倒戈，劉顯世出亡而告一段落。當唐繼堯再度回滇時，貴州正由袁祖銘統治。袁一心附北，唐氏曾電袁擁他(指唐)恢復川、滇、黔聯軍總司令，任袁爲副司令，貴州歸滇統轄，袁覆電拒絕，因此遭唐所忌[55]。十一年十二月駐桂滇軍胡若愚部胡國秀旅，準備借道貴州回滇，經唐向袁電商，袁覆電應允。然而胡國秀旅行經貴州榕江、荔波時，卻被黔軍繳械。唐電商袁退還槍支，袁竟置之不理，唐乃決定藉此大興問罪之師[56]。十一年底，唐請出流亡昆明的劉顯世，組織滇黔聯軍，唐自任總司令，以劉爲副司令，並任命堂弟唐繼虞爲東南巡宣使兼滇黔聯軍前敵總指揮官，聲言「黔省一則因在桂滇軍假道回滇，爲黔軍王天培包圍繳械，一則因劉公如周（即劉顯世）徇黔人之請，由滇回黔，（袁祖銘）遂橫生猜疑，派兵截阻」[57]，乃以恢復劉顯世政權爲名，武力對付貴州。結果滇軍很迅速地占領貴陽，袁祖銘退入四川，滇軍再次控制貴州，劉顯世也恢復了省長的名義，但大權實際上則在新任命的貴州軍事善後督辦唐繼虞手中。當唐繼堯用兵貴州的同時，川軍內部發生火併，遂使唐氏又藉機插足川中。

此時四川爆發了熊克武、但懋辛的第一軍與劉湘、楊森的第二軍的內戰。戰爭持續中，吳佩孚派北軍入川協助劉湘、楊森，熊克武乃向南方求援，唐遂派滇黔軍入川援熊，並與熊氏言歸於好。孫中山亦於十二年六月任命熊爲四川討賊軍總司令，川局自此又一變而爲南北之爭。到了十二月底，戰局逆轉，滇軍與熊部川軍退出重慶。十三年三月，滇軍再次被逐出川境，唐繼堯再圖霸業的雄心爲之幻滅。四川已無插足的餘地，唐只有另闢途徑。

廣東政局此時又起了重大的變化。自唐繼堯於十一年初率師回滇，而陳炯明又於同年六月叛變，孫中山的革命事業遭受頓挫。但在十一年底、十二年初，支持孫的滇軍楊希閔部（顧之舊部，唐回滇後出亡在外）、桂軍劉震寰部擊敗陳炯明粵軍，孫乃於十二年二月重返

---

53 吳璋「一九二二年唐繼堯二次回滇重掌政權之種種措施」，未刊稿，轉引自謝本書，唐繼堯評傳，頁一五一。

54 李子輝「雲南禁煙概況」，雲南文史資料選輯，第三輯，頁八〇～八四。

55 荆德新「評唐繼堯的『聯省自治』」，頁一一三。

56 嚴池華「滇軍第二次侵黔實錄」，全國文史資料選輯，第三十輯，頁一二〇～一二一。

57 「爲黔事致各省通電」，周鍾嶽文牘存稿，頁九三。

廣州，第三次在粵建立政權，成立大元帥府，準備繼續出師北伐。十二年十月，曹錕賄選發生，遭到全國輿論的強烈指責，唐繼堯遂於此時派人到廣東，向孫中山表示願意北伐，討伐曹錕、吳佩孚，計劃以川、滇、黔軍途經湘西，擬與廣州北伐軍會師武漢。孫為了促使唐參加北伐，乃於民國十三年九月十一日，在廣州召集的政務軍事聯合會議上，推舉唐為副元帥，並電促唐就職，率師北伐。孫同時也任命了唐繼堯以副元帥兼建國軍川滇黔聯軍總司令，令其主持三省北伐軍事㊽。然而唐繼堯仍師護法時期之故技，再次拒絕就任副元帥，但卻欣然就聯軍總司令職，並以討伐曹錕為名，在昆明召集川、滇、黔、粵、桂、湘、鄂各軍代表會議，擬定「建國聯軍總司令部大綱」，宣佈成立聯軍總司令部。唐氏自稱七省聯軍總司令，編制建國聯軍十五個軍，其中雲南直轄六個軍，另在滇特編佽飛軍四個軍，其他六省的建國軍皆屬總司令指揮㊾。表面上唐繼堯似乎恢復了昔日的霸業，但事實上這只是個空殼子，唐眞正能指揮的也只有滇軍。十四年一月，滇黔達成協議，滇軍由黔東進入湘西，並與熊部川軍和部份黔軍組成川、滇、黔北伐軍。然而此時北方政局再起變化，第二次直奉戰爭爆發，直系失敗，曹、吳下台，唐遂失去北伐的藉口；而此時湘軍又疑唐別有所圖，乃有武力驅逐客軍之議，於是滇軍唐繼虞、張汝驥只有南走桂北，加入滇軍對廣西的作戰。

早在十三年夏秋，唐即曾兩次派人到廣西遊說李宗仁、黃紹竑，協議經桂赴粵，共同出兵廣東。李、黃乃虛以應付，並密電廣州㊿。黃紹竑認為唐想出兵廣東，主要是垂涎於兩廣的財富。尤其廣東當時的情勢混亂，而入粵滇軍的高級將領表面上口口聲聲要為顧品珍報仇，但中下級幹部都和唐有千絲萬縷的關係，因此唐氏認為若能好好運用，入粵滇軍將是他在粵的一支潛在力量[61]。澳洲學者霍爾（Hall）分析滇軍侵桂之因，一爲尋求養兵之財源；一爲唐氏個人的政治野心，蓋唐氏自認其爲中國未來之總統[62]。不管如何，當日兩廣的情勢的確有利唐的發展，此時孫已應邀北上，東江陳炯明部乘機分三路進攻廣州，駐粵滇、桂軍與唐又有默契；而此時廣西李、黃等人新崛起，根基未固，且忙於應付沈鴻英部的騷擾，所以此時正是唐繼堯進兵兩廣的絕佳時機。於是唐乃派滇軍第五軍軍長龍雲、第二軍軍長胡若愚率三萬餘人由南路進攻；命滇軍第一軍軍長唐繼虞、第十軍軍長張汝驥、招安軍統領吳學顯率兵四萬人，由北路進攻。適於此時，孫中山在北京病逝，唐乃於十四年三月十九日發出通電，聲明已於十八日在滇就副元帥職，宣稱「大元帥……一切未竟之主張，皆吾輩應負之責任」[63]，企圖以副元帥遞補大元帥的缺位。但廣州政府即於當日譴責唐的行徑，並通電討伐之。唐合法入主粵省的計劃失敗，於是乃更加緊侵粵的準備，五月又派代表和楊希閔（駐粵滇軍總司令）、劉震寰（駐粵桂軍總司令）等人以及香港當局代表密議，準備進圖廣州[64]。然

---

[58] 謝本書，唐繼堯評傳，頁一五七。

[59] 雲南省通志館編，雲南通志續修長編，軍務略，沿革之十六，轉引自同前註，頁一五八。

[60] 黃紹竑「滇桂戰爭」，全國文史資料選輯，第二輯，頁六一。

[61] 同前，頁六〇。

[62] J. C. S. Hall, *The Yunnan Provincial Faction: 1927-1937*, The Australian National University, 1976, P. 12.

[63] 孫曜編，中華民國史料，臺北，文海出版社，無出版年月，「唐繼堯就副元帥職之皓電」，頁六三一。

[64] 謝本書，唐繼堯評傳，頁一五九。

而唐繼堯的這一番計劃卻全都落空，六月廣州政府先發制人，東征軍回師以武力解決了駐粵滇桂軍；而入桂的滇軍又屢遭敗績，損失慘重，最後終於敗退回滇，從此唐繼堯逐漸沒落。

滇軍敗退回滇後，直接激發了唐氏與滇軍將領的緊張關係，終致演成十六年二月六日的倒唐政變（一稱「二六政變」）。當日唐氏與滇軍將領間的矛盾，主要集中於三方面：首先是滇軍內部的親疏之分。早先唐氏編練各種警衛軍（唐的直屬部隊），在兵員、武器上都有明顯的優越地位。入桂戰敗後，唐藉口裁軍，將胡若愚、龍雲、張汝驥等人的二、五、十軍番號撤銷，第二、五兩軍各由原先三個旅（轄六團）縮編為二個旅（轄四團），第十軍由三旅縮編二個旅（轄三團），裁餘官佐甚多。而貽誤戎機的第一軍[65]，番號雖被撤銷，但部隊轉為唐之近衛軍，擴增至四個旅，實力反而大增，這就造成各將領的不滿。在侵桂之前，唐向法國購買足充三個團的槍械，完全用來擴充近衛部隊，這次整編又削弱了各軍的實力，反而大大加強近衛軍，充分表現唐氏對各軍越來越不信任，各將領亦對唐氏越來越不滿[66]。

其次，在人事的安排上是他們矛盾之二。胡若愚、龍雲、張汝驥等人是唐氏政權後期的得力支柱，也是對外用兵的戰將。但唐在入桂戰敗後，為避免顧品珍倒戈之事重演，乃謀削弱他們的兵權，並授以鎮守使之職，使戍守雲南各地，藉以分散諸軍威脅。而另一方面，唐又積極扶植自己的親信，只要是親戚同鄉，不需經過什麼資歷或功績，皆可官運亨通。如在入桂戰爭中延誤戰機的唐繼虞，回滇後不但未受處分，反而改任訓練總監，總攬整訓部隊大權，更引起各將領的憤恨。唐繼堯早有心培植唐繼虞爲繼承人，在民國八年唐氏赴渝時，即以唐繼虞代理督軍。但是唐繼虞才能平庸，好用私人，排斥異己，久爲雲南軍政界人士所不齒。而唐重用親信，胡若愚、龍雲等人認爲這是對他們的不信任，在這點上，胡、龍等人的利害是一致的[67]。

最後，對於各項財源的爭奪，是他們另一個矛盾。唐繼堯以其親信控制了滇省主要的金融稅收機關，任何人都無權過問。其中大煙（鴉片）稅和煙酒稅各有若干數目直接解交唐的私庫，這種作法頗引起議論。此外，唐並針對部隊的吃空缺問題，做了改正辦法，明定各軍兵員缺額，不許零星報補，同時實行點名發餉。在舊軍隊中吃空缺是司空見慣的，也是各級幹部的例行收入，唐的這項措施，等於是堵塞了各級軍官的一大財源。唐在財政問題上的緊縮剋扣，使非嫡系的人員無利可圖，因此對唐的怨恨有增無已[68]。

正當雲南內部充斥各種矛盾之時，廣東國民黨當局及中共皆曾派人回滇運動倒唐，更加

---

[65] 在侵桂之役時，第一軍唐繼虞未依原定計劃向桂北夾擊，反而迂道遠出湖南洪江，銷售大批煙土以充軍餉，稽延時日至兩月之久，以致嚴重貽誤戎機，造成滇軍敗績。見高蘊華「一九二七年雲南兩次政變回憶錄」，雲南文史資料選輯，第六輯，頁八五。

[66] 謝崇文「雲南二六政變的前因後果」，雲南文史資料選輯，第六輯，頁一〇六。

[67] 同前，頁一〇二。

[68] 荊德新「論二六政變」，西南軍閥史研究叢刊，第三輯，頁三七五～三七六。

速倒唐情勢的發展[69]。先是，唐繼堯雖然在入桂戰爭中挫敗回滇，但其對兩廣的威脅猶在。當國民革命軍北伐前夕，北伐軍總司令蔣中正分析國內情勢時，認爲「法國恐蘇俄在華之勢力復張，急使與英日聯合戰線，在滇助唐，以牽制廣東之北伐。……而（吳佩孚）復益之以法，令滇唐出兩廣，以牽制我廣東」[70]。面對此種情勢，蔣的對策是「派員聯絡川、黔，以牽制滇、鄂兩軍」[71]。同時，劉震寰也以吳佩孚代表的身分，持函來滇，轉告吳佩孚等推唐爲西南最高元帥之意，請唐以兩軍之衆直下兩廣，配合北方軍閥南北夾擊國民革命軍[72]。爲此，唐特地召集高級將領開了兩次會議，但出乎意料之外，各將領皆不願再對外征戰，此事遂作罷。於是唐繼堯乃轉而派代表與廣州國民政府磋商，希望能於其中獲致若干利益；而國民政府也希望以政治手段解決西南，遂與唐氏展開磋商。根據毛思誠的記載，唐與國民政府一度幾乎達成合作，何應欽在民國十五年十月三十日致電蔣總司令說：「頃接滇唐代表王繩祖艷電稱，……滇唐地位，政治會議決予委員一席。王君亦贊同，惟希更能予以類似總制之虛名，以示懷柔。總座命欽妥爲聯絡，自當遵照。對王君要求，應如何答覆，請示。」[73]蔣乃致電廣州國民政府，請核示飭遵。爲此，蔣曾樂觀地認爲：「雲南方面，已有代表派來，表示服從我們的國民政府。如果他眞能接受國民政府的命令，西南方面，更沒有大問題了。」[74]不過後來此事卻沒有下文，唐繼堯與國民政府的合作並未達成。

唐繼堯與國民政府合作失敗的原因，霍爾（Hall）認爲可歸諸以下三點：第一，唐有可能只是藉此爭取時間，以發動另一戰爭；第二，唐可能無法抑制他的自尊，他先前都無法接受孫中山，此刻怎麼可能接受蔣中正？第三，唐必須考慮到一旦他與國民黨妥協，雲南獨立的地位將會削弱[75]。但最主要的，可能還在於雙方意識型態的差異。唐繼堯在回滇之初，曾以聯省自治做爲政治號召，但隨著在川、黔、桂的軍事相繼失敗後，乃放棄聯省自治，改以「國家主義」做爲新的政治號召[76]。唐以重金從上海聘請主張國家主義的張梅井等來滇，並令人編寫國家主義十講，出版宣傳國家主義的「滇事旬刊」，還開辦了三個月爲一期的民治學院，以培養幹部人才[77]。唐氏認爲所謂民治，也就是國家主義，因此在民國十五年十二月二十五日護國起義紀念會上，宣布成立民治黨，發布成立宣言：「內謀統一，外謀獨立」[78]，積極提倡國家主義。無可諱言的，國民黨自十三年改組後，因採「聯俄容共」政策，時人有

---

69 張若谷，李表東「一九二六年倒唐回憶錄」，近代史資料，一九八五年第三期，頁九三～九七；謝本書，唐繼堯評傳，頁一六五～一六六。

70 毛思誠，民國十五年以前之蔣介石先生，香港，龍門書店影印本，一九六五年，頁六三六～六三七。

71 同前，頁六三七。

72 謝本書，唐繼堯評傳，頁一六六。

73 同70，頁八八七。

74 同前，頁九二〇。

75 J. C. S. Hall, *The Yunnan Provincial Faction: 1927-1937*, PP. 15-16.

76 龔自知「龍雲奪取雲南政權的經過」，雲南文史資料選輯，第二輯，頁一一四。

77 謝本書，唐繼堯評傳，頁一六七。

78 龔自知「唐繼堯與聯省自治、國家主義和民治黨」，未刊資料，轉引自同前註。

視廣州國民政府爲「赤化」政府者。唐繼堯對此情勢有深刻的認識，他不贊同孫中山的聯俄政策，認爲這是「甘蹈人主我奴之覆轍」，而蘇俄假借主義，鼓吹運動則是「併我」，是「侵略」[79]。於是訓令「凡有關於宣傳赤化之報章雜誌，及學生不正當之言論出版物，均應嚴格查禁；關於宣傳煽動結社、集會、遊行、演講，更須嚴厲制止」[80]，並嚴格取締共產黨和國民黨。在這種情形下，唐與國民政府實無合作之可能。

由於雙方合作不成，國民政府決意武力倒唐。適逢雲南內部已有倒唐團體出現，並派人來廣州與國民政府聯絡，廣州方面乃派滇籍黃埔四期學生二人回滇指導工作[81]。十五年十二月，廣州方面決定暫停對雲南的軍事活動，改採由滇省內部發動倒唐，重點是聯合雲南境內實力派，尤其寄託在昆明鎮守使龍雲身上。龍雲出身於唐的侍衞隊長，受唐提拔，一路平步青雲，本對唐極爲感戴。但近年來因唐私心自用，意圖削弱各軍，使龍雲有很深的警戒。此時唐與各將領間的矛盾日漸擴大，國民黨人及中共派赴雲南的人士乃趁機對這些高級將領進行分化，並且獲致良好的效果。當然，基本上「二六政變」還是以胡若愚、龍雲、張汝驥等將領爲首而發動的[82]。其中以蒙自鎮守使胡若愚反唐態度最爲堅決，他聯絡了昭通鎮守使張汝驥，首先提出倒唐計劃。此時龍雲駐昆明，他的態度舉足輕重，因此胡乃極力爭取龍。最初龍雲尚囿於和唐的主從關係，一直猶豫不決，直到胡透過盧漢（龍的表弟、時任龍部旅長）向龍勸說，龍才答應倒唐，這就保障了倒唐成功的希望[83]。當時雲南各軍兵餉成年不發，而十六年二月適逢農曆新年到來，也只發了半個月的伙餉，軍中大嘩，胡若愚等人乃藉此發動倒唐[84]。二月五日，胡若愚、龍雲調兵進省，並分電張汝驥及大理鎮守使李選廷一致行動。次日，胡若愚等人通電要求唐下台，這就是著名的「四鎮守使通電」。此時四鎮守使的部隊對昆明已完成包圍的態勢，唐的近衞軍多是新兵，將領亦多爲唐的親信，多未經戰陣，毫無戰鬥經驗，無法與倒唐的兵力相比。唐環顧左右，只見衆叛親離，彷彿六年前顧品珍倒戈一幕的重演。眼見大勢已去，唐只有被迫交出政權，解散民治黨。雲南省議會也發出通電，贊同四鎮守使的主張。三月五日，雲南省政府改制爲雲南省務委員會，採合議制，並推胡若愚爲省務委員會主席；而唐則任空頭的省務委員會總裁一職，根本毫無實權。不久，唐臥病不起，延至民國十六年五月二十三日，終因嘔血不治去世，結束了傳奇的一生，享年四十五歲[85]。在雲南，唐繼堯時代到此結束，此後遂演變爲龍雲等新派人物競逐之舞台。

---

79 「東陸大學第四屆預科學生畢業唐省長訓詞」，雲南公報，第二二六五期，轉引自同前註，頁一六八。
80 「雲南省公署訓令」，雲南公報，第一一〇八期，民國十五年六月二十六日出版。
81 張若谷、李表東「一九二六年倒唐回憶錄」，頁九四。
82 荆德新「論二六政變」，頁三七七～三七八。
83 謝崇文「雲南二六政變的前因後果」，頁一〇七～一〇八。
84 同76，頁一一五。
85 謝本書，唐繼堯評傳，頁一七二。

結　論

在民國初年的軍閥統治時期，以地域性的軍政集團獨霸某個地區是一種普遍的現象，如閻錫山在山西，張作霖在東北，陸榮廷在廣西等。唐繼堯在雲南的統治，基本上也是屬於這種類型。唐氏曾先後治黔一年，主滇十四載，憑藉著滇軍武力，屢次向外擴張，在當時西南特殊的環境中迅速崛起，成爲南中之強。無疑地，在民國初年的西南政局中，唐繼堯扮演了十分重要的角色，因此，探討唐繼堯這個人，相信有助於對民初歷史或者軍閥政治的了解。

唐繼堯出身書香世家，幼年接受中國傳統教育，並得有功名，這種出身在同時代的軍閥人物中並不多見。其後唐氏赴日接受正規的陸軍教育，奠定了後來的事業基礎。留日期間，唐繼堯加入了同盟會。不過，由於唐氏素持穩健主義，使他對任何事皆抱謀定而後動的態度。在東京留學界中，他並不是一個行動激進者，而是所謂的穩健派。此種態度在日後更形成爲唐氏性格的一部份，與他的事業發展息息相關。回國後唐繼堯很快就加入了雲南新軍第十九鎮，此後唐氏的事業、命運都和這支部隊緊密相連。清廷舉辦新軍原是爲了鞏固其政權，但適得其反的，這些新軍卻爲清廷敲響了覆亡的喪鐘。雲南的起義是以新軍爲主力，唐繼堯憑藉其優異的軍事教育背景，迅速地在雲南新軍中竄起，並且因緣際會地介入了辛亥革命的洪流，因而嶄露頭角。這段革命經歷，也是後來他從事護國、護法事業的推動力之一。

革命後西南各省政局不穩，雲南因而有出兵鄰省的舉動，唐繼堯再度因緣際會，由雲南北伐軍司令官一躍而爲貴州都督。唐氏得以督黔的主要原因是貴州內部的派系鬥爭，當然他手上握有重兵也是因素之一。唐在貴州的作爲容有可議之處，但他也確實安定了當時混亂的局勢。在另一方面，唐繼堯督黔後對於袁世凱的中央政府，大體上採支持的態度。這種支持是基於省對中央的支持，而非他對袁本人的私人支持。他之所以支持袁，乃基於下列三點：一、袁是當時合法的大總統；二、貴州財政匱乏，急需中央支援；三、蔡鍔的影響。除此之外，最主要的還是唐繼堯對國家統一觀念的認同。

在唐繼堯的早期事業中，蔡鍔可說是影響他最深的一位。由於蔡鍔對唐氏的賞識與提拔，卒使唐氏能由北伐軍司令官而爲貴州都督，再由貴州都督而爲雲南都督。正唯如此，故而唐對蔡深爲感念，因此日後二人得能攜手合作，共舉護國討袁大業。所以說唐繼堯有非常之才，而蔡鍔則有識人之明。

以往論者對於誰才是護國之役的領導者，聚訟紛紜，莫衷一是。早先學者由於受到梁啓超著述的影響，往往將護國功績歸諸梁啓超、蔡鍔二人，但雲南人士或唐氏舊屬則大表不平，咸認討袁護國乃雲南發動，由唐繼堯領導，雙方各執一辭。當然，護國之役可說是群策群力的自發性事件，但唐繼堯在此一事件中絕對有其重大貢獻。事前唐對討袁已有充分的準備和計劃，所以才能在蔡鍔來滇後，立即舉兵討袁；而護國軍的主力幾乎全由滇軍組成，這些滇軍都是唐數年來精心培植，戰鬥力極強，在各地戰場都有很好的表現。唐在討袁戰爭中雖未統兵作戰，但有關前方部隊人力、物力的支援，糧餉械彈的供應，外交的聯絡，各省的策應等等，都由他統籌辦理。對於唐氏在護國之役的各種表現，應當賦予其一定的歷史地位。

護國之役後，唐的聲望達到了高峰，從往昔一個地方實力派人物，一躍而爲「再造共和」的全國性知名人物。這種身分的提昇，對唐繼堯而言，的確是一項重大轉變，因爲從此之後他就開始捲入全國性的政治爭議中，並積極實行擴張政策。在護國之役中，滇軍擴軍太速，一度擴編至八軍。但戰後雲南不可能負擔如此龐大的軍費，欲裁軍則編遣費又無著落，於是乃採「就食鄰省」的政策，命令省外滇軍就駐當地，不准回省。這種政策最易引起紛爭，尤其在四川更爲嚴重，川人當然對唐繼堯所採取的擴張政策不滿，乃造成川局混亂之根源。唐採行擴張政策，也就是「大雲南主義」的原因，除了著眼於經濟利益、歷史淵源、地理戰略及個人雄心外，當時西南的局勢更是有利於唐的擴張。當時中國正處於分崩離析的狀態，民國六年後中國南北兩個政府對立，各自以正統相號召，這就給予唐繼堯出兵四川的良好時機。因爲他可以名正言順地藉護法之名從事川戰，將原本的利益之爭轉變爲護法與毀法之爭。就這個層面來看，唐氏的若干作爲值得我們重新去評價。以唐繼堯參與護法運動而言，他主要是想藉著廣州軍政府來對抗段祺瑞的武力統一，軍政府可以給予他一個「合法」的名目，在這合法的名目下與北方「非法」政權相抗衡。而廣州軍政府所需要的則是西南實力派的支持。因此，就他加入護法運動而言，唐氏固然有其自私的動機，但此舉的確也給孫中山的護法事業帶來很大的聲勢。這是唐和陸榮廷不同之處，也是孫中山始終對唐抱持期望的重要原因。

唐繼堯與孫中山的幾次分分合合，其原因的確是頗耐人尋味。孫對唐的期望主要是基於唐出身於革命黨，又曾經歷辛亥革命及護國討袁，而且唐所部滇軍又是西南武力最強者，若能爭取唐的合作，對革命事業一定大有裨益。而唐繼堯卻自有打算，他是自視甚高之人，尤其自護國之役後，更膨脹了自己的地位，認為以「再造共和」之功，足可與孫分庭抗禮，不願屈居孫下，這也是唐兩次拒就元帥及副元帥職的主要原因。而且孫、唐在很多問題上雙方都有歧見，譬如孫任非常大總統職一事，唐就十分反對，終致結束了雙方合作的關係。

唐繼堯兩次的挫敗都是來自部下的倒戈，此事很值得探討。前面已提過，唐的事業和命運都和滇軍緊密相連，滇軍的團結可說是在護國之役時達到最高峰，但此後則逐漸鬆散。尤其駐川滇軍久戍在外，而唐氏又未加聞問，結果唐與其部屬間的凝聚力漸鬆。滇軍將領顧品珍等人久駐川中，了解川省民氣所向，不欲再和川軍重開戰端。但唐繼堯遠處滇中，根本不了解在外將領的處境，以致彼此已無利害一致之目標，所以滇軍一旦被驅回滇，難免會發生倒戈兵變。至於民國十六年胡若愚、龍雲等的倒唐，主要是由於唐扶植親信，私心自用。未能凝聚其部下使成為一利益共同體，這是唐失敗的最主要因素。

唐以革命黨人始，以地方軍閥終，在當時西南軍政人物中，可以算是一個相當特殊的人物。在他早期的事業裏，如參與辛亥革命及護國之役，唐的作為是值得肯定的，也代表了他對於國家忠誠觀念的體現；甚至在護法運動中，他依舊起了一定的作用。然而滇軍的向鄰省擴張，則很難擺脫「侵略」之嫌，利益之爭。因此在他身上，國家忠誠與地方利益兩種觀念常有衝突，也造成了唐繼堯特殊的政治人格。他在許多作為上與同時代的軍閥頗有值得比較者，如同爲西南實力派代表人物的桂系領袖陸榮廷，就和他有很多差異。陸出身草莽，唐則有完整學歷；陸不重視部隊訓練，唐則極爲重視，且注重幹部的陪養；陸對時局是靠攏直系，排斥孫中山，唐則大體上維持獨立自主的局面，並與各界維持良好的關係。特別在與孫中山的關係上，陸對孫有切膚之痛，因爲孫在廣州建立政府，而陸則認爲廣東是他的地盤；唐氏遠在雲南，其擴張的目標是四川，和孫中山無直接的利害關係，故對孫則採應付敷衍的態度，這是他與陸態度不同的主要原因。

如以唐與山西的閻錫山做一比較，兩人同爲日本士官同期同學，且交情良好，都是革命黨出身，最後卻演變爲軍閥，他們的統治形態都是所謂的「軍省」，也都在省內進行若干改革建設，彼此有頗多相似處。但閻因困處山西，本身實力弱小，周圍又都是勢力強大的北洋系軍閥，很難向外發展，故閻大體上是採自保的態勢，並交好北京主政者。而唐則恰好相反，由於雲南僻處西南，北方勢力很難達到，故唐氏有較大的活動空間。加以滇軍武力在南中可謂首屈一指，西南各省除陸榮廷外，無人可與其抗衡，這種態勢有利其向外發展。當然，此時南北分裂也是滇軍向外擴張的有利契機。

唐氏是一個自視甚高之人，護國首義之功更使他過度膨脹自己的地位，這也是促使他敗亡的重要原因。他本來有很多的機會可以和孫中山合作，但由於不甘屈居人下而拒絕了。在國民革命軍北伐的過程中，許多大小軍閥紛紛加入北伐軍行列，藉以保持本身實力，但唐繼堯卻不此之圖。他既然不肯與孫中山合作，又怎麼願意加入國民革命軍呢？也由於他無法適應時代趨向，仍然堅持個人至上的原則，遂伏下敗亡之機。

總之，在民初軍閥混戰的歲月中，唐繼堯曾一度獨領西南風騷，隱然成爲西南當時的盟主。但因昧於時代的趨向，私心自用，加以年年用兵，實力耗損太多，最後終被歷史的潮流淹沒，也代表了民初軍閥統治時期的告一段落。

徵引書目

一、中文部份

(一) 史料、專書

丁文江編，梁任公年譜長編初稿，臺北，世界書局，民國四十八年臺一版。
中國人民政治協商會議（下簡稱政協）昆明市委員會文史資料研究委員會編，昆明文史資料選輯，第一輯，一九八一年。
政協雲南省委員會文史資料研究委員會編，雲南文史資料選輯，第十輯、十五輯、十七輯，一九七九、一九八一、一九八二年。
政協廣州市委員會文史資料研究委員會編，廣州百年大事記，廣州，廣東人民出版社，一九八四年。
政協全國委員會文史資料研究委員會等編，護國討袁親歷記，北京，文史資料出版社，一九八五年。

中國史學會編，辛亥革命(六)，上海，上海人民出版社，一九五七年。

中國國民黨中央委員會黨史編纂委員會編，革命文獻，第六輯、四十七輯、四十九輯、五十一輯，臺北，民國四十三年、五十八年、五十八年、五十九年。

中華民國開國五十年文獻編纂委員會編，中華民國開國五十年文獻，第二編第四册——各省光復(中)，臺北，正中書局，民國六十四年臺三版。

中華新報館，護國軍紀事，臺北，中國國民黨中央黨史委員會影印出版，民國五十九年。

日本陸軍士官學校印，郭榮生校補，日本陸軍士官學校中華民國留學生名薄，臺北，文海出版社影印本。

毛注青等編，蔡鍔集，長沙，湖南人民出版社，一九八三年。

毛思誠，民國十五年以前之蔣介石先生，香港，龍門書店影印本，一九六五年。

文公直，最近三十年中國軍事史，臺北，文海出版社影印本。

四川文史研究館編，四川軍閥史料，第一、二輯，成都，四川人民出版社，一九八一、一九八三年。

白之瀚，雲南護國簡史，昆明，新雲南叢書社，民國三十五年。

存萃學社編，護國運動，香港，崇文書店，一九七三年。

李希泌等編，護國運動資料選編，北京，中華書局，一九八四年。

李宗黃，李宗黃回憶錄，臺北，中國地方自治學會，民國六十一年。

李根源，雪生年錄，臺北，文海出版社影印本。

李達嘉，民國初年的聯省自治運動，臺北，弘文館出版社，民國七十五年。
李新、李宗一主編，中華民國史第二編——北洋政府統治時期，北京，中華書局，一九八七年。
李劍農，中國近百年政治史，臺北，商務印書館，民國六十九年臺十五版。
肖波、馬宣偉，四川軍閥混戰（一九一七年～一九二六年），成都，四川省社會科學院，一九八六年。
佚名，丁巳滇川軍鬨紀錄，臺北，文海出版社影印本。
佚名，唐會澤蒞粵歡迎盛況紀略，廣東，民國十年。
佚名，會澤唐氏哀榮錄，臺北，文海出版社影印本。
宋敎仁，我之歷史，臺北，文星書局影印本，民國五十一年。
東南編譯社編，唐繼堯，臺北，文海出版社影印本。
周春元等編，貴州近代史，貴陽，貴州人民出版社，一九八七年。
周開慶，民國川事紀要，臺北，四川文獻社，民國六十三年。
——，民國四川史事續集，臺北，四川文獻社，民國六十五年。
胡平生，梁蔡師生與護國之役，臺北，臺灣大學文學院，民國六十五年。
胡春惠，民初的地方主義與聯省自治，臺北，正中書局，民國七十二年。
前雲南都督府秘書廳編，會澤首義文牘，昆明，民國六年。
前靖國聯軍總司令部秘書廳編，會澤靖國文牘，昆明，民國十二年。

梁啓超，盾筆集，臺北，中華書局，民國五十年臺一版。
——，飲冰室文集，臺北，中華書局，民國四十九年臺一版。
——，護國之役電文及論文，臺北，文海出版社影印本。
孫震，八十年國事川事見聞錄，臺北，四川文獻社，民國六十八年。
孫曜編，中華民國史料，臺北，文海出版社影印本。
曹汝霖，曹汝霖一生之回憶，臺北，傳記文學出版社，民國六十九年再版。
郭廷以，近代中國史事日誌（清季），第二册，臺北，商務印書館，民國五十二年。
——，近代中國史綱，香港，中文大學出版社，一九八〇年第二次印刷。
庾恩暘，再造共和唐會澤大事記，昆明，雲南圖書館，民國六年。
——，雲南北伐軍援黔記事，民國二年排印本。
——，雲南首義主幹英傑會澤唐公史略，昆明，雲南開智公司，民國五年。
——，雲南首義擁護共和始末記，昆明，雲南圖書館，民國六年。
章炳麟，太炎先生自訂年譜，臺北，商務印書館影印本，民國六十九年。
張玉法，中國現代史，臺北，東華書局，民國六十九年三版。
——，清季的革命團體，臺北，中央研究院近代史研究所，民國七十一年再版。
張朋園，立憲派與辛亥革命，臺北，中國學術著作獎助委員會，民國五十八年。
——，梁啓超與民國政治，臺北，食貨出版社，民國六十七年。
陸君田，蘇書選編著，陸榮廷傳，南寧，廣西民族出版社，一九八七年。

陳志讓，軍紳政權，香港，生活、讀書、新知三聯書店香港分店，一九八三年第二次印刷。
雲南省檔案館編，雲南檔案史料（期刊），一～十七期。
雲南、貴州社會科學院歷史研究所編，護國文獻，貴陽，貴州人民出版社，一九八五年。
雲南督軍署秘書廳編，會澤督黔文牘，昆明，民國九年。
貴州軍閥史研究會、貴州省社會科學院歷史研究所編，貴州軍閥史，貴陽，貴州人民出版社，一九八七年。
馮自由，革命逸史㈣，臺北，商務印書館，民國五十八年臺一版。
曾業英編，蔡松坡集，上海，上海人民出版社，一九八四年。
戢翼翹先生訪問記錄，臺北，中央研究院近代史研究所，民國七十四年。
隗瀛濤等，四川近代史，成都，四川省社會科學院出版社，一九八五年。
蔡鍔，松坡軍中遺墨，臺北，文海出版社影印本。
駐粵滇軍總司令部、督辦粵贛湘邊防軍務署參謀處編，駐粵滇軍死事錄，民國七年。
劉世傑編，袁世凱之禍黔，民國元年。
實藤惠秀著，譚汝謙、林啓彥譯，中國人留學日本史，香港，中文大學出版社，一九八二年。
駱任之編，唐繼堯軼事，上海，民新書局，民國十三年再版。
閻伯川先生紀念會編，民國閻伯川先生錫山年譜長編初稿，臺北，商務印書館，民國七十七年。
閻錫山，閻錫山早年回憶錄，臺北，傳記文學出版社，民國五十七年。

謝本書，近代滇史探索，昆明，雲南人民出版社，一九八七年。
——，唐繼堯評傳，鄭州，河南教育出版社，一九八五年。
——，蔡鍔傳，天津，天津人民出版社，一九八三年。
——，龍雲傳，成都，四川民族出版社，一九八八年。
謝本書等，護國運動史，貴陽，貴州人民出版社，一九八四年。
謝本書等編，雲南辛亥革命資料，昆明，雲南人民出版社，一九八一年。
羅家倫編，國父年譜（增訂本），臺北，中國國民黨中央委員會黨史編纂委員會，民國七十四年第三次增訂。

(二) 專文

丁超五，「護法時期追隨中山先生瑣記」，全國文史資料選輯，一九八五年第三輯。
丁尚固、劉友陶，「憲政派活動片斷」，貴陽文史資料選輯，第二輯。
田頌堯，「一九一七年成都羅劉、戴劉之戰」，全國文史資料選輯，第十輯。
田布衣，「唐繼堯出亡廣州經緯」，春秋月刊，九卷二期，民國五十七年八月一日。
——「唐繼堯再度回滇主政」，春秋月刊，九卷三期，民國五十七年九月一日。
杜叔機，「護國戰事中北路黔軍作戰經過及入川失敗始末」，貴州文史資料選輯，第二輯。
但懋辛，「回憶川軍反對袁世凱的鬥爭」，全國文史資料選輯，第十一輯。
佚名，「劉存厚叛亂始末記」，近代史資料，一九五八年第六期。

阮俊齋，「貴州辛亥革命前後的幾點回憶」，貴州文史資料選輯，第一輯。
李文漢，「關於蔡鍔的幾點回憶」，雲南文史資料選輯，第一輯。
何慧靑，「雲南起義與國民黨的關係」，南強月刊第一卷三期，民國二十五年十二月十日。
——「雲南起義秘史補注」，逸經半月刊第二十四期，民國二十六年二月二十日。
周素園，「貴州民黨痛史」，貴州文史資料選輯，第四輯。
——「貴州陸軍史述要」，貴州文史資料選輯，第一輯。
周鍾嶽，「惺庵回憶續錄」，雲南文史資料選輯，第五輯。
——「惺庵回顧錄三編」，雲南文史資料選輯，第六輯。
金漢鼎，「唐繼堯圖川和顧品珍倒唐的經過」，全國文史資料選輯，第三十輯。
胡剛、吳雪儔，「貴州辛亥革命史略」，近代史資料，一九五六年第四期。
姚崧齡，「辛亥革命貴陽光復目睹記」，傳記文學，十卷一期。
唐筱蓂，「記憶中關於父親的二三事」，春秋月刊，一卷六期，民國五十三年十二月一日。
高蘊華，「一九二七年雲南兩次政變回憶錄」，雲南文史資料選輯，第六輯。
殷亮軒，「貴州辛亥革命見聞」，貴陽文史資料選輯，第二輯。
徐壽伯，「貴州光復的幾點回憶」，貴陽文史資料選輯，第二輯。
孫天霖，「護法期間駐粵滇軍內部矛盾見聞錄」，雲南文史資料選輯，第二輯。
——「駐粵滇軍內部矛盾見聞」，全國文史資料選輯，一九八五年第三輯。
張若谷、李表東，「一九二六年倒唐回憶錄」，近代史資料，一九八五年第三期。

張彭年，「辛亥以來四十年間貴州政局的演變」，貴州文史資料選輯，第一輯。

張肇興，「援蜀篇」，雲南文史資料選輯，第一輯。

符昭騫，「唐繼堯回滇討伐顧品珍親歷記」，全國文史資料選輯，第十五輯。

黃紹竑，「滇桂戰爭」，全國文史資料選輯，第二輯。

黃天石，「雲南起義的史實解剖」，春秋月刊，十六卷二期，民國六十一年二月一日。

閔石麟，「中國護法政府承認韓國臨時政府始末記實」，春秋月刊，一卷五期，民國五十三年十一月一日。

楊　森，「白面霸王唐繼堯」，傳記精華第二集，臺北，中外圖書出版社，民國六十三年。

楊兆蓉，「辛亥後之四川戰記」，近代史資料，一九五八年第六期。

詹秉忠，「護法期間唐繼堯與孫中山的矛盾及其演變」，全國文史資料選輯，第三十輯。

——「唐繼堯回滇復辟活動二三事」，雲南文史資料選輯，第二輯。

鄧之誠，「護國軍紀實」，史學年報二卷二期，民國二十四年。

謝本書整理，「周鍾嶽文牘存稿」，近代史資料，一九八二年第一期。

謝崇文，「雲南二六政變的前因後果」，雲南文史資料選輯，第六輯。

鍾山玉，「滇黔道中手札」，貴州文史資料選輯，第一輯。

羅靜嫻口述，黃梅先整理，「羅佩金將軍生平紀實」，昆明文史資料選輯，第五輯。

嚴池華，「辛亥革命前後『自治』『憲政』兩黨鬥爭見聞」，貴陽文史資料選輯，第二輯。

——「滇軍第二次侵黔實錄」，全國文史資料選輯，第三十輯。

嚴嘯虎，「國民黨改組前四川國民黨派系爭奪戰」，四川文史資料選輯，第五輯。

龔師曾，「我所了解的護法運動」，全國文史資料選輯，一九八五年第三輯。

龔師曾述、姚肖廉記，「孫中山先生與唐繼堯的關係」，廣東文史資料選輯，第二十五輯。

龔自知，「龍雲奪取雲南政權的經過」，雲南文史資料選輯，第二輯。

(二) 論文集、論文

西南軍閥史研究會編，西南軍閥史研究叢刊，

第一輯，成都，四川人民出版社，一九八二年。

第二輯，貴陽，貴州人民出版社，一九八三年。

第三輯，昆明，雲南人民出版社，一九八五年。

第五輯，廣州，廣東人民出版社，一九八六年。

杜文鐸，「辛亥革命時期貴州憲政會耆老會的奪權和滇軍侵黔」，貴州社會科學，一九八〇年第二期。

何玉菲，「談護法中的唐繼堯」，雲南檔案史料，第十七期，一九八七年九月。

李雙璧，「試論一九一七年的川、滇、黔軍閥混戰」，貴州文史叢刊，一九八四年第四期。

李　新，「軍閥論」，史學月刊，一九八五年第一期。

來新夏，「略論民國軍閥史的研究」，學術月刊（上海版），一九八五年第一期。

威廉詹森（William R. Johnson），「辛亥革命前後貴州立憲與革命派的對抗（一九〇七～一九一二）」，中國現代史專題研究報告(二)，臺北，中華民國史料研究中心，民國七十一年再版。

茅海建，「雲南陸軍講武堂與辛亥雲南起義」，華東師大學報（哲學社會科學版），一九八二年第三期。

陳志讓，「洪憲帝制的一些問題」，中國近代現代史論文集（二十二），臺北，商務印書館，民國七十五年。

陳長河，「護法期間孫中山與唐繼堯的矛盾鬥爭」，近代史研究，一九八四年第二期。

孫代興，「辛亥革命在雲南」，昆明師院學報，一九八一年第四期。

張朋園，「維護共和——梁啓超之聯袁與討袁」，中國近代現代史論文集（二十二），臺北，商務印書館，民國七十五年。

郭惠靑、李慧琴，「中國留日學生與辛亥革命時期的雲南」，昆明師院學報，一九八一年第二期。

黃益謙，「陸榮廷與廣西」，政大歷史研究所碩士論文，民國七十五年。

湯本國穗撰，張眞譯，「從社會史角度剖析貴州辛亥革命」，貴州文史叢刊，一九八七年第一期。

曾業英，「蔡鍔與二次革命」，歷史研究，一九八三年第一期。

「雲南護國起義的醞釀與發動」，歷史研究，一九八六年第二期。

楊同慧，「孫傳芳與五省聯防」，政大歷史研究所碩士論文，民國七十四年。
劉毅翔，「也談蔡鍔派滇軍援川援黔的動機和責任」，貴州社會科學，一九八三年第四期。
謝本書，「辛亥起義後滇軍入黔問題探討」，貴州社會科學，一九八一年第二期。
顧大全，「貴州革命派的反袁鬥爭」，貴州文史資料選輯，第十輯。

二、日文部份

山縣初男，秘境雲南，東京，中文館，昭和十九年（一九四四）。
寺廣映雄，中國革命の史的展開，東京，汲古書院，一九七九年。
鈴木健一，「唐繼堯と雲南政權」，木村正雄先生退官紀念東洋史論集編輯委員會，木村正雄先生退官紀念東洋史論集，東京，昭和五十一年（一九七六）。

三、英文部份

Hall, J. C. S. *The Yunnan Provincial Faction* 1927 - 1937. *Australian National University Press*, 1976.
Nathan, Andrew J. *Peking Politics* 1918-1923: *Factionalism and the Failure of Constitutionalism.* Berkeley and Los Angeles: California University

Press, 1976.

Sutton, Donald S. *Provincial Militarism and the Chinese Republic: The Yunnan Army*, 1905-25. Ann Arbor: The University of Michigan Press, 1980.

國立中央圖書館出版品預行編目資料

唐繼堯與西南政局／楊維眞著.--初版,--臺北市：臺灣學生，民83

面；　公分.--(史學叢刊；24)

參考書目：面

ISBN 957-15-0584-6 (精裝). ISBN 957-15-0585-4 (平裝)

1.唐繼堯—傳記 2.中國—歷史—民國1—15年(1912—1926)

782.883　　82009680

唐繼堯與西南政局（全一冊）

著作者：楊維眞

出版者：臺灣學生書局

發行人：丁文治

發行所：臺灣學生書局

臺北市和平東路一段一九八號

郵政劃撥帳號〇〇〇二四六六八號

電話：三六三四一五六・三六三一〇九七

傳眞：(〇二)三六三六三三四

本書局登記證字號：行政院新聞局局版臺業字第一一〇〇號

印刷所：淵明印刷廠

地址：永和市成功路一段43巷五號

電話：九二八七一四五

香港總經銷：藝文圖書公司

地址：九龍偉業街九十九號連順大厦五字樓及七字樓

電話：七九五九五九五

定價　精裝新臺幣二六〇元
　　　平裝新台幣二〇〇元

中華民國八十三年一月初版

62822

ISBN 957-15-0584-6 (精裝)
ISBN 957-15-0585-4 (平裝)

臺灣學生書局出版

史學叢刊

①李鴻章傳	李守孔著
②民國初期的復辟派	胡平生著
③史學通論	甲 凱著
④清世宗與賦役制度的改革	莊吉發著
⑤北宋茶之生產與經營	朱重聖著
⑥泉州與我國中古的海上交通	李東華著
⑦明代軍戶世襲制度	于志嘉著
⑧唐代京兆尹研究	張榮芳著
⑨清代學術史研究	胡楚生著
⑩歐戰時期的美國對華政策	王綱領著
⑪清乾嘉時代之史學與史家	杜維運著
⑫宋代佛教社會經濟史論集	黃敏枝著
⑬民國時期的寧夏省（一九二九～一九四九）	胡平生著
⑭漢代的流民問題	羅彤華著
⑮中古史學觀念史	雷家驥著
⑯嵇康研究及年譜	莊萬壽著
⑰民初直魯豫盜匪之研究(一九一二～一九二八)	吳蕙芳著
⑱明代的儒學教官	吳智和著
⑲明清政治社會史論	陳文石著
⑳元代的士人與政治	王明蓀著
㉑清史拾遺	莊吉發著
㉒六朝的城市與社會	劉淑芬著
㉓明代東北史綱	楊 暘著
㉔唐繼堯與西南政局	楊維眞著

現代漢語

練習題答案

緒論

① 普通話的定義是：以北方方言為標準音，以北京話為基礎方言，以典範的現代白話文著作為語法規範。

② (1) 蒙古語　(2) 藏語　(3) 維吾爾語　(4) 哈薩克語　(5) 朝鮮語
(6) 壯語　(7) 苗語　(8) 布依語　(9) 侗語　(10) 哈尼語

③ (1) 官話（即北方方言）　(2) 晉語　(3) 吳語　(4) 閩語　(5) 客家話
(6) 粵語　(7) 湘語　(8) 贛語　(9) 徽語　(10) 平話和土話

④

	城市	方言區		城市	方言區
(1)	哈爾濱	北方方言（官話）	(2)	南昌	贛方言
(3)	上海	吳方言	(4)	合肥	徽方言
(5)	太原	晉方言	(6)	廈門	閩方言
(7)	天津	北方方言（官話）	(8)	梅縣	客家話
(9)	高雄	閩方言	(10)	西安	北方方言（官話）
(11)	南京	北方方言（官話）	(12)	廣州	粵方言
(13)	香港	粵方言	(14)	重慶	北方方言（官話）
(15)	長沙	湘方言	(16)	寧波	吳方言

第一章 語音

①(1) e 後、半高、不圓唇元音　　(2) o 後、半高、圓唇元音

(3) a 央、低、不圓唇元音　　(4) ü 前、高、圓唇元音

② (1) p 雙唇、送氣、清、塞音　　(2) m 雙唇、濁、鼻音

(3) k 舌根、送氣、清、塞音　　(4) q 舌面、送氣、清、塞擦音

(5) z 舌尖前、不送氣、清、塞擦音　　(6) f 唇齒、清、擦音

③ (1)×　(2)✓　(3)✓　(4)×　(5)✓　(6)×

④ 單韻母 ü　i　o

複韻母 ai　iao　uai　ao　uei　ua

鼻韻母 uen　ün　ong　eng　uan

⑤

漢字	拼音	聲母	韻母				聲調
			韻頭	韻腹	韻尾		
					元音	輔音	
機	jī	j		i			陰平（第一聲）
良	liáng	l	i	a		ng	陽平（第二聲）
巧	qiǎo	q	i	a	o		上聲（第三聲）
濁	zhuó	zh	u	o			陽平（第二聲）
血	xuè	x	ü	e			去聲（第四聲）
甘	gān	g		a	n		陰平（第一聲）

⑥ (1) 愛人 (2) 燈籠 (3) 姑娘 (4) 和氣
(5) 巴掌 (6) 提防 (7) 骨頭 (8) 核桃
(9) 窗戶 (10) 快活 (11) 朋友 (12) 衣服
(13) 刺蝟 (14) 窩囊 (15) 意思 (16) 清楚
(17) 困難 (18) 冤枉 (19) 招呼 (20) 莊稼

⑦ (1) 白麵兒 (2) 靠譜兒 (3) 打盹兒 (4) 加塞兒
(5) 露餡兒 (6) 褲衩兒 (7) 打嗝兒 (8) 嗓門兒
(9) 煙嘴兒 (10) 小偷兒 (11) 小孩兒 (12) 納悶兒
(13) 繞彎兒 (14) 玩意兒 (15) 腰板兒 (16) 心眼兒
(17) 照面兒 (18) 雜拌兒 (19) 找碴兒 (20) 壓根兒

⑧ Zài hàohàn-wúyín de shāmò lǐ, yǒu yī piàn měilì de lùzhōu, lùzhōu lǐ cángzhe yī kē shǎnguāng de zhēnzhū. Zhè kē zhēnzhū jiù shì Dūnhuáng Mògāokū. Tā zuòluò zài wǒguó Gānsù Shěng Dūnhuáng Shì Sānwēi Shān hé Míngshā Shān de huáibào zhōng.

第二章 漢字

① (1)✓　(2)×　(3)×　(4)✓

(5)✓　(6)✓　(7)×　(8)✓

② (1)末 指事　(2)涉 會意　(3)湖 形聲　(4)校 形聲　(5)爸 形聲

(6)硫 形聲　(7)竄 會意　(8)馬 象形　(9)固 形聲　(10)男 會意

③

		形符	聲符			形符	聲符
(1)	盛	皿	成	(2)	釀	酉	襄
(3)	偉	亻	韋	(4)	松	木	公
(5)	嫁	女	家	(6)	娶	女	取
(7)	淚	氵	戾	(8)	嶽	山	獄
(9)	饋	食	貴	(10)	蟻	虫虫	義

④ (1)后(後)同音字(近音字)代替　(2)习(習)省寫一部分

(3)网(網)起用古字　(4)干(乾、幹)合併通用字

(5)业(業)省寫一部分　(6)专(專)草書楷化

(7)乱(亂)用俗字代替　(8)只(隻)同音字(近音字)代替

(9)凄(淒、悽)合併通用字　(10)云(雲)起用古字

⑤ (1)學而時習之，不亦說乎？(悅)

(2)河曲智叟亡以應。(無)

(3) 將軍身被堅執銳。（披）

(4) 政通人和，百廢具興。（俱）

(5) 大事書之於策。（冊）

(6) 留動而生物，物成生理，謂之形。（流）

(7) 逝將去女，適彼樂土。（誓）

(8) 謂霸王之業，欲以力征，經營天下。（為）

(9) 寡助之至，親戚畔之。（叛）

(10) 有求則卑辭，無欲則嬌嫚。（驕）

⑥ 黃做聲符，與黃同音的一組字有：潢、璜、磺、鐄、癀、蟥、簧。

⑦ “女”字是個象形字，是對實體進行描繪；“婦”字主要是描述家庭的分工，如“婦，服也。从女持帚灑掃也。”（《說文解字》）其他如“奴、妒、妬、妨、妄、婪、奸、姦”等等，則說明在一段歷史時期內中國婦女處於比較低賤的社會地位。再如 “奴顏婢膝”，形容卑躬屈膝、諂媚奉承的樣子。“奴”和“婢”都是“女”字作形符的。

⑧

		部首			部首
(1)	弊	廾	(2)	脊	肉
(3)	貳	貝	(4)	氈	毛
(5)	少	小	(6)	鬱	鬯
(7)	穎	禾	(8)	鼴	鼠
(9)	尷	尢	(10)	齦	齒

⑨ (1) 禍起（蕭）牆 xiāo　(2) 花團錦（簇）cù

(3) 萬馬齊（喑）yīn　(4) 不絕如（縷）lǚ

(5) 萬頭（攢）動 cuán　(6)（觥）籌交錯 gōng

(7) 面面相（覷）qù　(8) 東施效（顰）pín

(9) 積微成（著）zhù　(10) 為虎作（倀）chāng

(11) 不（虞）之譽 yú　(12) 不容置（喙）huì

⑩ (1) ㊇枉過正　矯　(2) ㊇然銷魂　黯　(3) 痛心㊇首　疾

(4) 披星㊇月　戴　(5) 好高㊇遠　騖　(6) 相形見㊇　絀

(7) 風㊇一時　靡　(8) ㊇而走險　鋌　(9) ㊇遠流長　源

(10) 一㊇莫展　籌　(11) 義憤填㊇　膺　(12) 流言㊇語　蜚

第三章 詞彙

① (1)× (2)✓ (3)✓ (4)× (5)✓
(6)× (7)✓ (8)× (9)✓ (10)×

②

		並列（聯合）	偏正（修飾）	動賓（述賓）	動補（述補）	主謂（陳述）
(1)	教授	✓				
(2)	內科		✓			
(3)	夏至					✓
(4)	改正				✓	
(5)	司機			✓		
(6)	減弱				✓	
(7)	肉麻					✓
(8)	狂歡		✓			
(9)	口紅					✓
(10)	濃縮		✓			
(11)	示威			✓		
(12)	裁判	✓				
(13)	耳鳴					✓
(14)	知己			✓		
(15)	溫柔	✓				

		並列（聯合）	偏正（修飾）	動賓（述賓）	動補（述補）	主謂（陳述）
(16)	縮小				✓	
(17)	燒鵝			✓		
(18)	揭露				✓	
(19)	播音			✓		
(20)	選擇	✓				

③ (1) 河山——山河

相同的部分：兩者都指國家的疆土，可以互相換用：如“錦繡河山”，“錦繡山河”。

不同的部分：意義和用法還有區別，“山河”還指具體的大山大河，如“改造山河”，不能説“改造河山”。“山河易改，稟性難移”，不能説成“河山易改，稟性難移”。因為“河山”只指疆土，不可以指具體的山和河。

(2) 核心——中心

相同的部分：均指事物的主要部分。

不同的部分：“核心”的意思比“中心”更進一層，是指其中更加重要的部分，“中心”可以指中央位置，如“市中心”，可以指有重要地位的機構，如“科研中心”。“核心”卻沒有這些意義和用法。

(3) 胡説八道——胡言亂語

相同的部分：均指沒有根據地説。

不同的部分：“胡説八道”具有口語色彩，多用在對話裏；“胡言亂語”則多用於書面語。人因為神經系統有毛病而不能正常表述，要用“胡言亂語”，不能説“胡説八道”。

(4) 踐踏——蹂躪

相同的部分：均有摧殘義。

不同的部分：“蹂躪”意義較“踐踏”為重，詞語搭配不完全相同，“踐踏民主”，“踐踏法制”，不能換成“蹂躪”；婦女遭受“蹂躪”，不能換成“踐踏”。

(5) 擴大——擴張

相同的部分：均有向外伸開，使範圍、數量、規模等變大的意思。

不同的部分：“擴大”是中性詞，一般指事物範圍由小到大，例如：“擴大面積”“擴大市場”“擴大建設”“擴大影響”。“擴張”着重指向外伸張，放開，例如：“擴張血管”“擴張胸圍”，還可用於貶義，用於野心、勢力範圍方面，例如：“經濟擴張”“軍事擴張”。

④ (1) 煲電話粥 (2) 蛇頭 (3) 電飯煲 (4) 搗漿糊 (5) 打卡 (6) 餐飲
(7) 烏龍球 (8) 藝員 (9) 啤酒肚 (10) 色狼 (11) 荷蘭豆 (12) 落槌

⑤

		單義詞	多義詞			單義詞	多義詞
(1)	知識分子	✓		(2)	統一		✓
(3)	新聞		✓	(4)	昆曲	✓	
(5)	磺胺	✓		(6)	諸葛亮		✓
(7)	決斷		✓	(8)	風暴		✓
(9)	奧運會	✓		(10)	《紅樓夢》	✓	
(11)	基地		✓	(12)	刻舟求劍	✓	

⑥

		音譯	音譯＋意譯	音譯＋漢語語素	借詞	字母詞
(1)	蒙太奇	✓				
(2)	BOBO 族					✓
(3)	烏托邦		✓			
(4)	迷你裙			✓		
(5)	幽默		✓			
(6)	革命				✓	
(7)	X 染色體					✓
(8)	俱樂部		✓			
(9)	沙丁魚			✓		
(10)	芭蕾舞			✓		
(11)	比基尼	✓				
(12)	卡拉 OK					✓
(13)	厄爾尼諾現象			✓		
(14)	基因		✓			
(15)	宅男				✓	

⑦ (1) 御宅族　(2)G20　(3) 電子郵件　(4)CEPA
(5) 追星族　(6) 綠營　(7) 潮語　(8) 發財巴
(9) 通天巴士　(10) 自由行　(11) 港人港地　(12) 博愛座
(13) 優先座　(14) 豆腐渣工程　(15) 低碳生活　(16) 富二代
(17) 粉絲　(18) 賣萌　(19) 裸退　(20) 團購

⑧ 人，就有時（或常常）因甚麼甚麼而不免於悵惘甚至流淚的時候說，都是性高於天、命薄如紙。生涯只此一度，實況中無能為力，就只好作夢，以求慰情聊勝無。黑夜夢太渺茫，所以要白日的，即現實的夢。詩詞，作或讀，都是在作現實的夢。這或者是可憐的，但“大地不仁，以萬物為芻狗”，希求而不能有既是常事，就只好退而安於其次，作或念念“魚龍寂寞秋江冷，故國（讀仄聲）平居有所思”，以至“春花秋月何時了，往事知多少”之類，以求“恰似一江春水向東流”的愁苦時間能夠“化”，化是移情。移情就是移境（由實境而移入詩境），比如讀“姑蘇城外寒山寺，夜半鐘聲到客船”，“今宵剩把銀釭照，猶恐相逢是夢中”之類，短時間因念彼而忘此的情況就更加明顯。由人生的角度看，詩詞的大用就在於幫助癡男怨女取得這種變。變的情況是枯燥冷酷的實境化為若無，溫馨適意的意境化為若有（縱使只是片時的“境由心造”）。

⑨ 天聰五年（1631年）七月，皇太極接受漢官寧完我的建議，仿明制設吏、戶、禮、兵、刑、工六部，每部以貝勒一人領其事，下設承政、參政、啓心郎等分掌其職。諸貝勒分掌六部事務，他們和皇太極已不是原先的平列關係。而是封建的君臣隸屬關係。不久皇太極為了直接控制六部。又進一步削弱貝勒的權力，下令“停王貝勒領部院事”，這樣就把貝勒置於國家機構之外，皇太極獨主政務。

⑩ (1)“狡黠多變”應改為“機警”，“狡黠多變”是貶義詞，不能用來描述我空軍駕駛員。

(2)“矯正”應改為“糾正”。“矯正”雖有糾正和改正的意思，一般是指改正事物，某個部位的偏差等。含義比較具體，不可與思想、作風、政策搭配。

(3)“接收”應改為“接受”。“接收”和“接受”都有收受和接納的意思。“接收”的對象一般是具體的或者是人員。“接受”的對象可以是具體的也可以是抽象的，如果對象是抽象的，兩者不能換用。

(4)“懼怕”應改為“害怕”。“懼怕”多用於書面語，程度較重，使用的範圍較窄。“害怕”通用於書面語和口語，使用範圍較寬，除了怕的意思外，還有顧慮、擔心的意思。

(5)“俯視”應改為“鳥瞰”。二者都有從高處往下看的意思。“鳥瞰”的視野廣，範圍大；“俯視”的範圍可大可小。“鳥瞰”可用於抽象事物，俯視則只限於具體事物。

第四章 語法

① (1) ✓　(2) ✓　(3) ×　(4) ✓　(5) ×
(6) ✓　(7) ×　(8) ✓　(9) ×　(10) ✓

②

		性質	狀態	屬性			性質	狀態	屬性
(1)	亮晶晶		✓		(2)	高等			✓
(3)	大型			✓	(4)	黑咕隆咚		✓	
(5)	美好	✓			(6)	公立			✓
(7)	火熱		✓		(8)	熱鬧	✓		
(9)	野生			✓	(10)	噴香		✓	
(11)	熱	✓			(12)	男式			✓
(13)	大方	✓			(14)	高	✓		
(15)	金			✓	(16)	偉大	✓		
(17)	毛茸茸		✓		(18)	稀軟		✓	
(19)	漂亮	✓			(20)	良性			✓

③ (1) ①“所有”“一切”都可以修飾名詞，“所有”修飾名詞可帶“的”可不帶“的”，例如：“所有同學都要去”“所有的同學都要去”。“一切”一般不能帶“的”，例如“一切事物都是變化的”。(“一切的一切”是習慣語，強調對事物的最大概括。)

②“一切”是代詞，可作主語和賓語；“所有”做屬性詞用時，只能作定語。

(2) ①“一齊”“一起”都可作狀語。

②“一起”是從一個整體出發的，相當於“一塊兒、一道”，“一齊”是從人或事物的每個個體出發的，相當於“都”。二者一般不能互換，例如：廠長和工人一起勞動（不能說“一齊勞動”）；請大家一齊鼓掌（不能說“一起鼓掌”。）

(3) ①“偶然”“偶爾”都不可作副詞用，表示“不是經常地”或“出乎意料的”。“偶然”側重在意外，例如：“我偶然發現她有男朋友了”。“偶爾”側重在數量少或次數不多。例如：“她偶爾和朋友外出”。

②“偶然”當形容詞時，可作定語、謂語。例如：“偶然的機會”，“發生這種惡性事故非常偶然。”“偶爾”只能作副詞，只可作狀語，不可作定語謂語。例如：“他偶爾打打高爾夫球”，不能說“偶爾的機會”“發生這種惡性事故非常偶爾”。

(4) ①“所以”用在下半句（或下個分句），表示結果，常常和前面的“因為”“由於”等配對連用。例如：“因為新疆風景優美，所以遊客很多。”“由於我們倆從小一起長大，所以我很瞭解他。”“因此”“因而”只能和“由於”配合，不能與“因為”再呼應。

②“所以”後面加上語氣助詞“呀”“嘛”，在口語中可以單獨成句，例如：“所以嘛！要不然怎麼說朝裏有人好辦事呢！”“所以呀，就屬你的運氣好！”“所以”在句中有“就是這個原因”的意思。“因此”“因而”無此用法。

③“所以”“因而”不能在句中連用。

(5) ①“儘管”“雖然”都表示讓步，它們表示的是一種事實，例如：“儘管（雖然）時間相當緊，我們還是把畢業論文寫完了。”“即使”表示讓步兼假設，例如：“即使時間緊，我們也還是要把論文寫完。”“時間緊”是假設的情況。

②“儘管”“雖然”後面可以與連詞“但是”“可是”“然而”等連用。“即使”不能與這些詞連用。例如，不能說“即使明天下大雨，颳颱風，但是部隊照常出發。”可以說“即使明天下大雨，刮颱風，部隊也會照常出發。”

❹(1) 動賓短語　(2) 兼語短語
(3) 能願短語　(4) 連動短語
(5) 連動短語　(6) 動補短語
(7) 兼語短語　(8) 動賓短語
(9)“的”字短語　(10) 同位短語
(11) 動補短語　(12) 偏正短語
(13) 複指短語　(14) 動賓短語
(15) 同位短語　(16) 並列短語
(17) 連動短語　(18) 動補短語
(19) 兼語短語　(20) 方位短語

❺(1)（那家）（新）服裝店‖〔已經〕〔開始〕營業了。
(2)〔明天〕我們‖〔一起〕去（旺角）（二樓）書店。
(3)（大明的）祖父‖〔被醫院〕搶救〔終於〕醒〈過來〉了。
(4)（李老師的）話‖〔給我〕留〈下〉了（深刻的）印象。
(5) 香港特區、澳門特區‖〔三十幾年來〕〔在各方面〕〔與中國內地〕交流〈頻繁〉。

⑥

(1) 他 的 祖父 有 兩 個 農場 和 一 個 果園。

主 謂
偏 正 動 賓
並 列
偏 正 偏 正
數 量 數 量

(2) 經濟 形勢 下滑 影響 大學生 就業 。

主 謂
主 謂 動 賓
偏 正 主 謂

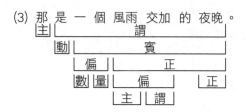

(3) 那 是 一 個 風雨 交加 的 夜晚 。

主 謂
動 賓
偏 正
數 量 偏 正
主 謂

(4) 在 北京 長 大 的 湯姆，漢語 講得 非常 流利 。

主 謂
偏 正 主 謂
偏 正 動 補
介 賓 動 補 偏 正

(5) 我 妹妹 明敏，從 小 在 舞蹈 學校 學習 芭蕾舞 。

主 謂
同 位 偏 正
偏 正 介 賓 偏 正
介 賓 動 賓
偏 正

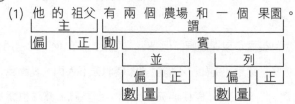

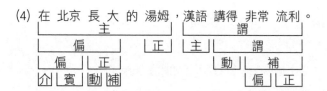

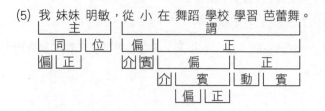

⑦ (1) 我不知道他的身體狀況究竟容不容許吃糖果喝濃咖啡，但是他興致盎然，好像在享受一場春日的下午茶。（轉折複句）

(2) 只要施點法，就可以驅走他。（條件複句）

(3) 渴望安定的人也許遇見的是一個渴望自由的人，尋找自由的人也許愛上的是一個尋找安定的人。（並列複句）

(4) 因為失去了這一切，所以難民家庭那做父母的，就把所有的希望，孤注一擲地投在下一代的教育上頭。（因果複句）

(5) 只有教育，是一條垂到井底的繩，下面的人可以攀着繩子爬出井來。（條件複句）

(6) 我每天打一通電話，不管在世界上哪個角落。（條件複句）

(7) 華安上小學第一天，我和他手牽着手，穿過好幾條街，到維多利亞小學。（承接複句）

(8) 蒲公英對我不僅是蒲公英，它總讓我想起年輕時讀愛默生。（遞進複句）

(9) 他們只是每天在大河畔跟着父母種地、打魚，跟夥伴們在沙裏踢球。（並列複句）

(10) 米加了一點點水，然後加點鹽和油，浸泡一下。（承接複句）

(11) 你站立在小路的這一端，看着他逐漸消失在小路轉彎的地方，而且，他用背影默默告訴你：不必追。（遞進複句）

(12) 如果説，在政治和社會新聞裏每天都有事件發生，那麼在這個“原居民”族群的世間裏，更是每時每刻都在發生中。（假設複句）

(13) 假使以他們為新聞主體，二十四小時的跑馬燈滾動播報是播報不完的。（假設複句）

(14) 雖然也可能是萬里之遙，但是那個定點讓你放心——親愛的孩子，他在那裏。（轉折複句）

(15)（她的臉上有種悽惶的神情。）也許拒絕和她說話的兒子令她煩憂，也許家裏有一個正在接受化療的丈夫，也許，她心中壓了一輩子的靈魂的不安突然都在蠢動？（選擇複句）

⑧ (1) 如果我們選擇的是不要歷史，｜那麼歷史就會成為他者異者對立者的

（假設）

政治與精神資源，政治與精神武器，‖就會成為我們自身的一個病灶，

（並列）

一個定時炸彈。（二重複句）

(2) 你可能生活在一個偉大的轉變期，‖你可能做了一些有點動靜的事情，

（並列）

‖你可能經歷了事變，‖你可能是歷史的在場者和參與者……｜然而，

（並列）（並列）（轉折）

你的生活仍然是由一些細節組成的，‖赤背、炒疙瘩、水龍頭、市場、

（解證）

書報攤、吉他、故宮角亭、公園裏的嘈雜音響，永遠難忘。（二重複句）

(3) 一部傑出的作品（注：這裏指《紅樓夢》），能夠被那麼多人包括上層下層奇人偉人下里巴人所接受所喜愛，‖同時又能被那麼多專家學

（並列）

者往高深裏研究考證，‖能把它的有關學問探索得深不見底，‖能使

（並列）（並列）

閑人望而卻步、‖免開尊口，｜這種現象實在有趣，‖卻也頗無厘頭。

（並列）（總分）（轉折）

（三重複句）

⑨ (1) 改正：近年網絡小説作品的質量提高了，數量也大幅度增多了。

理由：主謂搭配不當。“數量”可以和“增多”搭配，“質量”不可以和“增多”搭配。

(2) 改正：作曲家施光南一生創作了很多富有新疆情調的歌曲。

理由：主謂搭配不當。“一生”和“創作”不搭配。修正後主語“施光南”和謂語動詞“創作”搭配，“一生”可做“創作”的狀語。

(3) 改正：他老人家平易近人的音容笑貌，循循善誘的諄諄教導，時時出現在我的眼前，縈繞在我的耳邊。

理由：主謂搭配不當。“音容笑貌”包括了容貌在內，不能縈繞在耳邊。

(4) 改正：①作家莫言領獎時的演講，令我留下了深刻的印象。

②我聽了作家莫言領獎時的演講，留下了深刻的印象。

理由：主語殘缺。第 1 句“演講”作為主語。第 2 句“我”作為主語。

(5) 改正：山區的考生冒着滂沱大雨，踏着泥濘的道路，趕去考場。

理由：動賓搭配不當。“冒着”可以和“大雨”搭配，不能和“道路”搭配。

(6) 改正：碩士生和博士生寫畢業論文時，都要注意提煉論文的語言和選擇題材。

理由：動賓搭配不當。“提煉”可以和“語言”搭配，不可以和“題材”搭配。

(7) 改正：小明以實際行動，嚴格要求自己，改正以往的缺點。

理由：賓語成分殘缺。動詞“要求”後，應添上賓語“自己”。

(8) 改正：中醫師陳醫生認為市民切忌拖延治療肩痛問題。

理由：語序不當。“治療”應與“肩痛”相連。

(9) 改正：這種電腦控制的玩具暢銷國內外，最近又改進了工藝流程。

理由：前後兩個分句沒有因果關係。應刪去“所以”。

(10) 改正：深秋的校園，枯黃的樹葉鋪滿一地，學生會廣播站播放着歡快的樂曲。

理由：前後兩個分句沒有轉折關係。應刪去“卻”。

(11) 改正：儘管到山區學校的路比較遠，可是坐長途汽車去還是很快就可以到的。

理由：“倘若”是表示假設關係的連詞，而“到山區學校的路比較遠”是事實，不是假設的情況。

(12) 改正：這篇文章內容很精彩，語言樸實無華。

理由：前後兩個分句沒有轉折關係，應刪去“雖然”“卻”。“樸實無華”是褒義詞，不是貶義詞。

(13) 改正：這家餐廳的服務對象，主要是住在附近的學生和居民。

理由：成分雜糅，搭配不當。“服務對象是學生和居民”這個句子主幹是正確的。加上“面向”結構就混亂了。

(14) 改正：他在香港大嶼山看到一座世界上最大的銅製佛像。

理由：“銅像”前的定語語序不當。

(15) 改正：你對這件事所做的決定，我很遺憾。

理由：“遺憾”是不及物動詞，不能帶賓語。

(16) 改正：①哥哥近日忙於整理珍藏多年的漫畫及研究香港漫畫發展史。

②哥哥近日忙於整理珍藏多年的漫畫及香港漫畫發展史的資料。

理由：動賓搭配不當。動詞“整理”和“香港漫畫發展史”不能搭配。

(17) 改正：①中國救援隊不分晝夜地搜索地震災區的倖存者，使我淚流滿面。

②看到中國救援隊不分晝夜地搜索地震災區的倖存者，我淚流滿面。

理由：兩個分句的主語都省略了，以致句子的意思不完整。處理方法有二：

①刪去“看到”，讓“中國救援隊”充當兩個分句的主語。

②刪去“使”字，讓“我”充當兩個分句的主語。

(18) 改正：中國現代作家博物館裏陳列着巴金生前用過的各式各樣的東西。

理由：語序不當。“各式各樣”作為定語應放在“用過的東西”之前。

(19) 改正：除了作品中出現的人物之外，我好像還感到了一個人物沒有出現，那就是作者本人。

理由：“感到”是謂賓動詞，要求帶謂詞性賓語。

(20) 改正：莫言用現實主義手法所寫的小説，往往闡明了歷史不是一個人創造的道理。

理由：“闡明”是體賓動詞，只能帶體詞性賓語。

(21) 改正：他這位富有經驗的醫生對於艾滋病的研究卻是陌生的。

理由：語序不當，主客顛倒。不是“艾滋病對於醫生”如何，而是“醫生對於艾滋病”如何。

(22) 改正：作為一個 21 世紀的青年學生，一定要學習掌握好英語，這是十分重要的。

理由：成分雜糅。本應分開説的兩句話，雜糅在一起，造成結構上的混亂。

(23) 改正：現階段政府有關部門正在草擬全面禁止煙草商在電影院宣傳的決定。

理由：賓語殘缺。“草擬”後面要帶體詞性賓語，句意和句子結構才完整。

(24) 改正：中央芭蕾舞團來香港演出，受到熱烈歡迎，觀眾對演出評價很高。

理由：主語殘缺。前兩分句的主語是中央芭蕾舞團，第三分句缺少主語，致使句子結構和句意殘缺不全。

(25) 改正：人患感冒後，往往會出現發冷、高燒、頭疼、流鼻涕等症狀。

理由：謂語殘缺。該用謂語的地方沒有謂語，主語得不到明確的陳述和説明，影響句意表達。

(26) 改正：難道這不是指的同樣的東西嗎？

理由：用詞重複。表達同一意思時反復使用同類詞語，使得語言囉唆、累贅。

⑩《以畫為喻》原文：

①咱們畫圖，有時候為的實用。②編撰關於動物植物的書籍，要讓讀者明白動物植物外面的形態跟內部的構造，就得畫種種動物植物的圖。③修建一所房屋或者佈置一個花園，要讓住在別地的朋友知道房屋花園是怎麼個光景，就得畫關於這所房屋這個花園的圖。④這類的圖，繪畫動機都在實用。⑤讀者看了，明白了；住在別地的朋友看了，知道了，就體現了它的功能。

①這類圖決不能隨便亂畫。A ①首先要把畫的東西看得明白，認得確切。②譬如畫貓吧，它的耳朵怎麼樣，它的眼睛怎麼樣，你如果沒有看得明白，認得確切，怎麼能下手？③隨便畫上豬的耳朵，馬的眼睛，那是個怪東西，決不是貓；人家看了那怪東西的圖，決不能明白貓是怎樣的動物。④所以，要畫貓就得先認清貓。B 其次，①還得練成熟習的手腕，心裏想畫貓，手上就得畫成一隻貓。②像貓這種動物，咱們中間誰還沒有認清？③可是咱們不能個個都畫得成一隻貓。④畫不成的原因，就在於熟習的手腕沒有練成。⑤明知道貓的耳朵是怎樣的，眼睛是怎樣的，可是手不應心，畫出來的跟知道的不相一致，這就成了豬的耳朵，馬的眼睛，或者甚麼也不像了。⑥所以，要畫貓又得練成從心所欲的手段。

①咱們畫圖，有時候並不為實用。②看見一個鄉下老頭兒，覺得他的軀幹，他的面部的器官，他的蓬鬆的頭髮跟鬍子，線條都非常之美，配合起來是一個美的和諧；咱們要把那美的和諧表現出來，就動手畫那個老頭兒的像。③走到一處地方，看見三棵老柏樹，那高高向上的氣派，那倔強矯健的姿態，那蒼然藹然的顏色，都彷彿是超然不群的人格象徵；咱們要把這一點感興表現出來，就動手畫那三棵老柏樹的圖。④這類的圖，繪畫的動機不為實用，可以說是無所為；但也可以說有所為，為的是表現出咱們所見到的一點東西，從鄉下老頭兒跟三棵老柏樹所見到的一點東西——"美的和諧"、"彷彿是超然不群的人格的象徵"。

這篇文章突出的地方是每段中句群的組織十分嚴謹。可以説是句群組織的典範，每一個句群只有一個中心意思，幾個句子都圍繞這個中心意思來説。句群幾乎都有中心句，中心句的位置有的在句群的前面，有的在後面。

第一段，是由一個句群構成的。中心句是句①，句②③各舉一例説明畫圖的實用性，句④小結句②和句③，句⑤是句④的進一步引申解説。我們採用句子由小往大層層組合的圖例來説明：

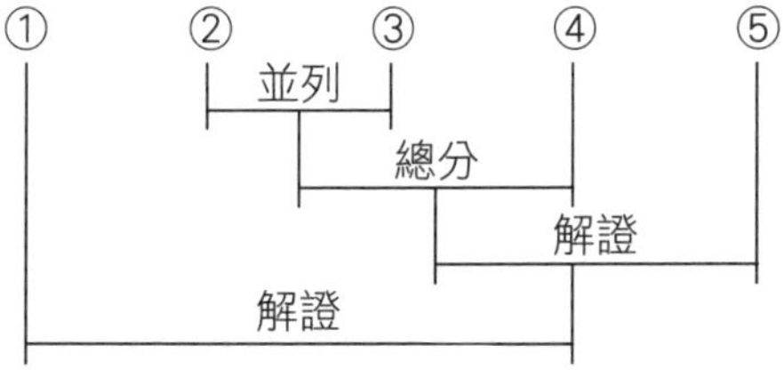

第二段，由一個句子和兩個句群組成。"首先"開始是句群 A，"其次"開始是句群 B。段落的中心句是第一個句子"這類圖決不能隨便亂畫"，為甚麼呢？由句群 A 和句群 B 來説明。句群 A 的句①是句群的中心句，句②③④以畫貓為喻，説明句①。句群 B 的句①是句群的中心句，句②③④⑤是舉例説明①的。句群 A 和句群 B 能夠在段落中切分開而沒有疑義，靠的是關聯詞“首先”“其次”。

第二段可圖解如下：

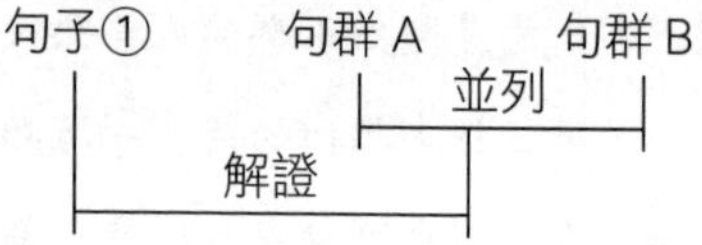

句群 A 圖解

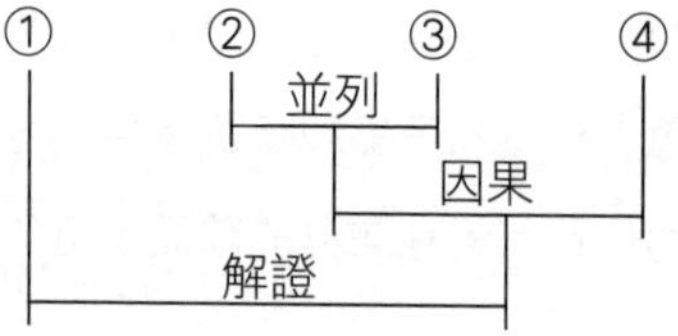

句群 B 圖解

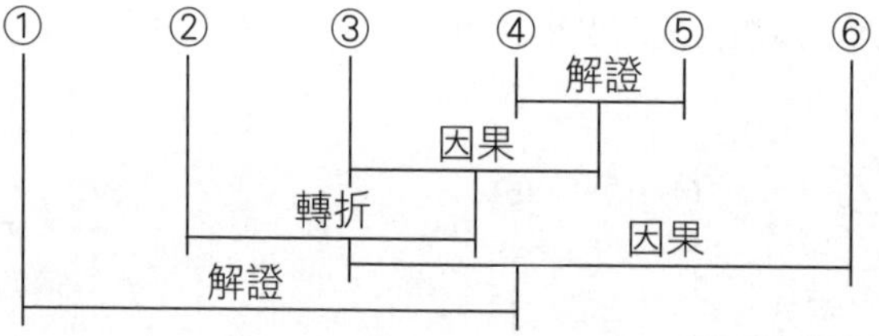

第三段，由一個句群構成。句①為中心句，句②③舉兩個例子，是並列關係，句④是句②③的進一步總説，圖解如下：

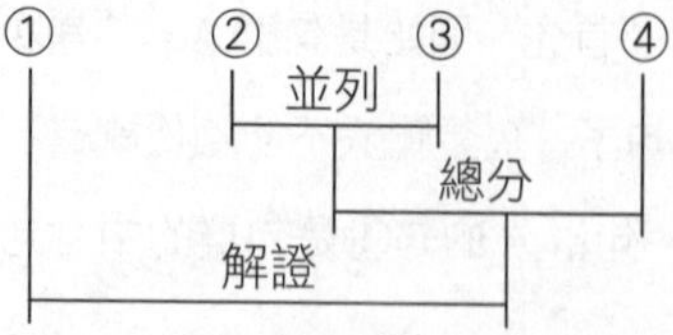

由以上三段的分析，可以看出《以畫為喻》這篇文章的句群組織十分典範，個個句群都可當作樣板拿出來分析。

第五章 修辭和風格

① (1) 侃侃而談 (2) 傳誦 (3) 湮沒 (4) 隱藏 (5) 閃爍其詞
(6) 謾罵 (7) 計劃 (8) 衣冠禽獸 (9) 家鄉 (10) 宣稱

② 中文句子的長短要看表達的實際需要來選擇，這兩段文字中，第 (1) 段，第一句是段落的中心句，接着以一個複雜的長句來描寫清晨的長江。在主語“它”之後，用四個“以……”作為長狀語，修飾了最後一個分句的動詞“迎接”。

第 (2) 段第一句“哦，長江”是歌頌的感嘆句，後一句是一個複雜的兼語句，“從……上”是介賓短語作狀語，然後是一個長主語，包括“山，湖泊，碼頭，建築物，田野，風車，工廠，城市”，使令動詞“使”帶了兩個並列的複句。

長句的結構比較複雜，組織嚴密，信息容量比較大，有氣勢，短句結構簡單，短小精悍，明白易懂。在文章裏長句和短句交錯使用，使得文章疏密有致，增強了文章的表達力。

③ 故事主要由齊白石和賣菜小夥子的對話構成，一般人物對話多選擇短句式，問答詞語簡單明瞭，生動活潑，短句子的選用與文體本身的風格色彩十分調和。

④ 華羅庚所談的統籌方法是一種安排工作進程的數學方法，在經濟建設和企業管理中，普遍應用，這種深奧的組織管理方法，如何講給一般的讀者呢？作者用了人人熟知的泡一壺茶的程序來打比方，説明在生產管理

等方面可用的方法。這種寫法就是以淺顯的事理作比，説明深奧的事理。橋樑專家茅以升給少年兒童寫了一篇《橋樑遠景圖》，來推廣有關橋樑的知識。作者用了一個板凳來打比方，做到了深入淺出，讓少年兒童明瞭這個科學知識。

運用比喻，應該注意三個原則：

(1) 用具體的作比説明抽象的。例如：用“泡一壺茶”説明“統籌方法”。

(2) 用常見的作比説明不常見的。例如：“泡一壺茶”是常見的，“板凳”是常見的，用來作比説明“統籌方法”和建橋的知識，大家容易理解。

(3) 用淺顯的作比説明深奧的。例如：“泡一壺茶”和“板凳”都是淺顯的例子，用以説明深奧的“統籌方法”和複雜的“橋樑結構”，大家容易明白。

⑤ 文中運用了明喻如：“生命像向東流的一江春水，他從最高處發源，冰雪是他的前身。”“生命又像一顆小樹，他從地底聚集起許多生力，在冰雪下欠伸，在早春潤濕的泥土中，勇敢快樂的破殼出來。”暗喻如：“宇宙是個大生命，我們是宇宙大氣中之一息。”“江流入海，葉落歸根，我們是大生命中之一葉，大生命中之一滴。”通篇基本上運用了借喻，例如，直接把喻體“春水”“小樹”當作本體“生命”來説，省略了本體，只説喻體，這在表達上顯得更直接。

本文又運用了擬物，將“生命”比擬作“春水”，比擬作“小樹”。

文章的句式有時採用排比，如“不是每一道江流都能入海，不流動的便成了死湖；不是每一粒種子都能成樹，不生長的便成了空殼！”又如“在快樂中我們要感謝生命，在痛苦中我們也要感謝生命。”

本文還運用了設問，如“快樂固然興奮，苦痛又何嘗不美麗？”

⑥(1) 借代　　(2) 頂真　　(3) 婉曲　避諱　(4) 擬物　擬人　比喻
(5) 排比　擬物　擬人　　(6) 雙關　　(7) 誇張　比喻　擬物
(8) 反語　　(9) 排比　反復　　(10) 設問

⑦他們都用了比喻的修辭手法。例如高行健文："這潔白如雪潤澤如玉的白杜鵑，又一而再，再而三，卻總是單株的，遠近前後，隱約在修長冷峻的冷杉林中，像那隻看不見的不知疲倦勾人魂魄的鳥兒，總引誘人不斷前去。"白先勇文："好像一腔按捺不住的鮮血，猛地噴了出來，灑得一園子斑斑點點都是血紅血紅的。"

他們都用了擬人的手法。例如高行健文："那潔白潤澤來不及凋謝的花瓣也遍灑樹下，生命力這般旺盛，煥發出一味要呈獻自身的欲望，不可以遏止，不求報償，也沒有目的，也不訴諸象徵和隱喻，毋需附會和聯想，這樣一種不加修飾的自然美。"白先勇文："我從來沒有看見杜鵑花開得那樣放肆，那樣憤怒過。"

他們都用了映襯的修辭手法。例如，高行健文用林中的空曠來映襯白杜鵑的亭亭玉立："沒有松蘿了，沒有冷箭竹叢，沒有小灌木，林子裏的間隙較大，更為明亮，也可以看得比較遠。"白先勇文用女孩子們的嬉笑聲，映襯那"全部爆放開的"紅杜鵑："她們在那片血一般紅的杜鵑花叢中，穿來穿去。女孩子們尖銳清脆的嬉笑聲，在春日的晴空裏，一陣緊似一陣地蕩漾着。"

⑧語言的風格可以平實也可以華麗，要根據表達需要。平實的語言風格是我們都讚賞的。有時文章也需要艷麗的濃妝——華麗的語言風格。其實如果能夠做到"濃妝淡抹總相宜"，不論是平實的語言風格，還是華麗的語言風格，都能用在適當的地方，都是好的。

小思《中國的牛》一文，是一篇語言文字十分平實的文章，作者透過自己和朋友郊遊時與牛偶遇一事，歌頌了中國牛那種“默默地工作，平心靜氣”的性格。小思沒有使用華麗的詞藻，同樣能使讀者認同。例如：作者在第五段中，描寫中國的牛，“永遠沉默地為人類做着沉重的工作。在大地上，晨光或烈日下，它拖着沉重的犁，低頭一步又一步，拖出了身後一列又一列鬆土，好讓人們下種。”這完全是白描式的寫法，語言風格符合作者要表達的主題思想。

讀完朱自清《月朦朧，鳥朦朧，簾捲海棠紅》一文，從題目上已感到作者華麗的語言風格。藉着這篇文章我們和作者一樣見到了畫家所畫的海棠。這是一幅用文字描繪出的國畫，尺寸大小，如何佈局，圖中的綠色的簾子、淡淡的圓月、紅艷的海棠花，一對黑色的八哥，均已活靈活現歷歷在目。描繪得真是細緻得不能再細緻了。從細緻的描寫中，我們也體會到作者以怎樣的眼光來欣賞一幅畫作。例如：在第一段中，寫花的盛開“紅艷欲流”，“襯托在叢綠之間，格外覺着妖嬈了。枝欹斜而騰挪，如少女的一隻臂膊。”這樣的行文很多，體現了作品的華麗的語言風格。